Michael Jursa

Der Tempelzehnt in Babylonien

vom siebenten bis zum dritten Jahrhundert v. Chr.

Alter Orient und Altes Testament

Veröffentlichungen zur Kultur und Geschichte des Alten Orients
und des Alten Testaments

Band 254

Herausgeber

Manfried Dietrich • Oswald Loretz

1998
Ugarit-Verlag
Münster

Der Tempelzehnt in Babylonien

vom siebenten bis zum dritten Jahrhundert v. Chr.

Michael Jursa

1998
Ugarit-Verlag
Münster

Die Deutsche Bibliothek - CIP-Einheitsaufnahme

Jursa, Michael:
Der Tempelzehnt in Babylonien : vom siebenten bis zum dritten Jahrhundert v. Chr. / Michael Jursa. - Münster : Ugarit-Verl., 1998
(Alter Orient und Altes Testament ; Bd. 254)
ISBN 3-927120-59-6

Herstellung: Weihert-Druck GmbH, Darmstadt

Printed in Germany

ISBN 3-927120-59-6

Printed on acid-free paper

Vorwort

Bei der Abfassung der vorliegenden Untersuchung erhielt ich von verschiedenen Seiten Unterstützung. J. MacGinnis und C. Wunsch machten mich auf einschlägige unpublizierte Texte aufmerksam. Auch H. Baker verdanke ich einige Hinweise und vor allem mehrere sehr hilfreiche Kollationen. A. Bongenaar war so freundlich, eine ältere Fassung des Manuskripts zu lesen und ausführlich zu kommentieren. M. Weszeli steuerte sehr viele Anregungen und Korrekturen bei. Allen genannten Personen gilt mein herzlicher Dank.

Unpublizierte Texte werden mit freundlicher Genehmigung der Trustees des British Museum zitiert.

Die Verwendung der Abkürzungen folgt dem im *Archiv für Orientforschung* üblichen System; s. die Liste in *AfO* 40/41, 343ff. Namen mit (ein- oder zweigliedriger) Filiation werden mit $PN_1/PN_2(/PN_3)$ wiedergegeben. Die nicht immer geschriebenen kurzen Auslautvokale der Namen und Namensbestandteile werden restituiert (in zweifellos anachronistischer Weise); hierbei wird für den Akkusativ *-u* gesetzt. Das Datum zitiere ich in der Form Tag.Monat.Jahr König, wobei die Königsnamen abgekürzt werden. SÄ = Seleukidenära. Schaltmonate werden durch ein kleines «a» (6a bzw. 12a) gekennzeichnet. «0» bezeichnet einen unbekannten (meist abgebrochenen) Monat oder eine ebensolche Jahreszahl, nicht das Akzessionsjahr - dafür steht «a» («a Nbn» etc.).

Beispiele für die Wiedergabe von Mengenangaben in Hohlmaßen: 4 gur še.bar = «4 Kor Gerste», 3 gur 4 (pi) 3 bán 4 *qa* še.bar = «3;4.3.4 Gerste». 1 *qa* ist mit 1 Liter, ein Kor also mit 180 Litern anzusetzen. Im Text werden solche Werte nicht in unser System umgerechnet. *m.* = Mine (0,5 kg), *š.* = Schekel (8 1/3 g).

Wien, Jänner 1998

Inhaltsverzeichnis

1. Einleitung

Neu- und spätbabylonische Rechts- und Verwaltungsurkunden geben vom Ende des siebenten bis etwa zur Hälfte des dritten vorchristlichen Jahrhunderts eine Fülle von Informationen über die Einnahme eines Zehnten durch die Tempel. Dieser Tempelzehnt (*ešrû*, später *ušrû*) ist nicht nur allgemein ein wichtiges Element in den Beziehungen zwischen den Heiligtümern und ihrem Umfeld, die einschlägigen Dossiers sind auch deswegen von besonderem Interesse, weil sie manchmal die einzige Quelle für bestimmte Bereiche dieses Umfelds der Tempel(haushalte) sind.

Der Zehnt ist Gegenstand mehrerer Untersuchungen gewesen. Nach einigen Hinweisen aus der Anfangszeit der Beschäftigung mit diesen Urkunden[1] war es erst Dandamaev, der eine ausführlichere Beschreibung des Materials gab.[2] Ihm zufolge sei der neubabylonische Zehnt eine «obligatorische, regelmäßige, fest fixierte Tempelsteuer» (*Tempelzehnt*, 90) gewesen, die «alle Bewohner, darunter - vor der Eroberung des Landes durch die Perser, - auch die Könige» zu begleichen gehabt hätten (*Tempelzehnt*, 84). In hellenistischer Zeit habe sich der Charakter des Tempelzehnten gewandelt, er sei nur mehr «aus religiösem Grund zur Verwirklichung spezieller frommen Wünsche entrichtet» worden (*Tempelzehnt*, 90). Salonens Arbeit[3] ist vor allem eine Belegsammlung - er bietet zahlreiche ausführliche Zitate aus den Zehnten betreffenden Texten in chronologischer Ordnung, von der neusumerischen bis in die hellenistische Zeit. Giovinazzo konzentriert sich in ihrem Artikel auf das Formular der Texte und gibt in mehreren Tabellen Angaben zur Herkunft der Texte, der Art des Zehnten und seiner Bestimmung.[4]

Keine dieser Arbeiten hat das vorhandene Material (das in den letzten Jahren beträchtlich angewachsen ist) gründlich unter Berücksichtigung der Archivzusammenhänge bearbeitet. Dies soll hier unter zwei Gesichtspunkten getan werden. Zum einen soll das Wesen des Zehnten unter Verwendung aller verfügbaren Arten von Quellen untersucht werden (absolute Vollständigkeit der zitierten Belege wird aber nicht angestrebt). Zum anderen soll das bei weitem wichtigste und umfangreichste Korpus, die einschlägigen Texte aus dem Ebabbar-Archiv, von denen sehr viele noch unpubliziert sind, vor

---

1 Vgl. z. B. Peiser, *Babylonische Verträge*, XXIIf. («*išrû*» bedeute etymologisch «Zehent», habe sich aber zu dem weiteren Begriff «Steuer» entwickelt); Pinches, BOR 1, 76ff. (Edition einer Zehntliste) und *Old Testament*, 434f. (zum Zehnten von königlichen Beamten und Angehörigen der königlichen Familie).

2 VDI 1965/2, 14ff. und *Tempelzehnt*.

3 *StOr* 43/4.

4 *Le tribut*, 95ff. An weiterer Literatur seien genannt: Dandamaev, OLA 6, 589-596, besonders 593f.[+25], inhaltlich und zum Teil wörtlich identisch mit Dandamaev, *Slavery*, 57f. und Dandamaev und Lukonin, *Culture* ..., 361f.; weiters Beaulieu, *Or.* 60, 72f., Stolper, AION *Suppl.* 77, 14. 59 u. ö, Del Monte, *Studi Ellenistici* 9, 14[41].

allem hinsichtlich der Prosopographie und der topographischen Aspekte möglichst vollständig aufgearbeitet werden. In dieser Hinsicht versteht sich die vorliegende Arbeit auch als Materialsammlung, die weitere Arbeiten an diesem Archiv erleichtern soll.

Ein Tempelzehnt ist auch in anderen Perioden der mesopotamischen Geschichte und in anderen Gebieten des vorderen Orients, vornehmlich in Israel und Altsüdarabien, bezeugt (ganz zu schweigen vom griechischen Bereich). In der vorliegenden Untersuchung beschränken wir uns weitestgehend auf die neubabylonische Zeit; eine komparative Studie zu einer einzigen Abgabenart in mehreren Perioden oder gar Gebieten erscheint wegen der sehr verschiedenen Voraussetzungen, die zunächst geklärt werden müßten, und auf Grund der unterschiedlich guten Vorarbeiten in den einzelnen Bereichen nicht sinnvoll.[5]

Das Ebabbar-Archiv enthält, wie eben gesagt, das bei weitem größte zusammenhängende Korpus zum neubabylonischen Zehnten.[6] Die nächstkleinere Gruppe sind die Texte aus dem Esangila-Archiv aus Babylon. Daneben ist einiges (zum Teil wichtiges) einschlägiges Material aus Uruk (Eanna) erhalten, wenige Belege stammen aus dem Ekur in Nippur und aus einer Anzahl anderer Archive (zum Teil Privatarchive).[7] Die überwiegend hellenistischen Esangila-Texte werden in Abschnitt 8 gesondert behandelt; das ältere Material ist Thema der Abschnitte 2-7. Dort wird die Diskussion in der Regel von den Ebabbar-Texten ausgehen, da allein diese einen ausreichenden inneren Zusammenhang haben und die anderen Archive, mit Ausnahme mancher Texte aus Uruk, wenig inhaltlich Neues bringen.

Das Material besteht aus den üblichen Rechtsurkunden und Verwaltungstexten (vor allem Quittungen und Listen) und einigen Briefen und Briefaufträgen.[8] Rein formale Aspekte dieser Art bleiben im folgenden weitgehend außer Betracht; eine Untersuchung wie jene von Giovinazzo, die sich primär an den einzelnen Texttypen und ihrer Verteilung orientiert, erscheint nicht sehr erfolgversprechend.

---

5 Vgl. dazu Diakonoffs Kritik an Salonen: *BiOr* 32, 227. Belege für einen Zehnten aus anderen Perioden der mesopotamischen Geschichte findet man bei Salonen, *StOr* 43/4; s. a. Zaccagnini, *Le tribut*, 198ff. Vgl. weiters für die Ur III-Zeit Englund, BBVO 10, 185[589] und jüngst Maekawa, ASJ 18, 143[+76] mit weiterer neuerer Literatur (Hinweis R. de Maaijer); für den Zehnten in den früh-altbabylonischen Texten aus Ur s. Anm. 318; für den altsüdarabischen Zehnten s. Anm. 314.

6 Speziell zu den Zehntpächtern aus Sippar s. MacGinnis, *Letter Orders*, 128 und 132. Bongenaar, *Ebabbar*, 429ff. Appendix A.2 bietet eine ausführliche und zum Teil kommentierte Prosopographie und Belegsammlung für die Zehntpächter.

7 Giovinazzo, *Le tribut*, 96, gibt eine Übersichtstabelle.

8 Vgl. Giovinazzo, *Le tribut*, 97f., für eine entsprechende Aufschlüsselung des ihr zugänglichen Materials.

Für die notwendige weitere Gliederung unter inhaltlichen Gesichtspunkten bietet sich vor allem die Zusammenfassung jener Texte zu einer Gruppe an, die den Zehnten im landwirtschaftlichen Kontext betreffen. Die Belegsammlungen von Dandamaev oder Salonen zeigen zwar Angehörige (scheinbar) so gut wie jeder denkbaren Berufsgruppe – Bauern ebenso wie Hirten, Handwerker und Beamte, Mitglieder der königlichen Familie und vor der Achämenidenzeit auch den König selbst –, die unter dem Titel *ešrû* Zahlungen in unterschiedlichster Form (Gold, Silber, Vieh, Naturalien aller Art, aber auch Wolle und Gewänder) an den Tempel leisteten, aber es kann – mit wenigen Ausnahmen – nur beim Zehnten in der Landwirtschaft manches zum Hintergrund dieser Zahlungen in Erfahrung gebracht werden. Der Zehnt ist hier nachweislich eine regelmäßig – jährlich – eingehobene Steuer auf den Ertrag von Grundbesitz; das vorhandene Material ermöglicht zumindest den Versuch einer Rekonstruktion des zugrundeliegenden Systems.

Problematischer ist die Lage beim Zehnten im nicht-landwirtschaftlichen Bereich, wenn also nicht Grundbesitz belastet wird. Es sind viele Quittungen für Zahlungen vor allem von Gold, Silber, Vieh und Gewändern erhalten, die von verschiedenen hochgestellten Persönlichkeiten und Beamten oder nicht weiter identifizierbaren Personen ('Privatleuten'?) stammen. Nur sehr selten kommt ein Name mehr als einmal in den Texten vor, und wir haben deshalb in der Regel keine Möglichkeit, Genaueres über das Verhältnis des Zahlenden zum Tempel und den Anlaß für die Entrichtung des Zehnten zu erfahren. Man kann – anders als bei der Besteuerung der Felderträge – nicht *a priori* davon ausgehen, daß man es mit einer regelmäßig eingehobenen und obligatorischen Abgabe zu tun hat. Wir beginnen daher mit einer Untersuchung des Zehnten in der Landwirtschaft.

2. Der Zehnt in der Landwirtschaft - Grundlagen

YOS 3, 42, ein Brief aus dem Eanna-Archiv, der nach der Prosopographie (der Absender Nabû-ahu-iddin wird der bekannte *ša rēš šarri bēl piqitti Eanna* sein) zwischen 17 Nbn und 4 Kam zu datieren ist, lautet folgendermaßen:

«Tafel des Nabû-ahu-iddin an den *šatammu*, meinen Bruder. Bēl und Nabû mögen Gesundheit und Leben meines Bruders befehlen! Ich habe hier folgendermaßen zu Marduk-šarru-uṣur gesprochen: 'Warum lieferst du den Zehnten an die Herrin von Uruk nicht ab?' Marduk-šarru-uṣur spricht zu mir so: 'Ich werde (Text fälschlich: du wirst) den Zehnten nicht abliefern, vielmehr soll ein Bote von dir mit mir hingehen und so wie jedes Jahr die Dattelpalmen auf dem Feld übernehmen (*liṣbat*).' Schicke irgend jemanden, damit die Datteln nicht verderben!»[9]

Der Brief illustriert schön, was schon eingangs gesagt wurde: Am grundsätzlichen Charakter des Zehnten im landwirtschaftlichen Bereich als einer jährlich («so wie jedes Jahr») dem Tempel zu entrichtenden Steuer auf den Ertrag von Feldern und Gärten kann kein Zweifel bestehen.[10] Marduk-šarru-uṣur sträubt sich nicht gegen die jährliche Besteuerung, er besteht nur darauf, daß der übliche Modus der Zahlung, der eine Inspektion des Gartens zur Abgabenschätzung und wohl auch die Administrierung von Ernte und Transport durch die Tempelbehörden vorsieht, eingehalten wird.

Es muß aber weiter gefragt und versucht werden, genauer zu bestimmen, in welchem Verhältnis Abgabepflichtige und Tempel zueinander stehen, welcher Art die Grundbesitzverhältnisse sind, auf welcher Grundlage der Zehnt ermittelt wird bzw. ob und wie seine Höhe von eventuell unterschiedlichen Grundbesitzverhältnissen beeinflußt wird. Dabei werden zwei grundsätzliche Schwierigkeiten sofort offensichtlich. Die erste ist terminologischer Natur. Die babylonische Nomenklatur ermöglicht keinen direkten Zugang zur aufgeworfenen Fragestellung, denn ein eindeutiger Begriff für mit einem Zehnten belastetes Land – *bīt ešrî* – kommt nur zweimal vor.[11] In

---

9 ^{1} im ^{Id}ag-šeš-mu *a-na*, ^{lú}šà.tam šeš-*ia* ^{d}en *u* ^{d}ag, *šu-lum u* tin *šá* šeš-*ia*, *liq-bu-ú a-na* ^{Id}amar.utu-lugal-ùru, ^{5} *a-kan*$^{!}$*-na aq-ta-bi, um-ma mi-nam-ma eš-ru-ú, a-na* ^{d}gašan *šá* unug^{ki}, *ul ta-nam-din*, ^{Id}amar-utu-lugal-ùru *i-qab-ba-a*, ^{10} *um-ma eš-ru-ú*, *ul a*$^{!}$ (Text: *ta*)*-nam-din*, *al-la*, ^{lú}a.kin-*ka it-ti-ia*, *lil-lik-ma lìb-bu-ú*, ^{15} *šá* mu-an-na-*us-su*, ^{giš}gišimmar *ina* a.šà *li-iṣ-bat*, *mam-ma šu-pur-ma* zú.lum.ma, *la i-hal-li-iq*-ʾ

10 Einen weiteren hübschen Beleg für den Zwang zur Zehntzahlung und seine Folgen bietet GCCI 2, 113: Ein Mann muß hier dem Tempel anstelle seiner Zehntrückstände seinen Sohn überlassen (s. Dandamaev, *Slavery*, 485).

11 In einem Murašû-Text, BE 9, 45/TMH 2/3, 143, und in einem beschädigten Text aus Ur, UET 4, 138 (gegen Dandamaev, *Tempelzehnt*, 85 nicht in TCL 12, 73). Für den Murašû-Text s. unten Anm. 45: Das *bīt ešrî* ist zugleich ein mit einer Dienstverpflichtung belastetes 'Handhaus', *bīt ritti*. In dem Text aus Ur wird u. a. von Natura-

der Regel kann man nicht einfach an den verwendeten Bezeichnungen für die verschiedenen Arten von Grundbesitz erkennen, ob das gegenständliche Land zehntpflichtig ist oder nicht. Man muß sich an konkreten Belegen für Zehntzahlungen von einzelnen Ländereien orientieren und kann allenfalls versuchen, aus diesen Daten verallgemeinernde Schlüsse zu ziehen. Die zweite Schwierigkeit liegt darin, daß vor allem in Sippar die meisten Texte die Zehntpacht betreffen, also einen Bereich, in dem sich eine zusätzliche 'kommerzielle' Ebene in das Verhältnis zwischen den Abgabepflichtigen und dem Tempel geschoben hat und damit für eine zusätzliche Verschleierung der Zusammenhänge sorgt.

Von grundlegender Bedeutung ist die Unterscheidung zwischen dem Zehnten, der von den Erträgen von Tempelland eingehoben wird, und dem Zehnten von anderen Arten von Land. Zunächst zu ersterem. Es gibt keine Belege für Zehntzahlungen von Tempelbauern und Tempelgärtnern, die als Angehörige des Tempelhaushalts das direkt von der Institution verwaltete Land bearbeiten;[12] aber auch bei der Gartenpacht wird anscheinend kein Zehnt eingefordert. Ebensowenig zahlen Generalpächter (*ša muhhi sūti*, *rab sūti*, *bēl sūti*) einen Zehnten.[13] Nur im Kontext der Verpachtung von Ackerland zum Gerste- und Sesamanbau an Teilpächter (*errēšu*s) wird *ešrû* regelmäßig erwähnt. Die geforderte Pachtabgabe wird in diesen Fällen als *mišil*[14] (*u*) *ešrû*, «Halbpacht (und) Zehnt» oder *šibšu* (*u*) *ešrû* «*šibšu*-Anteil[15] (und) Zehnt» bezeichnet; einmal findet sich auch *zitti Šamaš* ... *adī ešrî* «Anteil des Šamaš ... einschließlich des Zehnten».[16] Wichtig ist hierbei, daß die Teilpächter ihren Zehnten direkt und nicht über die Zehntpächter an den Tempel zahlen.

Die Ermittlung der Höhe der Abgabe erfolgt durch eine Ernteschätzung. In einem Fall aus Sippar verfügen wir sowohl über das Protokoll dieser Schätzung als auch über die daraus abgeleitete Abgabenliste.[17] Dadurch läßt sich hinsichtlich der tatsächlichen Höhe des Zehnten zeigen, daß «Halbpacht

---

lien für Opfer gesprochen; es handelt sich also sicher um einen Tempeltext und einen Tempelzehnten. Im Falle des Murašû-Textes ist das unwahrscheinlich.

12 Gegen Dandamaev, s. Jursa, *AfO Beih.* 25, 7[33].

13 Giovinazzo, *Le tribut*, 101 (Zehnt eines *ša muhhi sūti*) ist irrig. Land eines Generalpächters wird in TCL 12, 73 (Eanna-Archiv) ausdrücklich aus dem Verantwortungsbereich eines Zehntpächters ausgeschlossen; vgl. Cocquerillat, *Palmeraies*, 93b. – Es gibt aber Hinweise, daß zumindest vereinzelt Pachtabgaben unter dem Titel *sūtu* einen Zehnten beinhalten können; s. das Dossier zu Bunene-šarru-uṣur unten bei Anm. 150.

14 Geschrieben *mi-šil*; für den Status rectus *mišlu*.

15 *šibšu* ist wahrscheinlich meistens ebenfalls ein Halbanteil.

16 S. dafür Jursa, *AfO Beih.* 25, 81ff.

17 *Cyr.* 90 und 36; s. Jursa, *AfO Beih.* 25, 163.

(und) Zehnt» etwa 55 % des gesamten Feldertrags ausgemacht haben. Dies kann man als sechs Zehntel des um rund 9 % administrative Abgaben (an Vermesser, Schreiber, etc.) verringerten Gesamtertrags deuten, wodurch sich ein Zehnt ergibt, der tatsächlich ein Zehntel des 'Nettoertrags' ausmacht. In einem weiteren Text, BM 75502 (Nr. 2[18], s. u.), finden sich Zehntbeträge für Felder, die genau ein Zehntel eines Ausgangsbetrags, vermutlich also des 'Nettoertrags', ausmachen.

Anders jedoch BM 83772 (Nr. 1), ein Fragment einer Liste von Teilpachtabgaben:

«[...]
0;0.3 Zehnt (für) das .....-'Haus' [...]: Ahu-lūmur, zweiter Posten;
2;0 Ausgangsbetrag in Gemeinschaftsbesitz[19]: Ahu-lūmur, dritter Posten;
0;4: Nabû-šumu-ibni und Nabû-mālik;
0;3: Addu-barak; 0;0.3, der Zehnt: Addu-barak;
0;1: Šammanu;
Insgesamt 3;4.4 Sesam, Ausgangsbetrag in Gemeinschaftsbesitz; davon 2;1 Sesam *šibšu*-Teilpachtabgabe (und) Zehnt; 0;1 der Zehnt.
[...] (?)»

Die Überschrift dieses Texts wird etwa wie jene von RIAA 291 oder *Cyr.* 204 gelautet haben: «Sesam, *šibšu*-Teilpachtabgabe (und) Zehnt, von den Teilpächtern von ON», o. ä. Wie es bei Sesam-Texten häufig der Fall ist, werden hier die Erträge und die Teilpachtabgaben, die von den Bauern verlangt werden, in einer Liste behandelt.[20] BM 83772 (Nr. 1) ist jedoch der erste Text, bei dem es möglich ist, die Zahlen zueinander in Beziehung zu setzen. Bei der Summierung haben wir (in *sūtu*):

	Ertrag	*Teilpacht* + *Zehnt*	(*Teilpacht*)	*Zehnt*
	118	66	(60)	6
also gerundet (100 % ~ 120 *sūtu*):				
	100 %	55 %	50 %	5 %

Der Zehnt berträgt hier nur ein Zwanzigstel des Gesamtertrags. Dieses Verhältnis gilt aber nur für die Summierung; bei Addu-barak beträgt der Zehnt ein Sechstel des Ertrags![21] Man darf diesem Fragment sicher nicht zu

18 Die in Anhang 3 unten edierten Texte – publizierte und bisher unpublizierte – sind durchnumeriert.

19 Des Bauern und des Tempels.

20 S. dazu Jursa, *AfO Beih.* 25, 176ff.

21 Daher sollte man es auch unterlassen, das Verhältnis der Beträge in der Summierung zur Erklärung der Zahlen in *Cyr.* 90 und 36 (*mišil ešrû* ist dort 55 % des Gesamtertrags, wie hier *šibšu ešrû*) heranzuziehen, indem man postuliert, der Zehnt sei ein

viel Gewicht beimessen; weder kann man die Abgabepflichtigen identifizieren noch kann man sicher sein, daß man es nicht mit einer Ausnahme zu tun hat oder der Sesamzehnt eben anders als der Gerstezehnt berechnet wurde. Auf jeden Fall wird deutlich, daß der Zehnt nicht immer etwa ein Zehntel des Ertrags ausgemacht hat.

Neben dem Zehnten, der von Tempelland im Rahmen der Bewirtschaftung desselben durch den Tempel bzw. durch vom Tempel eingesetzte Pächter eingehoben wird, spielt, wie wir sehen werden, auch der Zehnt eine bedeutende Rolle, der von Land eingehoben wird, das offensichtlich nicht dem Tempel gehört bzw. dem Zugriff der Tempelverwaltung weitestgehend entzogen ist.

Zunächst muß der Nachweis geführt werden, daß es den Tempeln überhaupt möglich war, Land, das nicht zum Tempelhaushalt gehörte, zu besteuern. Bei den Texten aus dem Ebabbar-Archiv, vor allem den Zehntlisten, steht man vor der Schwierigkeit, daß in vielen Fällen keine genaueren Angaben zu den Grundbesitzverhältnissen gegeben werden und die Prosopographie als Hilfsmittel oft ebenso versagt. Der Nachweis, daß es sich sehr häufig nicht um Tempelland handelt, ist hauptsächlich durch ein negatives Argument zu führen: Von vielen Ortschaften, aus denen Zehntzahlungen in das Ebabbar kamen, ist nicht bekannt, daß der Tempel dort auch Ländereien besessen hätte.[22] Bei der hohen Zahl an bekannten Ebabbar-Texten ist auch ein reines *argumentum e silentio* dieser Art nicht von der Hand zu weisen. In dieselbe Richtung weist eine Urkunde aus dem Eanna-Archiv, TCL 12, 73. Der Text ist eine Zwiegesprächsurkunde, in der Zehnteinnahmen des Eanna an einen Zehntpächter gegen eine im voraus vereinbarte Gegenleistung verpachtet werden. Der Pachtgegenstand wird beschrieben als:

Zehntel *der Einnahmen des Pächters*, also eine Art 'Einkommenssteuer', die dieser zusätzlich zu seiner Abgabe abzuführen gehabt habe, wie dies Dandamaev, *Tempelzehnt*, 85, bei seinem spekulativen und nicht eben überzeugenden Deutungsversuch der Zahlen in NRV 411 und UET 4, 94 tut. Im Fall von UET 4, 94 ist es nicht möglich, verläßlich von der Höhe der Dattel-*imittu*-Abgabe auf die gesamte Ernte zu schließen und diese mit dem im Text erwähnten Dattelzehnten zu vergleichen. In NRV 411 (VS 6, 80) beträgt die Abgabe an die Götter (es wird nicht gesagt, daß es ein Zehnt ist!) natürlich mit San-Nicolò und Ungnad gegen Dandamaev 3/17 der Gesamtsumme, 3/8 der Einnahmen des Pächters; 3+6+8 = 17. Auch in NRV 769 (VS 6, 83; Dandamaev, *Tempelzehnt*, 86) ist nicht von einem Zehnten die Rede; ohne Kenntnis der Hintergründe sind die Zahlen in diesem Text nicht verwendbar. In *Cyr*. 90 und 36 erwartet man, daß die üblichen administrativen Abgaben in irgendeiner Weise einberechnet werden. Auch ist es grundsätzlich unwahrscheinlich, daß mit *mišil ešrû* Bruchteile von unterschiedlichen Ganzen («eine Hälfte (des Ertrags) (und) ein Zehntel (des Rests)») gemeint sind.

22 Vgl. Anhang 1 unten mit den in Kapitel 12 von Jursa, *AfO Beih.* 25, genannten Orten, von denen bekannt ist, daß das Ebabbar dort Ländereien besaß.

«Zehnt der Herrin von Uruk, (von Land) von Uruk bis Babylon, vom Königskanal bis zum Euphrat; (vom) Land der Herrin von Uruk in Dūru-ša-Bīt-Dakkūru; ... (weitere Ortsnamen) ..., Zehnt von Bīt Amukanni».

Es kann nicht gemeint sein, daß das Eanna einen Zehnten vom ganzen Gebiet zwischen Uruk und Babylon und vom Euphrat bis zum Königskanal erhalten hat, dazu wäre die Abgabe (500 Kor Gerste und Datteln) zu gering; nur bestimmte Ländereien in diesem großräumig umrissenen Gebiet können zehntpflichtig gewesen sein. Andererseits kann sich das Recht zur Zehnteinnahme nicht nur auf jene Ortschaften aus dem Tempelbesitz beschränkt haben, die danach ausdrücklich genannt werden, da diese alle relativ nahe bei Uruk zu suchen sind; sie befanden sich außerdem nur zum Teil in dem am Anfang genannten Bereich, einige lagen östlich des Königskanals.[23] Der Besitz des Eanna war durchaus verstreut, aber nicht über ganz Südbabylonien. Die großräumige und unspezifische Umgrenzung des Gebiets, aus dem der Zehnt einzuziehen ist, macht es daher sehr wahrscheinlich, daß nicht nur Tempelland betroffen war.

Wenn das Ebabbar-Archiv weiterführende Informationen über das zehntpflichtige Land gibt, dann erlauben diese, die betroffenen Grundstücke in eine von drei Kategorien einzuordnen. Die erste Gruppe sind Güter von hohen Beamten oder Mitgliedern der königlichen Familie: So hört man in persischer Zeit von Ländereien des oder eines Kronprinzen und unter Nabonid von Ländereien des «Königs von Babylon»; vielleicht gehört das im Akzessionsjahr Nabonids einmal belegte Bīt-Nabû-naʾid auch hierher. Weiters finden sich sowohl in vorachämenidischer als auch in achämenidischer Zeit Güter des sogenannten 'Zügelhalters' (*mukīl appāti*) – das scheint ein höherer militärischer Rang zu sein und nicht einfach ein Wagenlenker –, des *rab mungi* und des *rab qannāte*.[24] Hierzu paßt, daß, wie man aus dem Iddin-Marduk-Archiv erfährt, bei der Bewirtschaftung von Königsland durch Private ein Tempelzehnt zu zahlen sein konnte.[25] Die zweite Gruppe umfaßt die 'Handhäuser', akkadisch *bīt ritti*, genannten 'Lehens'- oder Versorgungs-

23 Mindestens garimKuṣāja, garimNamzû und Huṣṣētu-ša-mār-šarri liegen östlich des Königskanals im Gebiet von Bit-Amukanni; s. Zadok, *Rép.* 8, jeweils s. v. und die Karte bei Cocquerillat, *Palmeraies*, Tf. 3a.

24 Belege findet man unten in Anhang 1 unter Bīt-mār-šarri, Bīt-mukīl-appāti, Bīt-Nabû-naʾid, Bīt-rab-mun/ggi, Bīt-rab-qannāte und Bīt-šar-bābili; vielleicht gehört auch Ālu-ša-bēl-[pīhāti] (?), die «Ortschaft des Provinzgouverneurs», hierher. Vgl. auch die Abschnitte 7.3 und 7.4 zum Zehnt von Mitgliedern der königlichen Familie und von Beamten.

25 Jursa, *AfO* 42/43, 258a+6. Die Aktivitäten des Unternehmers Itti-Šamaš-balāṭu und seines Sohnes in Larsa und Uruk – sie handeln mit Naturalien und Vieh, pachten (und unterverpachten?) Tempel- und Königsland und sind dem Ebabbar von Larsa zehntpflichtig – dürften, soweit man dies an Hand der vorliegenden Texte sagen kann, denjenigen Iddin-Marduks nicht unähnlich sein. S. Beaulieu, *Or.* 60, 63ff.; zum Zehnten 72f.

felder; dafür s. den Exkurs unten unter 3. Die dritte Kategorie sind Ansiedlungen von geschlossenen Gruppen nicht-babylonischer Herkunft, die kollektiv der Pflicht zur Zahlung eines Zehnten an das Ebabbar unterworfen waren; s. dazu unten S. 26.

Zehntpflichtiges Privatland ist als solches im Ebabbar-Archiv nicht mit Sicherheit nachzuweisen, da die vielen einzelnen Abgabepflichtigen, die in den Zehntlisten genannt werden und die 'Privatpersonen' sein könnten, in der Regel nicht weiter identifizierbar sind. Hier helfen Privatarchive weiter. So wird bei privaten Pachtverträgen dem Pächter, wie man vor allem aus Verpflichtungsscheinen über die Pachtauflage (*imittu*) weiß, manchmal auch die Zahlung eines Tempelzehnten auferlegt.[26] Eine der ganz wenigen zusammenhängenden Gruppen von einschlägigen Texten stammt aus dem Ṭābia-Archiv.[27] Ṭābia war ein privater Großgrundbesitzer und Naturaliengroßhändler, der hauptsächlich in der Umgebung von Babylon tätig war. In zwei Verpflichtungsscheinen über eine Dattel-*imittu* zu seinen Gunsten, die aus Marad bzw. Hursangkalama stammen, wird auch von einem Zehnten gesprochen, der für den jeweiligen Garten zu zahlen sei.[28] Ṭābia ist hier außerhalb seines üblichen Wirkungsgebietes tätig;[29] im ersten Fall gehört das Land offensichtlich nicht ihm selbst, sondern dem Besitzer jenes Sklaven, der gemeinsam mit einer anderen Person der Schuldner in diesem Verpflichtungsschein ist. Beides ist sicher keine Begründung dafür, daß gerade hier und nicht bei den zahlreichen anderen *imittu*-Scheinen aus dem Archiv[30], die sonst ein identisches Formular haben, ausdrücklich ein Zehnt erwähnt wird – man wird daher schließen, daß die anderen Gärten nicht zehntpflichtig gewesen sind.[31] Eine andere Gruppe, aus dem Iddin-Marduk-Archiv, betrifft ein von seinem Eigentümer verpfändetes Feld, von dessen Erträgen

---

26 Z. B. *AfO* 42/43, 108 B 6, BM 31702 (Egibi-Archiv, Hinweis C. Wunsch), BM 42301. 42311 (s. u.), BRM 1, 56, *Camb.* 54, RA 90, 180, No. 10, UET 4, 94. 107. 108, VS 3, 14. 17; vielleicht OECT 10, 73.

27 VS 3, 14. 17; cf. VS 6, 67 und 80. Für das Archiv s. Wunsch, *Šulmu*, 361ff.; für einen Überblick über seine Geschäfte s. ebd., 371.

28 VS 3, 14 und 17.

29 S. Wunsch, *Šulmu*, 367f.

30 Die Texte sind bei Wunsch, *Šulmu*, 376 Anm. 33 zusammengestellt.

31 Zwei weitere Texte aus dem Archiv sind hier relevant: In VS 6, 80 werden 17 Kor Datteln aus dem Besitz Ṭābias auf zwei Personen, von denen eine der Bebauer des Gartens ist, von dem diese Datteln kommen, und «Bēl, Nabû und Nergal» aufgeteilt. Das Wort «Zehnt» kommt nicht vor, es wird sich aber um einen Beleg für eine ähnliche Abgabe handeln. VS 6, 67 behandelt die Aufteilung von 70,5 *m.* Wolle zwischen Ṭābia und einem Geschäftspartner; 10,5 *m.* 4,5 *š.* davon werden als Zehnt für Bēl, Nabû und Nergal abgezogen.

weiterhin ein Zehnt an Nergal zu zahlen ist.[32] Solche Textgruppen und weitere einzelne Texte zeigen ohne jeden Zweifel, daß auch private Grundbesitzer einen Tempelzehnten abzuliefern haben konnten. Es wurde an die lokal bedeutenden Tempel und Götter (also Bēl (und Bēltia) in Babylon, Šamaš in Sippar und Larsa, Ištar in Uruk, Uraš in Dilbat[33], Nergal in Kutha, Enlil in Nippur, Sîn in Ur, etc.) gezahlt,[34] soviel ist sicher; aber bei der Spärlichkeit der Belege (angesichts der hohen Anzahl z. B. der erhaltenen Verpflichtungsscheine für Dattel-*imittu*-Abgaben) ist es nicht wahrscheinlich, daß diese Verpflichtung sehr weit verbreitet war. Die generalisierende Aussage Dandamaevs «*Ein jeder* (unsere Hervorhebung) zahlte (den Zehnten) seinem Einkommen gemäß demjenigen Tempel, in dessen Nachbarschaft er Boden ... besaß»[35] ist kaum zutreffend. Es können etwa dem Ebabbar von Sippar nicht grundsätzlich und jährlich ein Zehntel der auf privatem und königlichem Land um Sippar erwirtschafteten Erträge zugestanden haben. Dafür sind die Zehnteinnahmen einfach zu gering.[36] Daher wird man dort, wo man zehntpflichtiges Privatland antrifft, eine engere Bindung der Grundbesitzer oder des Landes zum entsprechenden Tempelhaushalt annehmen müssen, als dies sonst bei privatem Grundbesitz der Fall ist. Die Quellen erlauben es in der Regel nicht, dieser Überlegung in einem Privatarchiv erfolgreich nachzugehen. Ein Ausnahmefall ist das Dossier zu den Beziehungen zwischen Nidinti-Marduk//Ileʾi-Marduk und seiner Mutter Inbâ auf der einen und Bēl-rēmanni//Šangû-Šamaš auf der anderen Seite.[37]

---

32 Die Texte sind *Camb.* 53. 54 und Wunsch, *Iddin-Marduk*, Nr. 371, wozu noch Joannès, TÉBR, No. 67 gehört. S. Wunsch, *Iddin-Marduk* II, 307 mit den Verweisen und Jursa, *AfO* 42/43, 262.

33 BRM 1, 56 aus Dilbat spricht von einem Zehnten für Uraš und nicht für Ninurta, wie fälschlich in CAD E, 369a und bei Salonen, *StOr* 43/4, 25 angegeben.

34 BM 61184 (Nr. 7) zeigt, wie Zehntrechte von einem Tempel an den Tempel eines benachbarten Zentrums abgetreten werden können. In Texten aus der Region von Babylon erscheinen manchmal Bēl, Nabû und Nergal gemeinsam (z. B. VS 6, 67 (vgl. 80), *Nbk.* 430 (geschrieben in Sippar, aber dem Egibi-Archiv zugehörig: Krecher, *Egibi*, II 136) und *Nbn.* 270 (zusätzlich wird auch die «Herrin von Uruk» genannt). Auch kleinere Heiligtümer können einen Zehnten erhalten: VS 3, 212 bezeugt einen Dattelzehnten, der für einen Tempelbetreter der Išhara bestimmt ist, also wohl letztendlich dem Tempel dieser Göttin zugute kommt.

35 *Tempelzehnt*, 84.

36 Für die Höhe der jährlichen Zehnteinnahmen s. Abschnitt 5. Man kann in diesem Zusammenhang auf TCL 13, 227 aus dem Eanna-Archiv hinweisen: Diese Gesamtabrechnung über Naturalieneinnahmen des Eanna für vier Jahre (vgl. Cocquerillat, *Palmeraies*, 78) zeigt, wie gering die Lieferungen der Zehnteinnehmer im Vergleich zu den gewaltigen Mengen waren, die vom Generalpächter des Tempellandes eingeliefert wurden.

37 Die Texte stammen aus dem Archiv des Bēl-rēmanni (zu dem ich eine Untersuchung vorbereite), das weitestgehend unpubliziert ist.

Land in Til-gubbi, das Nidinti-Marduk und Inbâ Bēl-rēmanni verpachtet haben, ist zehntpflichtig; es ist sogar noch eine eigene Abgabe für den *šangû Sippar*, den höchsten Tempelfunktionär des Ebabbar, zu entrichten.[38] Beide Parteien stehen in enger Verbindung zum Tempel: Nidinti-Marduk ist Inhaber einer Brauerpfründe im Ebabbar,[39] Bēl-rēmanni ist in verschiedenen Funktionen im Pfründenwesen des Tempels tätig.[40]

Ein bislang unpublizierter Text aus dem British Museum ermöglicht weitergehende Beobachtungen. BM 75502 (Nr. 2)[41] ist eine Liste von ausständigen Zehntposten, die entweder die Form

a) x *uṭṭetu ša* PN (...) x/10 *uṭṭetu ešrûšu ul iddin*
«x Gerste, (Feldertrag) des PN (weitere Qualifikationen) – x/10 Gerste, seinen Zehnten, hat er nicht gezahlt»

oder die Form

b) x *uṭṭetu ša* PN (...) *ša ina libbi ša šarri īreš(u)* x/30 *uṭṭetu ešrûšu ul iddin*
«x Gerste, (Feldertrag) des PN (weitere Qualifikationen), der (Land) vom (Land) des Königs bebaut hat – x/30 Gerste, seinen Zehnten, hat er nicht gezahlt».[42]

haben. Das bedeutet: Im zweiten Fall geht es um einen Zehnten, der dem Ebabbar von Königsland zusteht; und dieser Zehnt beträgt nur ein Dreißigstel des wahrscheinlichen Nettoertrags des gegenständlichen Feldes, während bei der anderen in diesem Text behandelten Kategorie von Land wirklich ein Zehntel eingehoben wird. Dieses Land – es handelt sich um Bogenfelder (s. u.) – mag zumindest ursprünglich Tempelland gewesen sein. Hier sieht man deutlich: Zehnt ist nicht gleich Zehnt; die Höhe des Anteils, der dem Tempel von den Erträgen eines Feldes unter diesem Titel zustand, vari-

---

38 Nach BM 42301 und 42311.

39 BM 42412 // 42424.

40 S. Bongenaar, *Ebabbar*, 517f. (Index).

41 Vgl. Zadoks kurze Paraphrase des Texts in *Festschrift Lipiński*, 436f. und Bongenaar, *Ebabbar*, 106. S. die Übersetzung unten in Abschnitt 3 und die Transliteration unten in Anhang 3.

42 Das Problem hier ist das Verständnis des Zusatzes, der fünfmal *šá ina lìb-bi šá* lugal *i-re-eš*, einmal *šá ina lìb-bi* <*šá*> lugal *i-re-eš* geschrieben wird. *ina libbi ša šarri* für «(Land) vom (Land) des Königs» ist recht lakonisch formuliert; andererseits scheint es keine besseren Alternativen zu geben. Man kann versuchen, das Verb von *erēšu* «verlangen» abzuleiten und zu übersetzen: «(Gerste des ...,) von der der König (einen Teil) eingefordert hat»; jedoch erscheint das kaum eine bessere Lösung zu sein. *erēšu* «einfordern» ist n/spB eher selten; unser Text verwendet für «einfordern, eintreiben» das übliche *esēru*. Auch würde ein solcher Sachverhalt kaum aktiv formuliert werden, als hätte der König selbst etwas getan; man würde etwas wie *«(Gerste des ...,) von der der Teil des Königs eingefordert worden ist» erwarten. Insgesamt ermöglicht die vorgeschlagene Übersetzung eine überzeugendere und gleichsam 'ökonomischere' Interpretation des Textes.

ierte je nach Art der Grundbesitzverhältnisse; zumindest für Königsland mußte deutlich weniger als für anderes Land gezahlt werden.

Es ist für die Zeit von Neriglissar bis Nabonid ungefähr möglich, die quantitative Bedeutung des Zehnten von Tempelland des Ebabbar abzuschätzen. *Ner.* 18, eine Aufstellung der Einnahmen von Tempelland aus dem ersten Jahr Neriglissars, nennt einen Zehnten von 250 Kor. Im 14. Jahr Nabonids erhielt der Tempel von seinen *errēšu*s etwa 2100 Kor Gerste an Teilpachtabgaben einschließlich des Zehnten. Unter der Annahme, daß es sich bei den Teilpachtverhältnissen in der Regel um Halbpachten gehandelt hat, ergibt das einen Zehntanteil von 350 Kor Gerste.[43] Aus etwas älteren Texten (7 bzw. 10 Nbn) weiß man, daß allein der wichtigste Zehntpächter in dieser Zeit, Mardukā, jährlich etwas mehr als 500 Kor Gerste abliefern mußte.[44] Mardukā hat sich wie seine Kollegen nicht mit dem Zehnten der Teilpächter, also dem wesentlichen Teil des Zehnten, der von eigentlichem Tempelland eingenommen wurde, befaßt; der von ihm gelieferte Zehnt muß überwiegend aus anderen Quellen gestammt haben. In dieser Zeit war demnach der Gerstezehnt, der von verpachtetem Tempelland stammte, sichtlich niedriger als jener von anderen Arten von Land.

43 Für die aus *Cyr.* 34 + *Dar.* 370 gewonnenen Zahlen s. Jursa, *AfO Beih.* 25, 174b.

44 Nach BM 79052 (Nr. 5, 19.6.7 Nbn) und *Nbn.* 462 (Nr. 10, 6.10.10 Nbn); s. unten das Dossier zu Mardukā.

3. *Exkurs*: bīt ritti *und das neubabylonische Militärwesen*

Bei unserem Überblick über die Grundbesitzverhältnisse im Zusammenhang mit dem Tempelzehnten muß ein Sonderfall behandelt werden: das sogenannte 'Handhaus' (*bīt ritti*). Es gibt eine Anzahl von Urkunden aus dem Ebabbar-Archiv, die den Zehnten, der von solchen Grundstücken zu zahlen war, behandeln.[45] Das *bīt ritti* ist eine Art 'Lehen' oder 'Versorgungsfeld', also Land, das von einem institutionellen Haushalt jemandem zu seinem Unterhalt zugesprochen wurde.[46] Es kann verpachtet und, mindestens in hellenistischer Zeit, verkauft werden; in der Spätzeit haben die Tempel nach van der Spek nicht mehr als einen «Eigentumsrest» am *bīt ritti*, «[t]he temple could cede so many rights that the benificiary *de facto* became owner».[47] Die Gegenleistungen des Begünstigten sind nicht immer dieselben; anstelle eines Zehnten konnte bei *bīt ritti*s auf Tempelland die Zahlung einer Pachtabgabe (*sūtu*) gefordert werden,[48] manchmal scheinen aber auch Verpflichtungen gegenüber dem König bestanden zu haben. Joannès vermutet, daß der Zweck der 'Handhäuser' auf Tempelland die Versorgung jenes Tempelpersonals gewesen sein könnte, das Dienst für den König leisten mußte.[49] Als generalisierende Aussage ist das so nicht haltbar,[50] aber man kann tatsächlich zeigen, daß *bīt ritti*s zumindest vereinzelt schon unter Nabonid eine Rolle in der Organisation des Militärwesens gespielt haben.

BM 75502 (Nr. 2):
«Šamaš zustehender Gerstezehnt, (vom) Jahr 12 Nabonid, König von Babylon, (für das Gebiet) von der Schleuse des Šamaš-Kanals bis zum Hirānu-Kanal; vom *bīt ritti* des Aplāja/Mušēzib-Bel, zu Händen des Šamaš-apluuṣur/Niqūdu/Rēʾi-sisî; (Gerste), die nicht eingetrieben worden ist.

---

45 BM 75502 (Nr. 2). 75240 (Nr. 3). 101334, CT 55, 75, CT 56, 723, CT 57, 36. 38. 40. 48, *Dar.* 343, MMA 2, 46, Pinches, BOR 1, 76ff., Sack, AOAT 236 Nr. 92, wahrscheinlich CT 56, 239. – Im Murašû-Archiv findet sich ein Beleg für ein *bīt ritti*, das zugleich ein *bīt ešrî*, also mit einem Zehnten belastetes Land, ist: BE 9, 45/TMH 2/3, 143. Man beachte, daß dasselbe *bīt ritti* in BE 9, 25 als das *eqel našparti*, «mit einer (Dienst)verpflichtung belegtes Feld», seines Inhabers bezeichnet wird. Es handelt sich hier wahrscheinlich um eine Verpflichtung gegenüber der Krone und daher auch um einen Königs- und nicht einen Tempelzehnten.

46 Jursa, *AfO Beih.* 25, 120f. mit älterer Literatur.

47 Van der Spek, *Legal Documents* ..., 192. Petschow, *Pfandrecht*, 145 spricht in diesem Zusammenhang von «funktionell beschränktem Eigentum».

48 Jursa, *AfO Beih.* 25, BM 75542 (Nr. 46).

49 Joannès, TÉBR, p. 15.

50 Schließlich mußten die Tempel vor allem Bauern, Hirten und Gärtner für den Dienst beim König freistellen; diese Leute wurden aber auf andere Weise versorgt.

100 (Kor) Gerste, (Feldertrag) des Nabû-idrī vom *bīt redûti*, Bogenland, wofür (die Abgabe) zu Lasten des Nabû-ina-naqut(ti)-alsi (geht); 10 Kor Gerste, seinen Zehnten, hat er nicht gezahlt.

100 (Kor) Gerste, (Feldertrag) des Marduk-šarru-uṣur vom *bīt redûti*!, Bogenland; 10 Kor Gerste, seinen Zehnten, hat er nicht gezahlt.

90 Kor Gerste, (Feldertrag) des Herolds von Elam, der (Land) vom (Land) des Königs bebaut hat; 3 Kor Gerste, seinen Zehnten, hat er nicht gezahlt.

90 Kor Gerste, (Feldertrag) des Marz/ṣan[na]ʾ, der (Land) vom (Land) des Königs bebaut hat; 3 Kor Gerste, seinen Zehnten, hat er nicht gezahlt.

30 Kor Gerste, (Feldertrag) des Bānia, Bogenland in Bit-Raṣṣīṣi; 3 Kor Gerste, seinen Zehnten, hat er nicht gezahlt.

90 Kor Gerste, ein zweiter Posten, (Feldertrag) des Bānia, der (Land) vom (Land) des Königs bebaut hat; 3 Kor Gerste, seinen Zehnten, hat er nicht gezahlt.

90 Kor Gerste, (Feldertrag) des Madān-šarru-uṣur, des ... (lú*mu*-IM-*ra-a-a*), der (Land) vom (Land) des Königs bebaut hat; 3 (Kor) Gerste, seinen Zehnten, hat er nicht gezahlt.

60 Kor Gerste, (Feldertrag) des Šamaš-šarru-uṣur/Milki-rām, der (Land) vom (Land) des Königs bebaut hat; 2 (Kor) Gerste, seinen Zehnten, hat er nicht gezahlt.

60 Kor Gerste, (Feldertrag) des Nabû-šarru-uṣur, [des ...,] der (Land) vom (Land) des Königs bebaut hat; 2 [(Kor) Gerste, seinen Zehnten, hat er nicht gezahlt.]

Insgesamt 39 Kor Šamaš zustehender Gerstezehnt, vom Jahr 12 Nabonid, König von Babylon; (Gerste), die nicht gegeben worden ist.»

Das *bīt ritti* des Aplāja/Mušēzib-Bēl ist ein recht komplexes Gebilde:[51] Es besteht (mindestens) aus neun über ein bestimmtes Gebiet verstreuten einzelnen Feldern, die zusammen einen Ertrag von 710 Kor Gerste liefern.

Daß dieses *bīt ritti* mit dem Palast bzw. genauer mit dem Militär verbunden war, wird aus verschiedenen Indizien deutlich: Ein Teil der Felder (für die nur ein Dreißigstel des Ertrags als Zehnt zu zahlen ist) lag auf Königsland (s. oben bei Anm. 42), der andere Teil waren Bogenfelder, also Grundstücke, die zur Versorgung von Bogenschützen und deren Familien dienten – ein deutlicher Hinweis auf die militärische Funktion des *bīt ritti* in diesem Fall.[52] Für dieses Land mußte unter dem Titel *ešrû* wirklich ein Zehntel des

---

51 Für prosopographische und geographische Aspekte dieses Texts s. unten Abschnitt 6.29 zum Zehntpächter Šamaš-aplu-uṣur und Anhang 1 s. v. Bāb-Nār-Šamaš.

52 Unter Berücksichtigung von BM 75502 (Nr. 2) wird auch MMA 2, 46 verständlich: «44? Kor Gerste, Zehnt, [Eigentum von Šamaš, vom] *bīt ritti* des Arad-Nabû/Nabû-[zēru-ibni], von der Schleuse des Nār-Šamaš bis zum Nār-Niqūdu, zu Lasten des Arad-Nabû/Nabû-zēru-ibni. Am Ende des Abu wird er (die Gerste) auf den Bogenfeldern (é lúban! meš) im Maß von 0;1.1.[3] im Verhältnis von 4 Maß pro Kor (...

Ertrags abgeliefert werden. Die Bewirtschafter der Bogenfelder gehörten zum Teil zum Haushalt des Kronprinzen (*bīt redûti*). Die Mehrzahl von ihnen scheint nicht Babylonier, sondern Fremde oder Nachkommen von Fremden, wohl Söldner oder (Nachkommen von) Kriegsgefangene(n), gewesen zu sein:[53] Offensichtlich ist dies beim 'Herold von Elam' der Fall.[54] Nabû-idrī trägt einen aramäischen Namen (-*ʿidrī*), der Name Marz/ṣan[na]ʾ ist unklar, jedenfalls nicht babylonisch.[55] Madān-šarru-uṣur wird mit einem (leider unklaren) Gentilizium versehen, Šamaš-šarru-uṣur ist der Sohn eines Phönikers. Das 'patriotische' Onomastikon dieser Leute dürfte auch kein Zufall sein: Marduk-šarru-uṣur, Madān-šarru-uṣur, Šamaš-šarru-uṣur, Nabû-šarru-uṣur sind typische Beamtennamen, die hier, in dieser Häufung, bei nicht-babylonischen Soldaten, wie das Ergebnis einer bewußten Namengebung oder -änderung unter Assimilationsdruck aussehen.[56]

MMA 2, 46 aus dem Jahr 3 Nbn behandelt ein ähnlich großes *bīt ritti*: Dieser Verpflichtungsschein über Gerste betrifft den Zehnten für ein *bīt ritti*, das von der Schleuse des Nār-Šamaš bis zum Nār-Niqūdu reicht. Die Erfüllungsklausel, die die Zahlung auf Bogenfeldern vorsieht, zeigt, daß auch dieses *bīt ritti* aus einzelnen *bīt qašti*-Einheiten besteht (s. oben Anm. 52).

Daß ein *bīt ritti* aus mehreren einzelnen Grundstücken, die vielleicht nicht einmal aneinander grenzen, bestehen und auch Bogenland umfassen kann, ist neu; es gibt aber noch einen weiteren Text, den man zur Stützung dieser Beobachtung heranziehen kann. BM 75240 (Nr. 3) aus dem Akzessionsjahr Nabonids ist eine leider stark beschädigte Liste von Zehntposten. Die Überschrift lautet:

---

1 (pi) 1 bán* [3 *qa ki*]-⌜*i*⌝* *pi-i* ..., Koll. Bongenaar, zitiert mit freundlicher Genehmigung von P.O. Harper, Curator, Dept. of Ancient Near Eastern Art, The Metropolitan Museum of Art) zahlen. ... Zeugen, Schreiber, 25.1.3 Nbn». Die Zahlung hat also direkt auf den einzelnen Bogenfeldern, aus denen das *bīt ritti* besteht, zu erfolgen.

53 Für die Präsenz von Nicht-Babyloniern im babylonischen Heer s. unten bei Anm. 67. Man findet auch sonst Hinweise darauf, daß Zehnt von Fremden, besonders von als Kollektiv angesiedelten Fremden, gezahlt wird: S. unten bei Anm. 87.

54 Für ihn s. die Anmerkung zur Stelle unten in Anhang 3.

55 Zadok, *Festschrift Lipiński*, 437 verweist auf einen elamitischen Personennamen ^{I}*mar-za-ʾ*.

56 Bongenaar, *Ebabbar*, 106[+111] sieht in diesen Leuten gleichnamige *ša rēši*-Beamte, die zum Teil auch im Zusammenhang mit (nicht landwirtschaftlichen) Zehntzahlungen belegt sind (s. hier Abschnitt 7.4 unter *ša rēš šarri*) – wie andere Beamte auch. Nur wegen des Zehnten kann man die in BM 75502 (Nr. 2) genannten Personen nicht mit den gleichnamigen *ša rēši*s identifizieren, und die Namensgleichheit allein ist kein starkes Argument, da das Onomastikon königlicher Beamter wenig abwechslungsreich ist. Wir halten derzeit die von Bongenaar vorgenommene Gleichsetzung für nicht sicher und jedenfalls nicht beweisbar.

1 z[ú.lum.ma *e*]*š-ru-ú*! *šá* ^{d}utu [x x] ⸢x x x⸣
[x] uru [x x x (x)] uru *šá* dumu^{meš} *šá* ^{Id}en-mu ⸢x x x⸣
[*a-d*]*i* a.šà *šá* ^{I}⸢*mu*⸣-*ra-nu* a-*šú* ⸢*šá*⸣ ^{I}*re-mut* é kišib *šá* ^{I}en-*šú-nu*
iti.⸢apin⸣! mu.sag.nam.lugal.la ^{Id}ag-i lugal tin.tir^{ki}
(es folgen einzelne Dattelposten, die am Ende der Rückseite summiert werden)
Rs. 13' pab 2 ME 50 gur 2 (pi) 2 bán zú.lum.ma [x x]
[x *eš*]-⸢*ru-ú*⸣ *šá* mu.sag.⸢nam⸣.lugal.la ^{Id}ag-[i]
15' lugal tin.tir^{ki}

Die Zeilen sind zu stark beschädigt, als daß man sie mit ausreichend großer Sicherheit rekonstruieren könnte. Gegenstand der Liste ist der Dattelzehnt für ein Gebiet bei der Ortschaft Ālu-ša-mārē-ša-Bēl-iddin (die nicht weiter bekannt ist), das bis zum Feld eines gewissen Murānu/Rēmūtu reicht; der Zusatz am Ende der Überschrift zeigt, daß es sich um Land handelt, das zum *bīt ritti* des Bēlšunu gehört.

Bēlšunu ist auch in anderen Texten in Zusammenhang mit dem Zehnten belegt, da man ihn sicher mit dem Zehntpächter Bēlšunu und dem *ešrû*-Schuldner und -lieferanten Bēlšunu/Kīnāja identifizieren darf.[57] Sein *bīt ritti* ist nach Ausweis von BM 75240 (Nr. 3) ein ähnlich strukturiertes Gebilde wie das von Aplāja nach BM 75502 (Nr. 2); bei Bēlšunu finden sich aber keinerlei Hinweise auf einen Bezug zur königlichen Verwaltung im allgemeinen und zum Militärwesen im besonderen.

Die meisten anderen Belege für *bīt ritti*s im Zusammenhang mit Zehntzahlungen sind hierzu weniger aussagekräftig: Es sind dies Verpflichtungsscheine[58], eine Quittung[59] und Einträge in Listen von *ešrû*-Posten[60], die den Zehnten, der für einzelne *bīt ritti*s zu bezahlen ist, betreffen. In CT 55, 75 erhalten wir vielleicht noch einen weiteren Hinweis auf die Präsenz von zehntpflichtigen Fremden.[61] Ein Vertrag behandelt die Verpachtung der Zehnteinnahmen eines *bīt ritti* an dessen Inhaber; dazu s. unten.

Nach alledem können wir festhalten: *bīt ritti*, allgemein ein Versorgungsland oder 'Lehen' sowohl auf Tempel- als auch auf Königsland, kann unter Nabonid eine Art Militär'lehen' bezeichnen, das (unter anderem) mehrere einzelne Bogenfelder umfaßte. In anderen Fällen besteht das *bīt ritti* zwar ebenfalls aus mehreren Einzelfeldern, hat aber keine ersichtliche Verankerung im Militärwesen. Der 'Eigentumsrest' des Tempels an dem vergebenen

---

57 S. unten bei Anm. 147.

58 CT 55, 75 und CT 57, 48.

59 Sack, AOAT 236, Nr. 92.

60 Pinches, BOR 1, 76ff., CT 57, 36 (Nr. 8). 38. 40, *Dar.* 343.

61 «... Zehnt ... abgesehen vom Zehnten der (des?) ^{lú}⸢x⸣ [...]...».

Land äußert sich oft darin, daß von den Erträgen des Landes ein Tempelzehnt eingehoben werden kann.

All dies, vor allem aber das sich aus BM 75502 (Nr. 2) ergebende Bild, ist nicht unwichtig, da man hier einen ungewöhnlich guten Einblick in die sonst sehr schlecht dokumentierte Organisation des Heeres im neubabylonischen Reich bekommt.[62] Bogenland als solches konnte bisher in Texten aus dieser Zeit nicht oder nicht mit Sicherheit nachgewiesen werden. Der Beleg in MMA 2, 46 (25.1.3 Nbn) war mangels Parallelen angezweifelt[63] oder überhaupt ignoriert worden. Erst 1989 wurde mit A 107 aus 16 Nbn (ediert bei Joannès, *Archives*, 274f.; Kopie 1990 in OECT 12) ein weiterer Text bekannt, der vielleicht ein *bīt qašti* bezeugt. Die Lesung der Stelle in Zeile 1 ist zwar epigraphisch nicht zwingend, aber im Lichte der Erwähnung eines *rab qašti* in Zeile 5 desselben Textes naheliegend.[64] Es gab allerdings schon seit langem deutliche indirekte Hinweise auf die Existenz solcher Strukturen: In VS 6, 70[65] aus dem Ṭābia-Archiv bittet jemand den «Rekrutierungsoffizier für die Bogenschützen des neuen (Kontingents) des Kronprinzenpalastes»[66], zum Bogendienst eingeschrieben zu werden und den *ilku*-Dienst des Kronprinzen ausführen zu dürfen. Im Hinblick auf die *bīt qašti*-Felder von Angehörigen des *bīt redûti*, die in BM 75502 (Nr. 2) belegt sind, wird man annehmen können, daß «zum Bogendienst eingeschrieben zu werden» die Zuweisung eines *bīt qašti* bedeutet. Unsere Texte zeigen nunmehr eindeutig, daß es schon unter den neubabylonischen Königen Militär'lehen' gegeben hat, die den späteren achämenidischen durchaus vergleichbar waren. Es gab offenbar auch schon einen hohen Anteil von Nicht-Babyloniern unter den Militärsiedlern (vgl. wiederum BM 75502 (Nr. 2)!); man hört auch - in anderem Zusammenhang - von geschlossen angesiedelten Gruppen von Fremden, die sehr an die für die späte Achämenidenzeit typischen *haṭru*-Einheiten erinnern.[67]

---

62 Van Driel, JESHO 32, 205ff. stellt zusammen, was bis 1989 über die Anfänge des unter den späteren Achämeniden voll entwickelten Systems von 'Militärlehen' bekannt war. *Camb.* 85 (22.9.1 Kam, König von Babylon) sei «the earliest [text] in which a bow-fief is mentioned as such» (p. 205). Für eine Beschreibung dieses Systems unter den späten Achämeniden s. Stolper, *Entrepreneurs*, 24f.; vgl. auch seinen Beitrag s. v. «Militärkolonisten» in *RlA* 8, 205-207.

63 Cardascia, *RlA* 4, 151a s. v. Ḫaṭru.

64 Vgl. die Bemerkungen von Dassows in *AuOr* 12, 119[+66]. Der Text wurde von Dandamaev bei seiner Behandlung des Problems in *Assyria 1995*, 46f. übersehen.

65 Van Driel, JESHO 32, 206.

66 [lú]*de-ku-ú šá* lú.ban *šá eš-še-ti šá* é *re-du-tu*.

67 Für die neubabylonischen Wurzeln des 'Militärlehenswesens' s. neben van Driel, JESHO 32, 205ff. (auch zu den Fremden im Militär) auch Kuhrt, CAH 4, 128f. Stolper, *Le tribut*, 147-156 und *Entrepreneurs*, 98[113] ist hinsichtlich der Frage nach

Insgesamt sind also aus dem Umland von drei verschiedenen Städten (Babylon, Borsippa und Sippar) aus ebensovielen Archiven Hinweise auf die Existenz von Bogenland bekannt geworden. Die geringe Anzahl der Bezeugungen eines *bīt qašti* muß nicht bedeuten, daß es sich um eine vereinzelte Erscheinung gehandelt hat. Die erhaltenen Tempel- und Privatarchive behandeln einfach andere Bereiche; Palastarchive oder etwas dem Murašû-Archiv Vergleichbares haben wir aus neubabylonischer Zeit natürlich nicht. Selbst die Texte zum Zehnten geben, wie wir gesehen haben, nur gleichsam nebenbei Informationen zu diesem Themenbereich. Trotz der wenigen Belege würden wir es daher für wahrscheinlich halten, daß solches Versorgungsland für Soldaten auch in neubabylonischer Zeit durchaus verbreitet war; die Achämeniden, speziell Darius, hätten demnach vorhandene Strukturen vor allem ausgebaut, vereinheitlicht und ihren spezifischen Zwecken dienstbar gemacht.

Auch wenn man also hinsichtlich des Verbreitung dieses System in neubabylonischer Zeit mangels ausreichender Quellen uneins sein kann, eines ist nunmehr gesichert: Sucht man nach direkten historischen Vorläufern des achämenidischen Militär'lehen'systems, so findet man sie im neubabylonischen Reich; ein Rückgriff auf neuassyrische Institutionen, die über medische Vermittlung zu den Persern gekommen seien, wie dies vorgeschlagen wurde, ist nicht notwendig.[68]

möglichen Vorläufern des persischen Systems zurückhaltender; ähnlich Briant, *Histoire*, 87. – Für angesiedelte fremde ethnische Gruppen s. a. unten bei Anm. 87.

68 In diesem Sinne hat sich zuletzt Dandamaev geäußert (*Assyria 1995*, 46f.). Er greift in diesem Artikel einen Gedanken auf, der zuerst von Postgate geäußert worden ist (s. auch Zaccagnini, *Le tribut*, 193ff., Stolper, *RlA* 8, 206a oben).

4. *Die Verwaltung des landwirtschaftlichen Zehnten*

Oben wurde bereits gesagt, daß der Zehnt, der von Teilpächtern von Tempelland eingefordert wurde, von diesen Teilpächtern direkt an den Tempel abgeliefert worden ist. Der Zehnt wurde nicht anders als die eigentlichen Teilpachtabgaben behandelt.

Anders verhält es sich mit den Inhabern von 'Handhäusern'. Auch hier gibt es natürlich die Möglichkeit, daß die Inhaber der *bīt ritti*s direkt dem Tempel verantwortlich sind, wie die Verpflichtungsscheine über Zehntabgaben von *bīt ritti*s zu Lasten ihrer Inhaber zeigen. Eine zweite Möglichkeit ist, daß Zehntpächter (*ša muhhi ešrî*), die sogleich besprochen werden, für die Eintreibung des Zehnten eines *bīt ritti* zuständig sind (z. B. BM 75502 (Nr. 2)). Eine bemerkenswerte dritte Möglichkeit findet man in BM 101334.[69] Es ist dies eine beschädigte Zwiegesprächsurkunde ungefähr vom Ende der Regierungszeit von Kambyses oder aus den ersten Jahren von Darius. Eine Person, deren Name verloren ist, wendet sich mit folgendem Vertragsangebot an die obersten Tempelfunktionäre des Ebabbar:

«Gebt mir den Šamaš von meinem *bīt ritti* zustehenden Zehnten, und [ich will Šamaš] (dafür) jährlich 560 Kor [Gerste], [x ×] 100 + 60 Kor Datteln und 2;3.2 Se[sam zahlen].»[70]

Das Angebot wird in der verlorenen Fortsetzung des Textes sicher wie üblich angenommen worden sein.

Der Text dokumentiert die Verpachtung der Zehnteinnahmen, die dem Tempel von einem *bīt ritti* zustehen, an den Inhaber eben dieses *bīt ritti*, der dafür eine im voraus vereinbarte Abgabe zahlt. Das 'Handhaus' muß, nach den geforderten Abgaben zu schließen, eine beträchtliche Größe gehabt haben und wird daher aus mehreren Einzelgrundstücken, ähnlich wie es z. B. in BM 75502 (Nr. 2) der Fall ist, bestanden haben.

Die Intention hinter dieser Vereinbarung ist offensichtlich: Dem Tempel bleibt die Notwendigkeit erspart, die Eintreibung des Zehnten zu organisieren, und er hat Einnahmen in garantierter Höhe. Der Pächter hat die Möglichkeit eines Gewinns bei höheren Erträgen; er muß nicht einmal einen signifikant höheren Aufwand in Kauf nehmen, da er ja ohnedies als Inhaber des *bīt ritti* Naturalien von den Bewirtschaftern einzutreiben hatte.[71]

---

69 Der Text ist mir freundlicherweise von John MacGinnis, der ihn in JCS publizieren wird, zur Kenntnis gebracht worden.

70 6-8 (kollationiert): *eš-ru-ú* níg.ga ^{d}utu <*šá*> (?) é *ri-it-ti-ia*, [*i*]-*bi-in-nim-ma ina* mu.an.na 5 ME 6[0 gur še.bar], [x] ME 60 gur zú.lum.ma 2 gur 3 pi 2 bán še.[giš.ì], [*a-na* ^{d}utu *lud-din* ...]».

71 Die Transaktion ist nicht mit den Murašû-Texten, in denen *bīt ritti*-Inhaber ihre (verpfändeten) Grundstücke von den Murašû pachten (s. z. B. Petschow, *Pfandrecht*, 143^{436}), zu vergleichen.

Das Verpachten von Einkommensrechten an private Unternehmer gegen im voraus festgelegte Gegenleistungen ist typisch für das Wirtschaften neubabylonischer institutioneller Haushalte.[72] Am besten sind die sogenannten Generalpächter belegt, die ab der Zeit Nabonids ein wesentlicher Faktor in der Landwirtschaft der Tempel waren.[73] Solche Unternehmer waren aber auch in der Viehzucht[74] und in anderen Bereichen tätig, so man kennt aus dem Ebabbar-Archiv z. B. auch einen Unternehmer, «der über die Häuser (gesetzt ist)» (*ša muhhi bītāti*) und wahrscheinlich die dem Ebabbar zustehenden Hausmieten einzutreiben hatte.[75] Nach den Generalpächtern sind die Zehntpächter (*ša muhhi ešrî*, wörtlich: «der über den Zehnten (gesetzt ist)»), die uns jetzt beschäftigen werden, die am besten bekannten Unternehmer dieser Art: Die Mehrzahl der erhaltenen Texte aus Sippar, die einen Zehnten bezeugen, betreffen die Zehntpacht![76]

Inhaltlich kann man die Quellen grob gliedern in

a) Verträge, die die Begründung einer Zehntpacht betreffen;

b) Verträge, die auf Grund eines konkreten Problems, wegen eines außerhalb der Routine liegenden Anlaßfalles einzelne Aspekte der Beziehungen der Zehntpächter zueinander und zum Tempel behandeln; einige wenige solcher Texte, protokollierte Aussagen oder Eide der Zehntpächter vor dem Tempelkollegium, sind auf uns gekommen;

---

72 S. van Driel, JESHO 32, 213ff.

73 S. zuletzt Jursa, *AfO Beih.* 25, 85ff.

74 S. zuletzt van Driel, BSA 7, 223f.

75 S. Bongenaar, *Ebabbar*, 10^{+21}.

76 Unternehmer mit diesem Titel findet man auch im Eanna-Archiv aus Uruk. Das einschlägige Dossier ist wesentlich kleiner als das aus Sippar. Der früheste Beleg ist YOS 17, 46 (3 Nbk): Die Zehntpächter Nabû-le'i und Nabû-šumu-uṣur nehmen hier nicht nur einen Zehnten ein, sondern bemerkenswerterweise auch Teilpachtabgaben (*šibšu*). 41 Nbk findet man den vermutlichen Zehntpächter Murašû in einer Quittung (GCCI 1, 126); unter Neriglissar und Nabonid war ein gewisser Nabû-ušabši/Nabû-zēru-ukīn in dieser Funktion tätig (TCL 12, 70 (3 Ner), TCL 13, 227 (7 Nbn)). In der großen Abrechnung über Gersteeinnahmen TCL 13, 227 werden auch die Zehntpächter Innin-šumu-uṣur (mit Titel) und Ṣillāja (ohne Titel; gemeinsam mit seinem Sohn Anu-zēru-iqīša) genannt. Innin-šumu-uṣurs Zehntpachtvertrag ist in TCL 12, 73 (1 Nbn) erhalten. Vielleicht ist Iqīšāja/Innin-šumu-uṣur, der Zehntpächter für das Gebiet von Sumandar zur Zeit des Kambyses (YOS 7, 188, 6 Kam), sein Sohn. Der Verpflichtungsschein BIN 1, 109 (4 Kyr) über 188;0 Gerste- und Dattelzehnt zu Lasten eines Lugalbanda-šumu-ibni/Ina-tēšî-ēṭer mag auch in diesen Kontext gehören. – In Nippur heißen die Zehntpächter des Enlil-Tempels *rab ešrî*: BE 8, 136 (*ša Enlil*), PBS 1/2, 87. Im zuletzt genannten Brief (Bearbeitung von Ebeling, *Neubabylonische Briefe*, Nr. 277) hört man von einem Zehnten aus einer Siedlung, deren Älteste (^{lú}ab.ba^{meš}) die Zahlung verweigert haben (Zeile 7 lies *šá* šu$^{!}$ ^{II} *a-na eš-ru-ú id-ku-ú*; 11 sicher: ... *e-le-tu*$_4{}^{!}$, 16: ... ^{lú}gal$^{!}$ *eš-ru-ú*). Nach Ebeling, *Neubabylonische Briefe*, Nr. 266, soll in dem aus Uruk stammenden Brief JAOS 36, 335 in Zeile 29 ^{lú}gal *eš*$^{!}$-*re*$^{!}$-*e* zu lesen sein, das ist jedoch ganz unsicher.

und

c) Texte zur routinemäßigen Tätigkeit der Zehntpächter: Listen von Zehntlieferungen, Verpflichtungsscheine, Quittungen.

Wir werden uns zunächst mit diesen Textgruppen ohne besondere Berücksichtigung prosopographischer Zusammenhänge beschäftigen.

4.1. Die Einrichtung einer Zehntpacht

Aus Sippar ist uns kein Vertrag bekannt, der die Errichtung einer landwirtschaftlichen Zehntpacht zum Gegenstand hat. Der oben behandelte Vertrag BM 101334 muß ja, da er ein *bīt ritti* betrifft, als Sonderfall gewertet werden. Ein weiterer Vertrag, BM 54225 (Nr. 14), betrifft die Begründung einer Zehntpacht, diese ist aber nicht landwirtschaftlicher Natur.

Es gibt aber einen solchen Vertrag aus dem Eanna-Archiv, TCL 12, 73 (8.2.1 Nbn): Der zukünftige Zehntpächter wendet sich an das Tempelkollegium des Eanna und bittet um den «Zehnten der Herrin von Uruk, von Uruk bis Babylon, vom Königskanal bis zum Euphrat; (vom) Land der Herrin von Uruk in Dūru-ša-Bīt-Dakkūru; ... (weitere Ortsnamen) ..., den Zehnten von Bīt Amukanni», wofür er jährlich 500 Kor Gerste und Datteln zu zahlen bereit ist. Es folgen weitere Bestimmungen, die die Zahlungsmodalitäten und die Beziehungen des Zehntpächters zum aktuellen Generalpächter von Tempelland regeln. Diese Zwiegesprächsurkunde zeigt, was man auch in Sippar von einem Zehntpachtvertrag vor allem erwarten muß: Eine Festlegung der Grenzen des Gebiets, von dem der Zehnt einzuheben ist, und selbstverständlich der Höhe der zu entrichtenden Pacht.

Es ist wirklich eine Pacht im eigentlichen Sinn des Wortes: Die Naturalien, die die Zehntpächter an den Tempel liefern, werden zwar in der Regel als «Zehnt», *ešrû*, bezeichnet, genau genommen sind sie aber die Pachtabgabe, mit der der Zehnpächter das Recht zur Einnahme des Zehnten erworben hat. Manchmal reflektiert die babylonische Terminologie diese Tatsache und zeigt damit eindeutig, daß das Verhältnis zwischen Zehntpächter und Tempel im Prinzip dasselbe ist, das zwischen einem Generalpächter (*rab sūti* etc.) von Tempelland oder jedem anderen Einkommenspächter und dem Tempel besteht.

Dar. 547 (21.6.22 Dar, = MacGinnis, *Letter Orders*, No. 36), ein Briefauftrag von Tempelschreibern an Bunene-šimânni und Itti-Šamaš-balāṭu, zwei *ša muhhi ešrî*:

5 60 gur še.bar *ina* še.bar *eš-ru-ú šá* ^{d}⌜utu⌝
ina ^{giš}bán *šá* mu.22.kam *šá ina* igi-*ku*(über *ka*)-*nu*
... *in-na-*ʾ

«Gebt ... 60 Kor Gerste von dem Gerstezehnten des Šamaš, (d. h.) von der Pachtabgabe für das 22. Jahr, die zu eurer Verfügung (d. h. «unter eurer Verantwortung», vielleicht auch einfach «zu euren Lasten») steht!».

sūtu meint hier die im voraus vereinbarte jährliche Abgabe oder Pacht, die von den *ša muhhi ešrî* abzuliefern ist.[77]

4.2. Das Verhältnis der Zehntpächter zu ihren Kollegen und zum Tempel

Anders als bei der Generalpacht von Tempelland, bei der es zu einem Zeitpunkt nur selten mehr als einen Generalpächter gibt, findet man im Ebabbar-Archiv regelmäßig mehrere Zehntpächter gleichzeitig. Dies ist möglich, da ihre geographisch festgelegten Verantwortungsgebiete wohl nicht überlappen, manche Zehntpächter auch in Paaren arbeiten und zumindest zu manchen Zeiten eine Hierarchie unter den *ša muhhi ešrî* feststellbar ist: Ein Zehntpächter kann offensichtlich als eine Art Oberpächter über den anderen stehen.

Am deutlichsten wird die Hierarchie unter den Zehntpächtern aus BM 64056 (Nr. 4, 26.3.8 Dar). Šamaš-šumu-ukīn, ein bekannter *ša muhhi ešrî*, schwört hier vor einem Kollegium von Tempelfunktionären, daß er den Zehnten gemäß den Anweisungen von Šamaš-aplu-uṣur, einem anderen Zehntpächter, an den Tempel zahlen werde.

«Šamaš-šumu-ukīn/Bēl-[ibni/Nabûnnā]ja schwor Ina-Esangila-li[lbur], dem *šangû* von Sippar, und den Schreibern [des Ebabbar] bei Bēl und Nabû und einen Eid des Darius, König von Babylon, König der Länder: 'Ich werde gewiß gemäß [dem Verpflichtungsschein] vom Jahr 8 Darius über den Gerstezehnten von Šamaš-aplu-uṣur, [der über den Zehnten (gesetzt ist),] (genau) so, wie er (Šamaš-aplu-uṣur) mich anweisen wird, (die geforderte Gerste und zusätzlich) pro Kor 1 *pānu* Gerste an die Kasse von Šamaš zahlen.'

Zeugen: Basūru, *der über die 'Rationen' des Königs* (*gesetzt ist*)[78], Iddin-Nabû/Šamaš-udammiq/Šangû-Šamaš, Nabû-nādin-šumi/Ea-iddin/Zērāja, Lâbâši/Nabû-nāṣir/Nannūtu, Ardia/Šamaš-[...], Iddināja/Nabû-mukīn-apli, Iddin-Nabû/Mardu[k-...], und der Schreiber: Nabû-nādin-ipri/Mukīn-zēri/Šangû-Adad.

Sippar, 26. Simānu, Jahr 8 Darius, König von Babylon, König der Länder.»

Die Titel von Šamaš-šumu-ukīn und Šamaš-aplu-uṣur reflektieren den offensichtlichen Unterschied zwischen ihren Positionen nicht: Wenn sie mit einem Titel genannt werden, dann ist es bei beiden Männern *ša muhhi ešrî*. Šamaš-aplu-uṣur ist aber im achten Jahr von Darius schon 33 Jahre im Amt

---

77 Weitere Belege für *sūtu*, auf Zehntzahlungen bezogen: BM 62907 (s. unten Abschnitt 6 unter Arad-Bēl), BM 64085 (s. unten unter Iqīša-Marduk), Sack, AOAT 236, Nr. 90 (s. unten unter Mardukā), CT 57, 317 (s. unten unter Bunene-šimânni); für die problematischeren Texte *Cyr*. 260 und *Dar*. 111 s. unten unter Bunene-šarru-uṣur, für Pinches, BOR 1, 76ff. s. unten unter Nidintu.

78 S. den Kommentar zur Stelle in Anhang 3.

gewesen, es ist daher wahrscheinlich, daß er sich in dieser langen Zeit eine dominante Position unter den Zehnteinnehmern des Ebabbar erarbeiten konnte.

Ähnliche Verhältnisse kann man CT 57, 38 und BM 79052 (Nr. 5) entnehmen. Die Überschrift von CT 57, 38 lautet: «Dattelzehnt, den man auf Weisung des Gimil-Šamaš festgesetzt hat».[79] In der folgenden Liste von Dattelzehntposten erscheinen neben dem bekannten Zehntpächter Gimil-Šamaš selbst einige weitere bekannte untergeordnete Zehnteinnehmer und *bīt ritti*-Inhaber.

BM 79052 (Nr. 5) ist eine Liste von Zehntlieferungen unter der Verantwortung des Zehntpächters Mardukā.

«Gerste vom Zehnten des siebenten Jahres unter der Verantwortung von Mardukā und seinen Leuten, (die) sie gezahlt haben:[80]
143;4.3 (Gerste von) Arad-Bēl [...]
174;4.1.3 (Gerste von) Gimil-Šamaš und ... [...]
(es folgen kleinere Gersteposten, Auszahlungen an Tempelpersonal verschiedener Art)
(Rs.) [x ×] 100 + 26;2.1 (Gerste von) Ileʾi-Marduk
(weitere kleine Ausgabeposten)
(Unterschrift:) Insgesamt 558 Kor Gerste hat Mardukā gezahlt. 19. Elūlu, Jahr [7] Nabonid, König von Babylon.»

Arad-Bēl, Gimil-Šamaš und Ileʾi-Marduk[81], die mit hohen Gersteposten genannt werden, sind, obwohl das aus dem Text nicht direkt hervorgeht, sicher Gerste*lieferanten* und nicht Gersteempfänger wie die verschiedenen Tempelangehörigen, die mit relativ kleinen Posten aufgelistet werden. Alle drei sind auch sonst in Zusammenhang mit *ešrû*-Lieferungen belegt. Arad-Bēl und Gimil-Šamaš tragen in späterer Zeit auch den Titel *ša muhhi ešrî*; Ileʾi-Marduk ist Besitzer eines *bīt ritti*, für das er Zehnt zahlen muß. Diese drei Männer (und vielleicht noch andere, die in den jetzt verlorenen Passagen des Textes genannt wurden) sind also die in der Überschrift angesprochenen «Leute» (${}^{\text{lú}}$erín${}^{\text{meš}}$) des Mardukā, d. h. ihm untergeordnete Zehnteinnehmer oder zur Zehntzahlung verpflichtete Landbesitzer. Gimil-Šamaš ist zudem Mardukās Sohn, der unter Kyros die Nachfolge seines Vaters bei der Zehntpacht antritt.[82]

---

79 zú.lum.ma *eš-ru-ú, šá ki-i pi-i šá*, ${}^{\text{I}}$šu-${}^{\text{d}}$utu *ú-*⌜*kin*⌝**-nu**.

80 še.bar *šá eš-ru-ú šá* mu.7.[kam], *ina* šu${}^{\text{II}}$ ${}^{\text{I}}$*mar-duk u* ${}^{\text{lú}}$erín${}^{\text{meš}}$*-šú id-din-*[*nu*].

81 Zur Lesung des Personennamens (...-${}^{\text{d}}$tu.tu) s. Anm. 163.

82 In CT 57, 36 (Nr. 8) haben wir einen ähnlich gearteten Fall: In diesem Text werden Zehntposten unter der Verantwortung des Šamaš-aplu-uṣur, des bekannten Zehntpächters, aufgelistet. Eine Zwischensumme lautet: «insgesamt 611 Kor Gerste, der Zehnt zu Lasten der Leute, die über [den Zehnten (gesetzt sind)] ...» (Zeile 21f.: pab 6 ME

Bei der Zusammenarbeit der Zehntpächter in Paaren[83] ist in der Regel nicht ersichtlich, ob einer der Männer eine dominante Position hat, denn nicht in allen Fällen ist einer der Beteiligten derjenige Zehntpächter, der zum gegebenen Zeitpunkt als der wichtigste Zehntpächter des Tempels angesehen werden muß. Die Zusammensetzung dieser Paare kann wechseln, und es läßt sich bis jetzt kein klares System hinter dieser Erscheinung erkennen.

Texte, die über die übliche Verwaltung der Einhebung der Abgaben hinausgehend die Zehntpacht und das Verhältnis der Zehntpächter zum Tempel betreffen, sind sehr selten. Aus Uruk sind YOS 7, 188 und TCL 12, 70 zu nennen. In YOS 7, 188 wird ein Zehntpächter verpflichtet, den Tempelbehörden eine bestimmte Urkunde, die den Zehnten betrifft, vorzulegen.[84] TCL 12, 70 ist für unser Thema nur indirekt von Interesse: Hier wird über einen Sklaven gehandelt, der im Verdacht steht, in den Speicher eines Zehntpächters eingebrochen zu haben. Interessanter sind zwei Urkunden aus Sippar, BM 61184 (Nr. 7) und *Cyr.* 184 (Nr. 6).

Cyr. 184 (Nr. 6) ist ein Protokoll einer Aussage von Zehntpächtern vor Tempelfunktionären:

«[Šamaš-šumu-ukīn/Bēl]-ibni/Nabûnnāja, [Bēlšunu/PN(?)/]Maštukāta (und) Bēl-kāṣir[/Šamaš-zēru-ibni/Rēʾi]-sisê, die über den Zehnten (gesetzt sind), [haben am x. Tag] des Monats Tašrītu zu Bēl-uballiṭ, [dem *šangû* von Sippar,] und den Schreibern des Ebabbar [folgendermaßen gesprochen:] 'Wir haben Datteln weder gegen Silber verkauft [noch *in betrügerischer Weise*] fortgeschafft.'

Den Dattelzehnten werden sie [br]ingen und im Ebabbar dem Bēl-uballiṭ, dem *šangû* von Sippar, und den Schreibern geben.[85] [Falls] (ein) Wasser(weg) weit entfernt sein sollte, werden sie die Datteln bei Bēlšunu messen und (dort) Bēl-uballiṭ, dem *šangû* von Sippar, und den Schreibern geben.

---

11 gur še.bar *eš-*⌈*ru*⌉-[*ú*], *šá ina muh-hi* lúerínmeš *šá* ug[u *eš-ru-ú*]). Die Ergänzung ist im Lichte von BM 79052 (Nr. 5) recht wahrscheinlich; in CT 57, 40 werden Zehntlieferanten in ähnlicher Weise als [lú]erínmeš *šá eš-ru-ú* bezeichnet. Die in CT 57, 36 (Nr. 8) genannten Personen sind also Šamaš-aplu-uṣur untergeordnet. Sie sind außerdem zum Teil Inhaber von 'Handhäusern' (vgl. BM 101334); in CT 57, 40 befinden sich unter den «Leuten des Zehnten» auch bekannte Zehntpächter (*ša muhhi ešrî*).

83 S. die Belege bei Bongenaar, *Ebabbar*, 429.

84 «Iqīšāja/Innin-šumu-uṣur, der über den Zehnten von Sumandar (gesetzt ist), wird das Dokument (*šá-ṭa-ri*) über den Gerste- und Dattelzehnten von Sumandar für das Jahr 5 Kambyses, König von Babylon, König der Länder, das er von den *mār banê* erhalten hat, am ersten Simānu des Jahres 6 Kambyses, König von Babylon, König der Länder, bringen und Nabû-mukīn-apli/Nādinu/Dābibi, dem *šatammu* des Eanna, und Sîn-šarru-uṣur, dem Höfling, dem Zuständigen für das Eanna, übergeben. (Zeugen, Schreiber, 8.2.6 Kam)».

85 In diesem Satz wechselt der Text von der direkten in die indirekte Rede.

(Zeugen, Schreiber); 26. [Tašrītu], Jahr 4 [Kambyses, König von Babylon], König der Länder.»

Der Hintergrund des Textes mag eine gegen die drei Zehntpächter erhobene Anschuldigung gewesen sein. Sie bekunden hier gegenüber dem *šangû* und den Tempelschreiberkollegium, nichts unterschlagen zu haben. Vielmehr soll alles ordnungsgemäß entweder im Ebabbar, oder, in Ausnahmefällen, wenn die Transportkosten zu hoch werden würden, auf dem Grundstück von Bēlšunu den Tempelbehörden übergeben werden.

BM 61184 (Nr. 7, Datum verloren, nach der Prosopographie etwa aus der Zeit des Kambyses) ist ein sehr interessantes Protokoll einer Befragung eines Zehntpächters durch die Tempelbehörden. Gegenstand dieser Befragung ist der von einer bestimmten Gruppe von Leuten einzuhebende Zehnt. Leider ist der Text in wesentlichen Passagen beschädigt.

«[...] ... folgendermaßen: 'Das Land, das die Gezeriter (lú*gazrāja*)[86] im Bewässerungsbezirk Bir'ilu genommen (bewirtschaftet) haben – ist der Zehnt [dafür] v<on> dir erhalten worden?'

Bēl-uballiṭ, der *šangû* von Sippar, und [Šarru-lū-dari], der (königliche) Beauftragte für das Ebabbar, fragten Šamaš-šumu-ukīn folgendermaßen: 'Wie hoch ist jährlich der Zehnt der Gezeriter?' Šamaš-šumu-ukīn sagte in der Versammlung: 'Der jährliche Zehnt der Gezeriter beträgt 200 (Kor) Gerste.'

[Diese] 200 (Kor) Gerste wurden für die Inspektion der Schreibtafel über die Abrechnung [*aufgeschrieben*]. Jährlich werden sie der Größe des Landes entsprechend[, das sie (die Gezeriter) *nicht* genommen (bewirtschaftet) haben,] [Gerste] bei Šamaš-šumu-ukīn von [seinem Zehnt(soll),] [(das) an die Tempelkasse] von Šamaš (abzuliefern ist), abziehen.

Abgesehen von 100 (Kor) [Gerste], [über die] Šamaš-šumu-ukīn folgendes gesagt hat: 'Seit dem Tag, da du einen Schuldschein (über den Zehnten) zu meinen Lasten ausgestellt hast [...], nimmt jährlich der *šatammu* von Dūr-Galzu, [dem] du [*das Land*] von der Grenze von Šamaš im Bewässerungsbezirk Raqqat-Šamaš [...] gegeben hast, 100 (Kor) Gerste.'

Er wird den Rest der Gerste [und der Datteln], 400 (Kor) Gerste und 500 (Kor) Datteln, sowie Sesam [dem Schuldschein] zu seinen Lasten entsprechend Šamaš zahlen.

Das Schriftstück ist vor Bēl-uballiṭ, dem *šangû* von Sippar, und Šarru-[lū-dari], dem (königlichen) Beauftragten für das Ebabbar, geschrieben worden.

---

86 Für *gazrāja*, aller Wahrscheinlichkeit nach ehemalige Bewohner der palästinischen Stadt Gezer (bzw. deren Nachkommen), s. den Kommentar zur Umschrift von BM 61184 in Anhang 3.

Zeugen: Bēl-aplu-iddin/Balīhû/Š[angû-Šamaš], Ahhē-iddin-Marduk/Erība-Marduk/Šangû-[Ištar-Bābili], Bēl-iddin/Nabû-šumu-līšir/Šangû-[Ištar-Bābili], [... Schreiber, Ort, Datum (7 Kyr-1 Nbk IV.)].

Land der Gezeriter, das über [das Land unter der Verantwortung von] Šamaš-šumu-ukīn hinausgeht, werden sie in dem Ausmaß, in dem das Land (darüber) hinausgeht, bei [ihm] (d. h. von seinem Soll) abziehen.»

Der Anfang des Textes ist nicht mit Sicherheit zu deuten. Gegenstand der Verhandlungen ist das Land, das Gezeriter bei Birʾilu kultivieren, und der dafür zu zahlende Zehnt. Vielleicht wird bezweifelt, ob dieser Zehnt durch den zuständigen Zehntpächter überhaupt oder in der richtigen Höhe bezahlt worden ist. Die höchsten Tempelfunktionäre fragen den Zehntpächter Šamaš-šumu-ukīn direkt nach der Höhe dieses Zehnten. Šamaš-šumu-ukīn gibt offiziell (*ina puhri*) zu Protokoll, daß es 200 Kor Gerste seien. Diese Zahl soll anscheinend an Hand der Schreibtafeln über die Abrechnung (des Šamaš-šumu-ukīn über den Zehnten) überprüft werden. 200 Kor Gerste gelten jedenfalls als das jährliche Plansoll des Šamaš-šumu-ukīn für das fragliche Gebiet, aber es wird bestimmt, daß unter bestimmten Umständen, vermutlich wenn die Gezeriter einmal weniger Land als geplant bebauen, das Soll zu verringern ist.

Es folgt ein Zusatz, aus dem hervorgeht, daß der *šatammu* von Dūr-Galzu (= Dūr-Kurigalzu) mit Zustimmung der Verwaltung des Ebabbar für ein bestimmtes Gebiet eine Abgabe (sicherlich einen Zehnten) in der Höhe von 100 Kor Gerste einnimmt. Dies bedeutet wohl implizit, daß dieses Summe vom Soll Šamaš-šumu-ukīns abzuziehen ist, während er, wie der Text fortsetzt, weiter für die Zahlung von 400 Kor Gerste und 500 Kor Datteln und einem offensichtlich jährlich nach der Ernteschätzung neu zu bestimmenden Teil der Sesamernte an das Ebabbar verantwortlich ist.

Nach Nennung der Zeugen, des Schreibers und des Datums (heute verloren) folgt noch ein Zusatz, der wörtlich zu besagen scheint, daß Abgaben vom Ertrag von Land, das die Gezeriter über den Zuständigkeitsbereich des Šamaš-šumu-ukīn hinaus bearbeiten, auf sein Soll angerechnet werden. Das bedeutet, daß das Soll von Šamaš-šumu-ukīn nicht einfach proportional zur bearbeiteten Fläche steigt, wenn diese entweder ein bestimmtes Maß übersteigt oder zusätzlich kultiviertes Land nicht mehr in seinen (geographisch definierten) Zuständigkeitsbereich fällt.

An Punkten von allgemeinerem Interesse kann man festhalten: Eine Gruppe von Nicht-Babyloniern ist in der Nähe von Sippar angesiedelt worden und ist dem Tempel zehntpflichtig. Die Gezeriter sind nicht die einzige derartige Gruppe, die bekannt ist, nur zufällig ist mit BM 61184 (Nr. 7) ein besonders aussagekräftiger Text über sie erhalten. Vergleichbar sind die Kilikier (^{lú}*hu-um-ma-a-a*), die man (als Kollektiv) in den Zehntlisten findet. Falls die einmal belegte zehntpflichtige Ansiedlung Ālu-ša-Šušanê eine «Ansiedlung der Susäer» und nicht «der Pferdeknechte» sein sollte, würde sie auch hierher gehören.[87] Es könnte sich bei diesen Gruppen um die Nachkommen von deportierten Kriegsgefangenen oder um Militärsiedler handeln; sie erinnern jedenfalls an die starke Präsenz von 'Ausländern', die nach BM 75502 (Nr. 2) unter den zehntpflichtigen Militärsiedlern auf dem *bīt ritti* des Aplāja zu bemerken war.[88]

Für unsere Kenntnis der Mechanismen der Zehntpacht ist der Text wegen seiner zahlreichen Beschädigungen weniger aufschlußreich. Šamaš-šumu-ukīn ist jedenfalls den Tempelbehörden für den Zehnten eines geographisch definierten Gebiets verantwortlich; es gibt ein Soll, das er erreichen muß; über seine Aktivitäten, also über seine Lieferungen und eventuell Rückstände, wird mit Schreibtafeln (*lēʾu*) Buch geführt. Das führt uns zum nächsten Abschnitt.

4.3. Die Zahlungen der Zehntpächter an den Tempel

Die Höhe der von den *ša muhhi ešrî* als Zehnt zu entrichtenden Zahlungen wurde sicherlich in der Regel im Zehntpachtvertrag oder anderen, gleichsam nachgeordneten Verträgen wie BM 61184 (Nr. 7) festgelegt. Die solcherart im voraus vereinbarte Abgabe, *sūtu*,[89] ist mit den damit verbundenen Risiken und Gewinnmöglichkeiten des Zehntpächters das Kernstück der Institution der Zehntpacht: Die Einnahmen des Zehntpächters, aber – im Idealfall – nicht die des Tempels schwanken abhängig von den landwirtschaftlichen Erträgen.

Dennoch wird auch bei Involvierung eines Zehntpächters die Höhe der an den Tempel abzuliefernden Abgabe zumindest manchmal direkt von den Erträgen bestimmt, wie das beim Zehnten, der für vom Tempel verpachtetes Land eingehoben wird, üblich ist: BM 61184 (Nr. 7) zeigt, wie das Zehntsoll eines Zehntpächters zum Teil von der Fläche des jeweils von den Abgabepflichtigen bebauten Landes abhängig gemacht wurde – diesbezügliche Schwankungen wurden also zugelassen. In BM 75502 (Nr. 2, s. o.) sind die Zehntposten ein Bruchteil (ein Zehntel oder ein Dreißigstel) des (Netto)ertrags des betreffenden Feldes, also direkt vom Ertrag abhängig. Es mag aber sein, daß es hier primär um das Verhältnis zwischen dem Zehntpächter und den Abgabepflichtigen geht, bei dem die Abgabe ja an Hand des Ertrags berechnet werden muß, und nicht um die vom Zehntpächter für das betreffende Gebiet an den Tempel abzuliefernde Abgabe.

Ähnliches findet man in CT 57, 36 (Nr. 8):

---

87 S. Anhang 1 s. v. Āl-Hummāja und Ālu-ša-Šušannê. Für *hummāja* s. a. den Kommentar zu BM 75240 (Nr. 3): 6 in Anhang 3. – *ša-libbi-ālāja* in BM 75240 (Nr. 3), Rs. 7' meint eher «Städter» als «die Leute aus *libbi āli*», Nachkommen von Bewohnern von Assur. S. gleichfalls den Kommentar zur Stelle.

88 S. oben bei Anm. 53 und Anm. 67.

89 S. oben bei Anm. 77.

«Der Šamaš zustehende [Gerstezehnt] vom Jahr 11 Darius, König von Babylon, König der Länder!; Inspektion (*amertu*), die Uballissu-Marduk auf We[isun]g des Ina-Esangila-lilbur, des *šangû* von Sippar, mit Šamaš-aplu-uṣur, der über den Zehnten (gesetzt ist), vorgenommen hat:
... (Einzelposten)
Insgesamt 611 Kor Gerste, der Zehnt zu Lasten der Leute, die über [den Zehnten (gesetzt sind)], für das Jahr 11 Darius;
... (weitere Posten)
Alles zusammen 741 Kor Gerstezehnt; Inspektion(sergebnis) des Jahres 11 Darius.»

amertu «Inspektion», auch «Inspektionsergebnis», kann als Synonym zu *imittu* «durch Ernteschätzung ermittelte Abgabe» verwendet werden.[90] Gegenstand des Textes ist also eine auf Wunsch des *šangû* von Sippar mit dem Ober-Zehntpächter vorgenommene Festlegung des Zehnten, der von den untergeordneten Zehntpächtern und *bīt-ritti*-Inhabern[91] abzuliefern ist.[92]

Eine Anzahl von Verpflichtungsscheinen über einen Zehnten ist erhalten. Zwei Gruppen lassen sich unterscheiden. Die Urkunden des ersten Typs haben vereinfacht folgendes Schema:

«x Gerste/Datteln, Eigentum von Šamaš, Zehnt, unter der Verantwortung (*ša qāt*) des (Zehntpächters) PN_1, zu Lasten von PN_2 ...»

Die Schuldner sind in diesen Fällen die eigentlichen Abgabepflichtigen oder untergeordnete Zehnteinnehmer. Durch die *ša qāt*-Klausel wird die Transaktion in den Verantwortungsbereich eines bestimmten *ša muhhi ešrî* gewiesen; die geschuldeten Naturalien zählen zu seiner Zehntpacht. Nicht sehr viele Texte dieser Art sind erhalten; sie sind auch nicht zu erwarten, da der Tempel in der Regel kein Interesse hatte, zu dokumentieren, wie Zehntpächter die Abgabepflichtigen zur Zahlung anhielten; Information dieser Art würde man primär in den Archiven der Zehntpächter suchen müssen. In der Mehrzahl werden diese Verpflichtungsscheine Ergebnis von 'Inspektionen' wie CT 57, 36 (Nr. 8) sein, die von Tempelpersonal gemeinsam mit dem Zehntpächter vor der Ernte durchgeführt worden sind.[93] Andere sind aus

---

90 S. Cocquerillat, *Palmeraies*, 63+144; auch Jursa, *AfO Beih.* 25, 154.

91 Für sie s. Anm. 82.

92 Man könnte versuchen, *amertu* hier als 'Inspektion' der *abgelieferten* Abgaben, also als eine Art Jahresendabrechnung für Šamaš-aplu-uṣur, zu verstehen. Diese Interpretation verträgt sich jedoch nicht mit der sonstigen Verwendung des Wortes; auch ist das Formular von Abrechnungen über den Zehnten anders aufgebaut (s. sofort).

93 Vertreter dieses Texttyps (beachte das Monatsdatum, das in der Regel vor der Ernte liegt): CT 55, 74 (Arad-Šamaš; Sesam und Silber, 9. Monat), *Cyr.* 158, BM 100945 (Gimil-Šamaš, beide Male Gerste, 1. Monat), *Nbn.* 690. 1028 (Mardukā, bei *Nbn.* 690

einer besonderen Situation nach Einbringung der Ernte entstanden, nämlich dann, wenn die ursprüngliche Abgabe nicht gezahlt werden konnte und die Schulden in eine andere Größe konvertiert wurden.[94]

Bei den Urkunden der zweiten Gruppe werden die Zehntpächter als Schuldner des Tempels direkt für die Zahlung des Zehnten verantwortlich gemacht.[95] In der Mehrzahl der Texte[96] werden die Grenzen bzw. die Lage des betroffenen Gebiets angegeben. So behandelt *Nbn.* 506 den «Zehnten ... von der Mündung des Pallukkat-Kanals bis nach Ālu-eššu (und weiter) bis in die Steppe». Die geringe Anzahl dieser mit einer Ausnahme[97] vor der Ernte ausgefertigten Texte zeigt, daß es in der Regel nicht üblich war, jährlich neue Schuldurkunden über den Zehnten, aufgeschlüsselt nach den einzelnen Ländereien etc., zu Lasten der Zehntpächter auszustellen; die Forderungen des Tempels waren durch die Zehntpachtverträge ausreichend abgesichert.

Weitaus mehr Information als über die Festlegung der Höhe der Abgaben hat man über die Ablieferung derselben. Im Prinzip ist das System dasselbe, das man bei den besser dokumentierten Generalpächtern von Tempelland finden kann:[98] Die meisten Lieferungen gehen an die zentralen Speicher, die in das Redistributionssystem eingebunden sind. Nur manchmal wird von dieser Vorgangsweise abgewichen, indem die Zehntpächter durch Briefaufträge zur Zahlung direkt an die Endverbraucher angehalten werden.

Die Lieferungen an die Tempelspeicher werden in Listen festgehalten. Formal sind die Texte einfach aufgebaut: Eine Überschrift gibt die wesentliche Sachinformation, nennt vor allem den zuständigen Zehntpächter, der den Zehnten abgeliefert hat. Darauf folgen als Einzelposten angeführte Teillieferungen, oft mit dem Namen der jeweiligen Lieferanten oder mit der Angabe des Herkunftsorts, die zusammengenommen den abgelieferten Zehnten des Zehntpächters ausmachen. Als Beispiel kann man BM 60757 (Nr. 9) heranziehen:

---

ist das Datum verloren; 1028: Emmer, 1. Monat), *Dar.* 110. 111, BM 64086 (Šamaš-aplu-uṣur bzw. Arad-Bēl und Šamaš-aplu-uṣur, immer Gerste, 1. Monat).

94 *Nbn.* 446. 448. 463 (Zērūtu, falls dieser tatsächlich ein Zehntpächter sein sollte; immer Gerste im Tausch für Datteln, 8. bzw. 10. Monat).

95 Vertreter dieses Texttyps: BM 65844 (Nr. 11) (Kabtia und Arad-Nabû, Gerste, 2. Monat), MMA 2, 46 (Arad-Nabû; Gerstezehnt seines *bīt ritti*, 1. Monat), CT 55, 166 (Bēlšunu und Piʾu, Gerste, 2. Monat), CT 55, 75 (Iqīšāja; für das *bīt ritti* eines anderen; Gerste, 2. Monat), CT 55, 135 (wenn Nabû-šumu-uṣur ein Zehntpächter ist, s. u.), CT 57, 48 ([Kabtia] (?); für das *bīt ritti* eines anderen; Datteln, 7. Monat), *Nbn.* 506 (Mardukā; Gerste, 2. Monat), *Ner.* 54 (Aplāja; Datteln und Gerste, 3. Monat).

96 BM 65844 (Nr. 11), MMA 2, 46, CT 55, 166, *Nbn.* 506, *Ner.* 54.

97 *Ner.* 54.

98 Vgl. die Beschreibung dieses Systems an Hand der Lieferungen des Generalpächters Ana-amāt-Bēl-atkal: Jursa, *AfO Beih.* 25, 90ff.

«Dattelzehnt, (vom) Monat Tašrītu, Jahr [x] Nabonid, König von Babylon, von Mardukā; (Datteln, die) gemessen worden sind:
[x] Kor Datteln (für das Gebiet) vom *mašennu*-Kanal bis Hirītu;
[x] Kor Datteln (für das Gebiet von) Zanzanu bis Bīt-Kiribtu;
[x] Kor Datteln von Tīl-appari bis zum Tigris;
[x Kor Datteln *für das Land*] des *gugallu* Guzānu;
[x Kor Datteln für] das *bīt rab muggi*;
[Insgesamt] 450 Kor Datteln, der Zehnt.»

In anderen Listen stehen jedoch neben den Einzellieferungen auch Ausgabeposten, d. h. Naturalienmengen, die gleich an die Endverbraucher weitergegeben worden sind. Als Beispiel für diese Art von Texten kann man etwa BM 79052 (Nr. 5, s. oben bei Anm. 80) anführen.

Andere Listen beinhalten an Einzelposten überhaupt nur Ausgaben, also Abbuchungen vom abgelieferten Zehnten, so z. B. die lange Rationenlisten CT 57, 181. Tempelhandwerker und anderes Tempelpersonal erhalten je zwischen 1 und 8 Maß Gerste. Die Überschrift ist beschädigt, aber die Unterschrift wiederholt, was als wesentliche Aussage in der Überschrift gestanden sein muß: Das Getreide ist der Zehnt des Zehntpächters Šulāja.[99] Es gibt auch zahlreiche Quittungen für Einzellieferungen von Datteln und Gerste durch Zehntpächter für verschiedene Zwecke und Empfänger.

Die weitere Bestimmung der solcherart vom eingelieferten Zehnten abgezogenen Naturalien – es finden sich so unterschiedliche Zwecke wie Zahlungen für Viehfutter,[100] Opfermaterial und Pfründeneinkommen,[101] Rationen,[102] Arbeiten am Bewässerungssystem,[103] Saatgut[104] oder die Finanzierung von Rohrerntearbeiten[105] – hat nichts mit dem Zehnten an sich zu tun. Es ist daher nicht sinnvoll, die Verwendungszwecke in zwei Kategorien – 'religiös' und 'profan' («ritual» und «lay») – zu trennen, wie dies Giovinazzo tut.[106] Der abgelieferte Zehnt wurde einfach entsprechend den aktuellen Erfordernissen verwendet. Am deutlichsten sieht man das bei den Briefaufträgen: Die Tempelverwaltung erkennt einen Bedarf an Naturalien in einer

99 Zeile 24: še.bar *eš-ru-ú šá* ^{I}*šu-la-a*.

100 *Camb.* 7, CT 57, 37, *Nbn.* 1085. 1100.

101 Z. B. BM 64085, *Nbn.* 462 (Nr. 10). 521. 814.

102 Z. B. BM 79052 (Nr. 5). 101642, *Camb.* 327, CT 55, 30, CT 57, 181, *Nbn.* 462 (Nr. 10).

103 *Nbn.* 1002.

104 *Nbn.* 462 (Nr. 10).

105 CT 57, 49.

106 *Le tribut*, 101f.

bestimmten 'Abteilung' des Tempels oder bei einem bestimmten Mitglied des Tempelhaushalts und weist schriftlich einen ihrer Lieferanten von Naturalien - Zehntpächter, häufiger aber Generalpächter von Tempelland oder 'Kanalinspektoren', *gugallus* - an, eine entsprechende Menge direkt an den oder die Empfänger zu liefern.[107] Für die Lieferanten ist irrelevant, ob ihre Lieferung etwa für Viehfutter oder für das *sattukku*-Opfer verwendet wird.

Neben der direkten Ablieferung der als Zehnt eingenommenen Naturalien hatten die Zehntpächter auch die Möglichkeit - in welchem Ausmaß, ist unbekannt - ihre Einnahmen gegen Silber zu verkaufen und mit dem Erlös ihren Verpflichtungen gegenüber dem Tempel nachzukommen.[108] Dem Tempel blieb so mindestens zum Teil die Notwendigkeit erspart, die Organisation der Überschußvermarktung, durch die wohl ein Großteil des notwendigen Silbers eingenommen wurde, zu übernehmen. Auch das ist eine Vorgehensweise, die der Tempel auch bei anderen Abgabepflichtigen praktizierte.[109]

Die einzelnen Lieferungen eines Zehntpächters über ein Jahr wurden in einer Jahresabrechnung zusammengefaßt. Das einzige, leider nicht perfekt erhaltene Beispiel ist *Nbn.* 462 (Nr. 10).

«510 Kor Šam[aš] zustehender Gerstezehnt, [für das Jahr 10] Nabonid, König von Babylon, (Zehnt,) der 'vor' (d. h. zu Lasten von) Mardukā/Bēl-īpuš und seinen Leuten (ist).

15 Kor (an) Murānu, für Saatgut; durch Šadûnu, den Obersten der Bogenschützen;

40+ [Kor (an) M]urānu, durch Mardukā, für Saatgut;

200+x;2.3 im *bīt makkūri*; [davon] 8 Kor an die Zimmerleute aus dem Libanon: 16. Elūlu, Jahr 10;

93? Kor im *bīt makkūri*; davon (wurden) 23;1.3 von den *guqqû*-Opfern des Monats Nisānu an Mušallim-Marduk[/]Lâbâši (gegeben): 14. Tašrītu, für den Nisānu des Jahres 11; [x] Kor wurden für Gold für ... gegeben.

20 Kor Gerste an Mušēzib-Marduk, ^I^x-*di*-ra* und [PN], die Tempelbauern, für Sa[atgut];

2 Kor (an) Aplāja und die Hirt[en], die wegen der Schafe nach Ruṣāpu gehen;

2 Kor (an) Nabû-šumu-uṣur, anstelle seiner Gerste in Āl-Šamaš;

(zwei leere Zeilen)

insgesamt 434;2,3 Gerste hat er (Mardukā) gegeben;

---

107 Vgl. die Beschreibung des Systems bei MacGinnis, *Letter Orders*, 20.

108 Vgl. z. B. *Nbn*. 382. 384, CT 57, 42, *Cyr*. 53. In *Cyr*. 184 (Nr. 6) (s. oben bei Anm. 85) geben mehrere Zehntpächter zu Protokoll, Datteln vom Dattelzehnten nicht verkauft zu haben; gemeint ist offenbar: nicht heimlich verkauft zu haben.

109 Vgl. Jursa, *AfO Beih.* 25, Tabelle auf p. 92 mit 93a oben und 58b unten.

75;2.3 sind der Rückstand. <<70;2.3>>[110]
6. Ṭebētu, Jahr 10 Nabonid, König von Babylon.
Die Abrechnung ist gemacht – abgesehen von den früheren Rückständen 'vor' ihm (d. h. zu seinen Lasten).»

Schematisch dargestellt:

510 Kor Gerste		**Soll**
	(*davon abzuziehen*:) 15 Kor (Saatgut an Murānu) 40+ Kor (Saatgut an Murānu) 200+x;2.3 (am 16.6. im *bīt makkūri* gezahlt, davon:) 8 Kor an Zimmerleute 93$^{?}$ Kor (im *bīt makkūri* gezahlt; davon:) am 14.7. 23 Kor für *guqqû*-Opfer x Kor für Gold 20 Kor (an Tempelbauern für Saatgut) 2 Kor (Rationen für Aplāja und die Hirten) 2 Kor (an Nabû-šumu-uṣur) insgesamt	
434;2,3 Gerste		**Haben**
75;2.3 Gerste		**Rest**

Hinsichtlich ihrer Struktur ist diese Abrechnung durchaus mit den bekannten großen Ur III-zeitlichen Abrechnungen zu vergleichen, obwohl diese Texte natürlich weitaus komplexer sein können als unser Beispiel.[111] Wir haben ein Gerstesoll, in Ur III-Terminologie sag.níg.gur$_{11}$.ra, den von Mardukā und seinen Untergebenen erwarteten Zehnten. Davon wird die in mehreren Teillieferungen an unterschiedliche Empfänger tatsächlich gelieferte Gerste abgezogen (das entspricht den šà.bi.ta-Posten der Ur III-Abrechnungen): Das ist das 'Haben' Mardukās. Die Differenz zwischen Soll und Haben, *rehētu* bzw. LÁ+NI, ist weiter ausständig, also zu Lasten Mardukās. Am Schluß heißt es, daß die Abrechnung vorgenommen worden sei, Rückstände Mardukās von früheren Abrechnungen aber davon nicht betroffen seien, sondern weiter als ausständig zu gelten hätten.

Der in *Nbn.* 462 (Nr. 10) verbuchte Rückstand bzw. Rest taucht im übrigen noch einmal in der erhaltenen Dokumentation auf. In *Nbn.* 493, ausgestellt am 9.1.11 Nbn, also etwas mehr als drei Monate nach *Nbn.* 462 (Nr. 10), wird nur noch von 53;2.3 Gerste als von Mardukā ausständigem Rest

110 Am Zeilenende in kleinerer Schrift; zu streichen.

111 Dafür s. vor allem Englund, BBVO 10, 13ff.

für das zehnte Jahr gesprochen: Mardukā hat demnach zwischen der Ausstellung von *Nbn.* 462 (Nr. 10) und *Nbn.* 493 weitere 22 Kor Gerste gezahlt.

Eine Abrechnung wie *Nbn.* 462 (Nr. 10) zur Feststellung eventueller Rückstände (oder Überschüsse) gegen Jahresende – bzw., was wohl wichtiger ist, vor der neuen Ernte – beschließt also den administrativen Prozeß der Zehnteinhebung. Zusammenfassend noch einmal die wesentlichen Schritte, die wir gesehen haben:

- Vor der Ernte ist die Festlegung der abzuliefernden Abgabe erforderlich, sofern dies nicht durch den Zehntpachtvertrag geschehen ist; dies geschieht unter Berücksichtigung der tatsächlichen Erträge durch Inspektion (*amertu*) der Felder;
- für einzelne Produzenten können zu diesem Zeitpunkt Verpflichtungsscheine über den abzuliefernden Zehnten ausgestellt werden; der zuständige Zehntpächter wird dabei durch den Vermerk «*ša qāt* ...», «unter der Verantwortung von ...», eingeführt;
- vereinzelt werden vor der Ernte auch Verpflichtungsscheine über den Zehnten eines bestimmten Gebiets direkt zu Lasten einzelner Zehntpächter ausgestellt;
- die Lieferung des Zehnten an die Tempelspeicher wird in Listen oder in Quittungen über Einzellieferungen festgehalten; hierbei wird häufig die Weitergabe von Naturalien an die eigentlichen Verbraucher mitnotiert;
- direkte Lieferungen an die Verbraucher ergeben sich aus den Briefaufträgen an die Zehntpächter;
- schließlich wird eine Jahresendabrechnung gemacht; Rückstände werden dem Soll des kommenden Jahres hinzugeschlagen.

5. Die Entwicklung der Zehntpacht in Sippar

Der erste bekannte Zehntpächter ist Iqīšāja; er ist schon 26 Nbk belegt, wenn auch erst 30 Nbk mit dem Titel *ša muhhi ešrî.*[112] Schon kurz darauf erscheint ein zweiter Zehntpächter, Šamaš-uballiṭ (32 Nbk). Ab diesem Zeitpunkt ist die Zehntpacht kontinuierlich bis 34 Dar bezeugt, einzig zwischen 12 und 15 Dar besteht eine zweifellos auf den Überlieferungszufall zurückzuführende Lücke. Fast immer sind mehrere Zehntpächter gleichzeitig tätig. Einige von ihnen sind auffällig lange aktiv; so Arad-Bēl (7 Nbn-5 Dar), Iqīšāja (26 Nbk-Nbn) oder Šamaš-aplu-uṣur (5 Nbn-12 Dar). Tabelle 1 gibt einen Überblick über die verschiedenen Personen und ihre Funktionsperioden.

Die Bedeutung – oder Verbreitung – der Zehntpacht wächst offenbar stetig, bis sie unter Nabonid einen Höhepunkt erreicht: Um 11 Nabonid waren zehn Zehntpächter gleichzeitig tätig. Wir sind aber derzeit noch nicht in der Lage, die Gebiete, für die sie jeweils zuständig sind, befriedigend abzugrenzen (s. den geographischen Anhang 1). Etwas besser steht es mit unserer Kenntnis der internen Hierarchie dieser Unternehmer: Während des größten Teils der Regierungszeit Nabonids war Mardukā nicht nur der wichtigste Zehntpächter, er war offensichtlich auch den anderen übergeordnet. Sein Sohn Gimil-Šamaš könnte unter Kyros eine vergleichbare Stellung innegehabt haben, er ist aber schlechter belegt, so daß dies vorläufig unsicher bleiben muß.[113] Erst unter Darius gab es mit Šamaš-aplu-uṣur, der zu dieser Zeit schon recht lange tätig war, wieder einen Zehntpächter, der eine deutlich hervorgehobene Stellung innehatte.

Eine auffällige Erscheinung ist die Verbindung der Zehntpacht mit dem Besitz eines 'Handhauses' (*bīt ritti*); es scheint, als habe sich eine Zehntpacht im eigentlichen Sinn in mehreren Fällen aus der Verpflichtung zur Zehntzahlung für ein solches 'Handhaus' entwickelt.[114]

Die Menge an Naturalien, im wesentlichen natürlich Datteln und Gerste, die jährlich von den Zehntpächtern an das Ebabbar abzuliefern waren, läßt sich nicht seriös abschätzen. Eine Vorstellung von den Größenordnungen geben die folgenden Zahlen: Mardukā hatte 10 Nabonid ein Soll von 510 Kor Gerste (*Nbn.* 462 (Nr. 10)); nach BM 60757 (Nr. 9) hat er in einem Jahr

---

112 In Uruk gibt es die Zehntpacht schon deutlich früher, nämlich 3 Nbk (YOS 17, 46; s. Anm. 76).

113 Zwei weitere Söhne Mardukās, Nabû-šumu-uṣur und Nabû-zēru-ibni, sind im Zusammenhang mit dem Zehnten belegt, haben also in demselben Bereich gearbeitet wie ihr Vater. Die Übernahme des Berufs des Vaters durch den Sohn ist also nicht nur bei Handwerkern und landwirtschaftlichen Arbeitern verschiedener Art bezeugt, sondern auch bei 'freien' Unternehmern (aus dem Bereich der Generalpacht kann man Šāpik-zēri und seinen Sohn Šamaš-kāṣir heranziehen: Jursa, *AfO Beih.* 25, 96ff.)

114 S. unter Arad-Nabû, Bēlšunu, Ile'i-Marduk, Iqīšāja und Nidintu.

450 Kor Datteln als Zehnten abgeliefert. Šamaš-šumu-ukīn mußte nach BM 61184 (Nr. 7, zwischen 7 Kyr und 1 Nbk IV.) jährlich 600-700 Kor Gerste und 500 Kor Datteln zahlen. Der namentlich nicht bekannte Inhaber eines bestimmten *bīt ritti* mußte gegen Ende der Regierungszeit von Kambyses jährlich 560 Kor Gerste, x × 100 + 60 Kor Datteln und etwas Sesam zahlen (BM 101334). 11 Dar betrug das Gerstezehntsoll – möglicherweise wirklich der gesamte erwartete Gerstezehnt –, für das Šamaš-aplu-uṣur verantwortlich war, nach CT 57, 36 (Nr. 8) 741 Kor.[115]

Nie taucht der Verdacht auf, das Verschwinden eines Zehntpächters könnte mit politischen Veränderungen zusammenhängen, sei es mit den Wechseln in der obersten Ebene der Tempelverwaltung unter Nabonid, oder sei es mit einem Wechsel am Königsthron. Insofern steht die Zehntpacht in einem deutlichen Kontrast zur landwirtschaftlichen Generalpacht, bei der dergleichen Wechsel recht sicher nachzuweisen sind.[116] Die Tatsache, daß die Funktion eines Zehntpächters offenbar politisch 'unsensibel' war, reflektiert die im Vergleich zur Generalpacht geringe ökonomische Bedeutung des Zehnten.

Bei der Untersuchung der vom Ebabbar auf seinen Ländereien betriebenen Landwirtschaft hat sich gezeigt, daß der Tempel das Schwergewicht seiner Aktivitäten auf den Gartenbau gelegt hat; die Erträge der Dattelgärten waren weitaus höher als die des Ackerlandes. Dies steht in einem deutlichem Kontrast zu dem, was man aus dem gleichzeitigen Eanna-Archiv erfährt; dort übertrafen die Gersteeinnahmen die Datteleinnahmen um das Mehrfache.[117] Die Dossiers der Zehntpächter aus Sippar zeigen jedoch ein anderes Bild. Sie erlauben zwar nicht, die Höhe der Zehnteinnahmen des Ebabbar genau zu beziffern, aber man gewinnt den deutlichen Eindruck – der bei der beträchtlichen Anzahl von Texten schwerlich trügerisch ist –, daß die Gersteeinnahmen höher sind als die Datteleinnahmen; Zehntlisten für Gerste sind auch häufiger als solche für Datteln. Es gibt keinen ersichtlichen prinzipiellen Grund, warum Dattelgärten weniger häufig zehntpflichtig gewesen sein sollten als Ackerland;[118] man wird daher schließen können, daß die für die

---

115 Man kann dazu Zahlen aus TCL 13, 227, der schon erwähnten Aufstellung von Gerste- und Dattel-Jahreseinnahmen aus dem Eanna-Archiv, vergleichen: In Zeile 12f. werden 500 Kor Gerste und 137 Kor Datteln als Zehnteinnahmen genannt – bei jeweils fünfstelligen Gesamteinnahmen, vor allem aus der Generalpacht!

116 Sowohl in Uruk als auch in Sippar. Für Uruk s. Cocquerillat, RA 78, 143-167; für Sippar s. Jursa, *AfO Beih.* 25, 90a. – Einzig bei dem Zehntpächter Mardukā fällt das Ende seiner Aktivitäten (17 Nbn) mit politischen Veränderungen zusammen; da jedoch sein Sohn Gimil-Šamaš nach ihm als Zehntpächter tätig ist, kann die Familie schwerlich 'in Ungnade' gefallen sein.

117 S. Jursa, *AfO Beih.* 25, 194.

118 Von seinen eigenen Ländereien erhielt der Tempel vor allem einen Gerstezehnten, da von den Pächtern von Tempelland offenbar nur die Teilpächter von Ackerland zehntpflichtig waren. Dies beruht auf dem rechtlichen Status der Teilpächter und ist

Ländereien des Ebabbar beobachtete Bevorzugung von Dattelgärten für das zehntpflichtige Land nicht oder nicht in demselben Ausmaß gegolten haben kann. Das bedeutet, in teilweiser Beantwortung der in *AfO Beih.* 25, 194b unten aufgeworfenen Frage, daß sich die vom Ebabbar betriebene Landwirtschaft qualitativ von der der Umgebung, zumindest soweit diese sich in den Zehntlisten widerspiegelt, unterschieden hat. Das nur zehntpflichtige Land wurde tendenziell weniger intensiv bewirtschaftet als das Land unter direkter Verwaltung des Tempels, sei es aufgrund schlechterer Lage, eines schlechteren Zugangs zum Wasser oder schlechterer Bodenqualität, oder sei es aufgrund eines Mangels an verfügbaren Arbeitskräften.

---

hier irrelevant, da sich die Zehntpächter nicht mit den Ländereien des Tempels befaßt haben. Für Land mit anderen Besitzverhältnissen gilt diese Regel jedenfalls nicht: Es gibt durchaus auch zehntpflichtige Gärten.

6. Prosopographie der ša muhhi ešrî *und anderer Zehnteinnehmer und -pflichtiger aus Sippar*

Der Ausgangspunkt bei der Besprechung der einzelnen Zehntpächter ist die Sammlung der Belegstellen in chronologischer Reihenfolge bei Bongenaar, *The Neo-Babylonian Ebabbar-Temple*, Appendix A.2. Wir werden die einzelnen Texte nicht immer in streng chronologischer Reihenfolge, sondern eher im Hinblick auf sachliche Zusammengehörigkeit behandeln. Gefragt wird vor allem, wer wieviel als Zehnten für welches Gebiet zahlt und wie die Karrieren der einzelnen Zehntpächtern verlaufen bzw. in welchem Verhältnis sie zu ihren Kollegen stehen. Da Bongenaars Listen also nicht dupliziert oder ersetzt, sondern allenfalls ergänzt werden, werden um der besseren Übersichtlichkeit willen jene Namen bzw. jene einzelnen Belege mit einem Asterisk versehen, die bei Bongenaar nicht genannt sind. Wir behandeln hier anders als Bongenaar nicht nur solche Personen, die wahrscheinlich oder sicher Zehntpächter (*ša muhhi ešrî*) waren, sondern auch einige andere markante Lieferanten des landwirtschaftlichen Zehnten, *bīt ritti*-Inhaber oder untergeordnete Zehnteinnehmer.

6.1. Aplāja/Nabû-zēru-ušabši/Dannēa, *ša muhhi ešrî*, 3 Ner-12 Nbn (?)

Aplāja ist mit dem Titel *ša muhhi ešrî* nur in BM 60365 (13.5.4 Nbn) bezeugt: Aplāja und Pirʾu, *ša muhhi ešrî*, liefern etwa 50 Kor Gerste im *bīt makkūri* ab (s. unten bei Anm. 187).

Dieser Zehntpächter Aplāja ist wahrscheinlich mit Aplāja/Nabû-zēru-ušabši/Dannēa identisch, der viermal belegt ist: in der Liste von Gersteliefe-rungen **Nbn.* 513 (8.4.11 (Nbn))[119], in *BM 63972 (18.6.1 Nbn), worin eine Lieferung von 45;1.1.3 Gerste durch Aplāja an das *bīt karê* verzeichnet ist, in *BM 66245 und in **Ner.* 54. Nur in *Ner.* 54 wird er mit vollem Namen, d. h. auch mit 'Familiennamen', genannt.[120] BM 66245, leider fragmentarisch, ist nach der Überschrift eine Aufstellung von im zwölften Jahr Nabonids abgeliefertem Gerstezehnt.[121] Die Fortsetzung ist weitgehend abgebrochen, nur die Unterschrift ist wieder lesbar. Dort heißt es: «Insgesamt 25;4.3 Gerste (von) Aplāja/Nabû-zēru-ušabši, (geliefert) durch Šamaš-

---

119 Mit 33 Kor, neben dem bekannten Tempelbauern Appānu und zwei weiteren nicht mit Sicherheit identifizierbaren Lieferanten.

120 Zeile 10: *ina muh-hi* ^{I}ib[il]a*^{a} a-*šú šá* ^{Id}ag-numun-gál^{ši}, a* ^{I}*dan-né-e-a*.

121 še.bar *eš*-[*ru*]-*ú šá* mu.12.kam ^{d}ag-i, lugal tin.tir^{ki} *ina* é.gur$_{7}$^{meš} sum$^{na\text{-}tu_4}$. Es folgt ein Posten von 8;0.5 Gerste, gezahlt an zwei «Zimmerleute aus dem Libanon»; dann ist die Vorderseite abgebrochen. Auf der Rückseite ist vor der Unterschrift (s. die nächste Anm.) nur ^{lú}sipa anše^{meš} lesbar – der letzte Einzelposten beinhaltete also eine Zahlung an Eselhirten.

iddin/Aplāja».[122] Aplāja/Nabû-zēru-ušabši hat die Gerste also durch einen Agenten, vielleicht seinen Sohn, abliefern lassen. *Ner.* 54 (18.3.3 Ner, koll.) ist ein Verpflichtungsschein zu Aplājas Lasten über 40 Kor Gerste und 20 Kor Datteln, den Zehnten für ein genau umrissenes Gebiet.[123] Die beiden zuletzt genannten Texte erlauben es, eine Verbindung zwischen Aplāja/ Nabû-zēru-ušabši/Dannēa und dem Zehntpächter Aplāja herzustellen.[124]

6.2. Arad-Bēl/Na'id-Marduk/Ile'i-Marduk, *ša muhhi ešrî*, 7 Nbn-5 Dar

Arad-Bēl wird nie mit vollem Namen und seinem Titel genannt; einige Belege mit Titel[125] stehen solchen mit Patronymikon und Familiennamen[126] gegenüber; oft erscheint er aber nur mit seinem Namen ohne irgendwelche weiteren Spezifizierungen. Mit Bongenaar ist es wahrscheinlich, daß immer dieselbe Person gemeint ist, zweifelsfrei nachweisbar ist dies jedoch noch nicht. Immerhin kennt man mit Šamaš-aplu-uṣur einen weiteren Zehntpächter, der ähnlich lange im Amt gewesen ist.

Arad-Bēl/Na'id-Marduk/Ile'i-Marduk kommt aus einer gut bekannten Familie, deren Angehörige vor allem als Pfründengärtner (*rab-banê*) bezeugt sind; einer seiner Brüder ist deren Aufseher (*šāpiru*). Zwei weitere Brüder, Arad-Šamaš und Arad-Bunene, sind auch in das Zehntgeschäft involviert (s. u.).[127]

Inhaltlich ist an dem Dossier zu Arad-Bēl wenig bemerkenswert. Einmal wird seine Abgabe als *sūtu* bezeichnet und damit, wie schon oben bei Anm. 77 ausgeführt, auch terminologisch die Tatsache betont, daß er dem Tempel

---

122 pab 25 gur 4 (pi) 3 bán še.bar [I]a[a], a [Id]ag-numun-gál[ši] *ina* šu[II], [Id]utu-mu a [I]a[a].

123 «Von Huṣṣētu [des PN, Bīt–Nabû]-alsīka-abluṭ, Huṣṣētu des [El]amiters, Huṣṣētu von Bēlet-iqbi, Huṣṣētu von Iddūtu, dem oberen Huṣṣētu des [...] (und) (der Ortschaft) Dūr-Šamaš bis zu (der Ortschaft) Kalbinnu». Vgl. dazu CT 55, 166 (s. u. bei Bēlšunu/Kīnāja) und s. unten Anhang 1 s. v. Dūr-Šamaš.

124 Es ist nicht sicher, ob CT 57, 861, eine fragmentarische Zehntlieferung eines Zehntpächters [x-x]-*la-a* von 3 Ner, zu Aplāja oder zu Šulāja (s. u.) zu stellen ist.

125 Der früheste ist *BM 69199 (8.10.7 Nbn), der späteste *Dar.* 190 (19.12.5 Dar). Bongenaar, *Ebabbar*, 429 möchte in der Zehntliste CT 57, 40 (3.7.5 Nbn), Rs. 4'f. [[I]ìr-[d]en a], [I]á.gál-[d]tu.tu lesen. Der verfügbare Platz scheint für diese Ergänzung jedoch knapp zu sein, besonders da nach dem letzten lesbaren Zeichen in Rs. 4', gur, sicher noch [1 bán (še.bar)] zu ergänzen ist – in Rs. 5' kann gerade noch [I]idi[m-*ía*] am Ende gelesen werden. Wir haben daher CT 57, 40 für Ile'i-Marduk (s. u.) in Anspruch genommen.

126 Erst gegen Ende von Arad-Bēls Tätigkeit: BM 64086 (20.1.4 Dar) und *Dar.* 110 (18.1.4 Dar, weitgehend zerstört). Arad-Bēl ist mit vollen Namen (in einem anderen Kontext) zwar schon 7 Kyr belegt (*Cyr.* 272), es liegen aber dennoch 14 Jahre zwischen diesem Beleg und dem ersten Auftauchen des Zehntpächters Arad-Bēl.

127 Für Arad-Bēls Familie s. Bongenaar, *Ebabbar*, 430 oben; Stammbaum bei Jursa, *AfO Beih.* 25, 72.

gegenüber den Status eines Pächters, eben des Pächters des Rechts zur Einnahme des Zehnten, hat.[128] Die anderen Texte sind vor allem Zehntlieferungen. Informativer sind nur zwei Verpflichtungsscheine über den Gerstezehnten von bestimmten Gebieten - Felder bei den Ortschaften Gilūšu und Nāṣir bzw. Niqqu -, für den die Zehntpächter Arad-Bēl und Šamaš-aplu-uṣur verantwortlich sind.[129]

In den meisten Fällen erscheint Arad-Bēl mit einem Partner. Am Anfang seiner Karriere war er dem Zehntpächter Mardukā untergeordnet,[130] später ist eine Hierarchie nicht direkt ersichtlich, auch wenn es möglich ist, daß Arad-Bēl wie sein mehrmaliger Partner Šamaš-šumu-ukīn Šamaš-aplu-uṣur weisungsgebunden war. Andererseits hat Arad-Bēl eigene, vermutlich rangniedrigere Partner oder Agenten: Im Verpflichtungsschein *Dar.* 110, in dem Arad-Bēl und Šamaš-aplu-uṣur als verantwortliche Zehntpächter angeführt werden, gibt es einen Zusatz, dem zufolge ein gewisser Bēl-ahhē-erība in dieser Angelegenheit Partner des Arad-Bēl (aber nicht des Šamaš-aplu-uṣur) ist.[131] In BM 64086, einem weiteren Verpflichtungsschein über einen Zehnten aus dem Zuständigkeitsbereich von Arad-Bēl und Šamaš-aplu-uṣur, wird ein gewisser Nūria/Nabû-rēhtu<-uṣur>? in derselben Funktion genannt.[132] Es erscheint auch denkbar, daß Arad-Bēls Bruder Arad-Šamaš, der einmal als Verantwortlicher für eine Zehntzahlung erscheint (s. u.), als Partner oder Agent seines Bruders tätig war.[133]

Die in der folgenden Übersicht über seine Tätigkeiten verzeichneten Texte sind, wenn nicht anders angegeben, Lieferungen des oder der Zehntpächter an den Tempel.

Datum	**Text**	**Gegenstand**	**Bemerkungen**
19.6.7 Nbn	*BM 79052 (Nr. 5)	143;4.3 Gerste, Zehnt	als Einzellieferant in einer Zehntliste des Mardukā (s. d.)
8.10.7 Nbn	*BM 69199	[...] *m.* Silber	für Dattelzehnt; von Mardukā in *bīt karê*; *ina ušuzzi ša* AB *ša muhhi ešrî*
10+.11.7 Nbn	*BM 66316	[...] Datteln	AB und Bēlšunu, *ša muhhi ešrî*, an den *kalakku ša bīt makkūri*
12.11.7 Nbn	CT 56, 245	176;0 Datteln	Zehnt; Mardukā und AB

---

128 *BM 62907: [z]ú.lum.ma *eš-ru-ú* níg.[ga], [^{d}utu] *šá* mu.7.kam *šá* $^{giš!}$bán$^{!}$ (über andere, nicht radierte Zeichen) *šá*, [^{I}]ìr-^{d}en ...

129 *Dar.* 110 und BM 64086; für das Format dieser Texte s. oben bei Anm. 93.

130 Nach *BM 79052 (Nr. 5); s. oben bei Anm. 80.

131 *Dar.* 110: 10b f.: ... *a-hu* ha.la, *šá* ^{I}ìr-^{d}en *it-ti* ^{Id}en-šeš^{meš}-su. Man beachte die Erwähnung eines zehntpflichtigen *bīt ritti* eines Bēl-ahhē-erība in *Dar.* 343, einem Verpflichtungsschein des *ša muhhi ešrî* Šamaš-aplu-uṣur.

132 Hier lautet der Zusatz: *a-hu* ha.la *šá* ^{I}zálag-*e-a*, a-*šú šá* ^{Id}ag-*re-eh-tu*$_4$ *it-ti-šú* (*scil.* Arad-Bēl).

133 Für einen weiteren Bruder, Arad-Bunene, s. u. unter Bunene-šarru-uṣur.

2.4.6 (Kam)	BM 75894	30;0.1.3 Gerste, 5;0 Emmer	zusätzlich zu früheren 63;0 Gerste; Šamaš-šumu-ukīn und AB
8.6 (Kam)	CT 55, 752	20;0 Datteln	
6 (Kam)	*Camb*. 352	[...] Gerste	im *šutum* [*šarri*]; Šamaš-šumu-ukīn und AB, *ša muhhi ešrî*
7 (Kam)	*BM 62907	Datteln	Zehnt, *ša sūti ša* AB
18.1.4 Dar	*Dar*. 110	65;0 Gerste, Zehnt	Verpflichtungsschein; Zehnt aus Gilūšu und Nāṣir unter der Verantwortung von Šamaš-aplu-uṣur und AB (beide mit vollem Namen ohne Titel) zu Lasten eines Dritten[134]
20.1.4 Dar	BM 64086	9;0 Gerste, Zehnt	Verpflichtungsschein; Zehnt aus Niqqu unter der Verantwortung von Šamaš-aplu-uṣur und AB (beide mit vollem Namen ohne Titel) zu Lasten eines Dritten[135]
15+$^{?}$.3.4 Dar	BM 64101	30;0 Gerste	AB und Šamaš-aplu-uṣur
22.11.4 Dar	*Dar*. 141[136]	1,5 *m*. 2,5 *š*. Silber	AB und Šamaš-aplu-uṣur, *ša muhhi ešrî*
[± 4 Dar]	CT 56, 723	[Gerste]	AB und Šamaš-aplu-uṣur, Fragment einer Zehntliste

Ungewöhnlich ist *Dar*. 190 (19.12.5 Dar). Hier verkauft Arad-Bēl, der mit seinem Titel genannt wird, fünf Schafe gegen Silber an den Tempel.

Camb. 327 ist nach Kollation folgendermaßen zu verstehen: «9 Kor Datteln hat Rē[mūtu], der Eisenschmied, vom Zehnten erh[alten], den Sūqāja/Mušēzib-Marduk an Arad-Bēl und Šamaš-šumu-ukīn <gezahlt hat>.» Sūqāja könnte der bekannte Ölpresser sein, der sonst nichts mit dem Zehnten zu tun hat.[137]

6.3. Arad-Nabû/Nabû-zēru-ibni, (*ša muhhi ešrî*?), 3-16 Nbn

Arad-Nabû/Nabû-zēru-ibni[138] ist der Inhaber eines 'Handhauses' (*bīt ritti*), das, wie das *bīt ritti* des Aplāja in BM 75502 (Nr. 2), aus mehreren Feldern, die mindestens zum Teil Bogenfelder von Militärdienstpflichtigen sind, besteht und eine gewisse Ausdehnung hat: Es erstreckt sich «von der Schleuse des Nār-Šamaš bis zum Nār-Niqūdu». Für dieses *bīt ritti* muß Arad-Nabû ei-

134 Für Arad-Bēls Partner in diesem Fall, Bēl-ahhē-erība, s. oben.

135 Für Arad-Bēls Partner Nūrea s. oben.

136 Zeile 3: [*i*]*t**-*ta*[*n**-*nu e-l*]*at**; 6: ... ^{lú}erín^{meš}-*šú**.

137 Für Sūqāja s. Bongenaar, *Ebabbar*, 440, für Rēmūtu s. ebd. 381 (nach Kollation). *Camb*. 327: 4: ... *u* ^{Id}utu-mu-⌜du* igi$^{?}$-*ir**

138 Falls er wirklich mit Arad-Nabû/Nabû-zēru-ibni, einem Zeugen in CT 55, 71 (13.2.2$^{?}$ Nbn), einem Verpflichtungsschein über einen Zehnten, identisch ist, wie Bongenaar, *Ebabbar*, 430, vorgeschlagen hat, dann stammt er aus der 'Familie' ^{Id}iškur-⌜ŠÁ-DU⌝ (?; nicht kollationiert).

nen Zehnten zahlen.[139] Er ist dafür zunächst (3 Nbn) allein verantwortlich, aber schon bald wird ein echter Zehntpächter eingeschaltet: Kabtia/Nabû-kēšir. Der beschädigte Text CT 56, 356 (5 Nbn) ist aller Wahrscheinlichkeit nach als Zahlung eines Gerstezehnten des Arad-Nabû durch Kabtia zu verstehen.[140] Noch einige Jahre später finden wir Arad-Nabû an der Seite von Kabtia als Zehntschuldner in einem Verpflichtungsschein (*Nbn.* 505, 15.2.11 Nbn) über den Gerstezehnten für das Gebiet «von der Schleuse des Nār-Šamaš bis zur Ortschaft Hirānu», womit sicher wieder das *bīt ritti* des Arad-Nabû gemeint ist.[141] Beide, Arad-Nabû und Kabtia, sind um 15 Nbn dem Zehntpächter Šamaš-aplu-uṣur untergeordnet. In *Nbn.* 1002 ist eine Zahlung von 1 *m.* Silber vom Zehnten unter der Verantwortung des Šamaš-aplu-uṣur verbucht, die Kabtia und Arad-Nabû an das *bīt karê* geleistet haben.[142] *BM 84171 (9.0.0 Nbn) beinhaltet eine Zahlung von Sesamzehnt des Šamaš-aplu-uṣur durch [Kabti]a und Arad-Nabû.

Die bisher behandelten Belege für Arad-Nabû ergeben noch keinen zwingenden Grund, in ihm einen wirklichen Zehntpächter zu sehen; sein mit der Pflicht zur Zehntzahlung belastetes *bīt ritti* genügt zur Erklärung dieser Texte. Jedoch liegt in *BM 65844 (Nr. 11) ein (beschädigter) Text vor, der zeigt, daß Kabtia und Arad-Nabû im 13. Jahr Nabonids die beträchtliche Menge von 165 Kor Gerste als Zehnten schulden. Diese Gerste stammt aus verschiedenen Ortschaften und Ländereien, lesbar sind: das 'Haus des Zügelhalters' (*bīt mukīl appāti*), das 'Haus des Königs von Babylon' (*bīt šar Bābili*) und Pallukkat. Da keine Hinweise dafür vorhanden sind, daß das *bīt ritti* des Arad-Nabû auch mit diesen Ortschaften verbunden war, wird man annehmen, daß er sich tatsächlich zu einem echten Zehntpächter mit Kompetenzen, die über sein ursprüngliches 'Handhaus' und dessen Zehnten hinausreichten, entwickelt hat.

---

139 Dies ergibt sich aus dem ersten Beleg für Arad-Nabû, MMA 2, 46 (25.1.3 Nbn); s. die Übersetzung in Anm. 52.

140 Die Überschrift muß etwa so ergänzt werden: [še.bar *eš-ru-ú*] *šá* mu.5.kam ^{Id}ag-i lugal e^{ki}, [*šá* é kišib *šá* ^{I}ì]r-^{d}ag *šá* ^{I}idim-*ia a-na*, [é.babba]r.ra *id-din-nu* «[Gerstezehnt] des Jahres 5 Nabonid, König von Babylon, [vom *bīt ritti*] des Arad-Nabû, welchen Kabtia an das Ebabbar gezahlt hat». (Es folgen einzelne Gersteposten mit Angabe der jeweiligen Empfänger.)

141 Sehr wahrscheinlich ist das *bīt ritti* des Arad-Nabû auch in der fragmentarischen Liste von Zehntposten *CT 56, 239 (x Nbn) belegt, wo die Zeilen 2'f. nach *Nbn.* 505 folgendermaßen zu lesen sein werden: [x gur zú.lum.ma x g]ur *ka-si-ia* [*ul-tu* ká íd ^{d}utu], *a-di-i* ^{uru}*hi-ra-nu* é ⸢kišib⸣ [*šá* ^{I}ìr-^{d}ag].

142 Das Silber ist, heißt es weiter, Kabtia und Arad-Bēl für Arbeiten an einem Damm (*mušannītu*) bei Hallab zur Verfügung gestellt worden – ein Hinweis auf die Lokalisierung des *bīt ritti* des Arad-Nabû in der Nähe dieses Ortes?

6.4. *Arad-Šamaš/Na'id-Marduk/Ile'i-Marduk, (*ša muhhi ešrî*?), 1 Dar

Der Bruder des gut belegten Zehntpächters Arad-Bēl ist nur einmal bezeugt, und zwar in dem Verpflichtungsschein CT 55, 74 (27.9.1 Dar), worin es um 0;0.5 Sesam und 2 3/4? *š*. Silber geht, die als «der Rest des Zehnten der Ortschaft der Kilikier» bezeichnet werden. Drei Männer werden als Schuldner genannt;[143] die Schuld ist 'zu Händen' von Arad-Šamaš (*ša qāt* AŠ), d. h. Arad-Šamaš ist für den Zehnten verantwortlich. Er steht damit in einer Position, in der man sonst Zehntpächter findet; entweder ist er also selbst ein *ša muhhi ešrî* oder er ist hier als Partner oder Agent seines Bruders Arad-Bēl tätig (s. o.).

6.5. Bēl-ahhē-erība, um 4 Dar

Für Bēl-ahhē-erība, den Partner oder Agenten des Zehntpächters Arad-Bēl, s. oben bei Anm. 131.

6.6. Bēl-kāṣir/Šamaš-zēru-ibni/Rē'i-sisê, *ša muhhi ešrî*, 7 Kyr-4 [Kam]

Den Zehntpächter Bēl-kāṣir findet man in dieser Funktion[144] nur an zwei Stellen: in *Cyr*. 260 (22.4.7 Kyr) und in dem oben (bei Anm. 85) behandelten Protokoll *Cyr*. 184 (Nr. 6, 26.7.4 [Kam]). In *Cyr*. 184 (Nr. 6) machen drei Zehntpächter vor hohen Tempelbeamten eine Aussage über angebliche Unregelmäßigkeiten bei ihren Aktivitäten. *Cyr*. 260 behandelt die Auszahlung von Gerste vom Zehnten des siebenten Jahres (des Kyros) durch Rēmūt-Bēl (einen weiteren Zehntpächter) und Bēl-kāṣir. Die Gerste stammt «von der *sūtu*-Abgabe von Šamaš-iqīša und Bunene-šarru-uṣur»[145] (s. unten zu Bunene-šarru-uṣur; Šamaš-iqīša ist sonst nicht nachzuweisen).

6.7. Bēlšunu/Kīnāja, *ša muhhi ešrî*, 43 Nbk-7 Nbn

Den einzigen Beleg für Bēlšunu mit Titel (aber ohne Patronymikon) bietet *BM 66316 (10+.11.7 Nbn), eine Dattellieferung durch die Zehntpächter Arad-Bēl und Bēlšunu an das Silo des zentralen Tempelspeichers (*ina kalakki ša bīt makkūri*). Sonst haben wir nur eine Zehntlieferung von 20 *š*. Silber und 20 Kor Gerste durch Bēlšunu (CT 57, 49, 27.5.43 Nbk) und einen Verpflichtungsschein über 110 Kor Gerste, den [Zehnten] eines Gebiets von Bīt–Nabû-alsīka-[abluṭ] bis Kalbinnu. Die Schuldner sind Bēlšunu/Kīnāja

---

143 Zwei von ihnen haben akkadische Namen, der dritte einen aramäischen.

144 Als Schreiber findet man ihn mit voller Filiation in *Nbn*. 436 (4.6a.10 Nbn). Er ist auch in dem Briefauftrag MacGinnis, *Letter Orders*, Nr. 3 (3.2.16 Nbn) belegt.

145 5f.: ... še.bar 10^{ú} *šá* mu.7.kam, *šá* ^{giš}bán *šá* ^{Id}utu-ba^{šá} *u* ^{Id}har-lugal-pab.

und der an anderer Stelle ebenfalls als Zehntpächter belegte Pir'u/Nabû-šumu-līšir (CT 55, 166, 15.2.6 Nbn).[146]

Wahrscheinlich darf man den Zehntpächter Bēlšunu mit dem *bīt ritti*-Besitzer Bēlšunu in *BM 75240 (Nr. 3, a Nbn) identifizieren.[147] Bēlšunu hat also eine ähnliche Karriere durchlaufen wie Arad-Nabû: Wie dieser ist er der Inhaber eines großen zehntpflichtigen 'Handhauses'. Dieses *bīt ritti* liegt bei einer Örtlichkeit namens «Ortschaft-der-Söhne-des-Bēl-iddin» (Ālu-ša-mārē-ša-Bēl-iddin) und umfaßt Felder von Kilikiern, sogenannten 'Städtern' (*ša-libbi-ālāja*), ein «Haus des Nabû-na'id» (Bīt-Nabû-na'id) und einen Ort Kapar-šarru-īpuš. Es gibt demnach keine Übereinstimmung zwischen dem in *BM 75240 (Nr. 3) behandelten *bīt ritti* des Bēlšunu und jenen Ortschaften, für die der Zehntpächter Bēlšunu/Kīnāja zuständig ist. Wenn die Identifikation richtig ist, bedeutet das, daß der Zehntpächter Bēlšunu seine Kompetenzen über sein eigenes *bīt ritti* hinaus ausgedehnt hat.

6.8. *Bēlšunu//Maštukāta, *ša muhhi ešrî*, 4 Kam (?)

Es erscheint nicht unwahrscheinlich, daß der Name des Zehntpächters in *Cyr.* 184 (Nr. 6): 2, [PN/PN/]Maštukāta, nach Zeile 10 des Textes, wo von einem nicht weiter eingeführten Bēlšunu die Rede ist (auf seinem Grund sollen die Zehntpächter Datteln an den Tempel zahlen), zu Bēlšunu/PN/Maštukāta zu ergänzen ist. Jedoch können wir einen solchen Zehntpächter nicht nochmals belegen. (S. a. zu Nabû-šumu-uṣur/Mardukā/Maštukāta und vgl. die Transliteration des Textes in Anhang 3.)

6.9. *Bunene-šarru-uṣur/Iddināja, 7 Kyr-11 Dar

Bunene-šarru-uṣur ist Inhaber eines *bīt sūti*, also gepachteten Landes, bei der Ortschaft der Kilikier und Alku. *Dar.* 111 (20.1.4 Dar) ist ein Verpflichtungsschein über 30 Kor Gerstezehnt für dieses *bīt sūti*; die Schuldner sind Bunene-šarru-uṣur selbst und Arad-Bunene/Na'id-Marduk/Ile'i-Marduk, ein Bruder von Arad-Bēl, einem der aktuellen Zehntpächter. Der verantwortliche Zehntpächter ist Šamaš-aplu-uṣur. Arad-Bunene wird als untergeordneter Zehnteinnehmer in die Angelegenheit involviert sein. Beide Männer, Bunene-šarru-uṣur und Arad-Bunene, finden sich als Zehntlieferanten in CT 57, 36 (Nr. 8), der bereits zitierten Aufstellung von Zehntforderungen unter der Verantwortung Šamaš-aplu-uṣurs aus dem 11. Jahr des Darius;[148] Bunene-šarru-uṣur ist auch in dem Fragment einer Zehntliste Arad-Bēls und Šamaš-aplu-uṣurs CT 56, 723 belegt (Rs. 1'). Einige Jahre zuvor, 7 Kyros,

---

146 Für diesen Texttyp s. oben bei Anm. 95. Das in CT 55, 166 behandelte Gebiet gehört 3 Ner in den Verantwortungsbereich von Aplāja/Nabû-zēru-ušabši (s. d., nach *Ner.* 54).

147 S. oben bei Anm. 57.

148 S. oben Anm. 82.

hören wir von einem Zehnten unter der Verantwortung der Zehntpächter Rēmūt-Bēl und Bēl-kāṣir, der von der *sūtu*-Abgabe Bunene-šarru-uṣurs stammt (*Cyr.* 260, s. oben unter Bēl-kāṣir). Etwas älter als *Cyr.* 260 wird die Zehntliste CT 57, 38 sein, in der Bunene-šarru-uṣur dem Zehntpächter Gimil-Šamaš untergeordnet ist; 7 (Kam) findet man Zehntzahlungen von ihm in einer Zehntliste Arad-Bēls (BM 62907).[149]

Das Interessante an Bunene-šarru-uṣur ist die Verbindung von *sūtu* und *ešrû*. Er ist für das von ihm gepachtete Land (*bīt sūti*) zehntpflichtig (*Dar.* 111 etc.) und kann dieser Verpflichtung durch eine Zahlung unter dem Titel *sūtu* an Zehntpächter nachkommen (*Cyr.* 260) – mit anderen Worten, der Zehnt wird als integraler Bestandteil seiner *sūtu*-Pachtabgabe angesehen, dessen Eintreibung den Zehntpächtern obliegt.[150]

6.10. Bunene-šimânni, *ša muhhi ešrî*, 15-24 Dar

Das Dossier zu Bunene-šimânni und dem nur zusammen mit ihm erwähnten Zehntpächter Itti-Šamaš-balāṭu unterscheidet sich dadurch von denen der anderen Zehntpächter, daß die Texte ganz überwiegend Briefaufträge an den oder die Zehntpächter sind. Nur zwei Quittungen für Gerstezehntzahlungen sind erhalten, *BM 61270 (30.8.23 Dar) und der früheste Beleg für Bunene-šimânni, *BM 64872 (Nr. 12, 1.1.15 Dar): «Šumu-uṣur/Rēmūtu hat 2;1.4 Gerstezehnten auf Rechnung des Bunene-šimânni an das Ebabbar gezahlt».[151]

Die Briefaufträge – das sind alle bei Bongenaar gebuchten Belege – sind in der Regel formal nicht bemerkenswert; auf die interessante Formulierung in *Dar.* 547, wo von der *sūtu*-Abgabe der Zehntpächter gesprochen wird, wurde schon oben hingewiesen.[152] Inhaltlich geht es um die verlangte Auszahlung von Gerste und/oder Datteln, einmal Sesam[153] und einmal an-

---

149 Der letzte Beleg für Bunene-šarru-uṣur ist *Cyr.* 213 (2.11.5 Kyr). Er ist hier Zeuge bei einer Zahlung durch Gimil-Šamaš, einen *ša muhhi ešrî*.

150 Ähnliches findet man vielleicht bei Iqīša-Marduk.

151 Darauf folgt eine Lücke von 1-2 Zeilen; die Rückseite betrifft Zahlungen an einen gewissen Šumu-iddin.

152 S. oben vor Anm. 77. Die *sūtu*-Abgabe Bunene-šimânnis wird wahrscheinlich auch in dem an ihn gerichteten Briefauftrag CT 57, 317: 16 erwähnt.

153 CT 55, 12.

scheinend Silber,[154] in meistens bescheidenen Mengen.[155] In drei Briefaufträgen findet man Itti-Šamaš-balāṭu als Bunene-šimânnis Partner.[156]

6.11. Gimil-Šamaš/Mardukā/Mušēzibu, *ša muhhi ešrî*, 7 Nbn-5 Kyr

Gimil-Šamaš ist der Sohn des unter Nabonid wichtigsten Zehntpächters Mardukā. Er hat seine Karriere spätestens 7 Nbn als Agent seines Vaters oder seinem Vater untergeordneter Zehnteinnehmer begonnen.[157] Der erste Beleg für Gimil-Šamaš als selbständigen Zehntpächter ist der Verpflichtungsschein *Cyr.* 158 (20.1.4 Kyr); Gimil-Šamaš, der mit voller Filiation, aber ohne Titel genannt wird, ist für 70 Kor Gerste verantwortlich, den Zehnten eines Gebiets von Ālu-ša-Šušanê bis zum *bīt rab qannāte* (koll.) und Bīt-Zēria am Nār-kuzbi. *BM 100945 (27.1.5 Kyr) ist ein fragmentarischer Verpflichtungsschein desselben Formats; hier ist Gimil-Šamaš für den Gerstezehnten der Ortschaft Pallukkat zuständig.

Die einzige erhaltene Zehntliste von Gimil-Šamaš ist CT 57, 38: Dattelzehnt, heißt es in der Überschrift, wird «gemäß der Anweisung des Gimil-Šamaš» festgesetzt.[158] Er selbst erscheint in der folgenden Liste mit einer Lieferung von 90 Kor; andere bekannte Lieferanten sind Bunene-šarru-uṣur, Ile᾿i-Marduk und Nidintu, der für sein *bīt ritti* abgabepflichtig ist. Ein Zehntposten kommt vom *bīt mār šarri*. Der Text ist nicht datiert, wird aber aus etwa 4-5 Kyr stammen. Gimil-Šamaš ist nach CT 57, 38 mindestens zum Teil für Gebiete zuständig, die später dem schon zu Zeiten von Gimil-Šamaš tätigen Zehntpächter Šamaš-aplu-uṣur unterstehen: Zehnt von Nidintu, Bunene-šarru-uṣur und dem *bīt mār šarri* findet sich in CT 57, 36 (Nr. 8), einer Zehntliste Šamaš-aplu-uṣurs aus 11 Dar.[159]

Eine Quittung für eine Zehntzahlung von Gimil-Šamaš liegt wahrscheinlich in **Cyr.* 213 (2.11.5 Kyr) vor: «Auf Befehl des Mard[uk-šumu-iddin], des *šangû* von Sippar, hat Bēl-si[lim]/Nabû-uṣuršu 30 (Kor) [...] von Gi[mil-Šamaš]/[Mar]duk, der über den Zehnten$^{!}$ (gesetzt ist), erhalten.»[160]

---

154 CT 57, 317: 9.

155 In CT 57, 317 werden etwas über 120 Kor Datteln verlangt, in *Dar.* 528 120 Kor Gerste und in *Dar.* 547 60.

156 Der von Bongenaar, *Ebabbar*, 430 mit Vorbehalt für Bunene-šimânni und Itti-Šamaš-balāṭu herangezogene Text *Dar.* 422 (14.3.16 Dar) läßt sich nicht mit Sicherheit auf diese Zehntpächter beziehen und wird daher hier außer acht gelassen.

157 *BM 79052 (Nr. 5), s. oben bei Anm. 80.

158 S. oben Anm. 79.

159 Der Zehntlieferant Gimil-Šamaš in Zeile 16 dieses Textes ist wohl nicht mit unserem Gimil-Šamaš identisch.

160 Koll.; Zeile 4f.: ⸢Spuren⸣ *ina* šu^{II} ^{I}*gi*-[*mil*]-^{d*}utu*, ⸢a⸣-[*šú šá* ^{I}*ma*]*r*-⸢*duk*⸣ *šá ina* ugu <10>^{ú}. Bemerkenswert sind die Zeugen in diesem Text: Aplāja ist der Inhaber des

Weitere Belege für Gimil-Šamaš: In CT 56, 347 (20.12.4 Kyr) gibt er dem Tempel ein Schaf für das *sattukku*-Opfer. Er trägt hier den Titel *ša muhhi ešrî*. *BM 73498 (Datum verloren) ist das Fragment einer Rechtsurkunde, vielleicht eines Verpflichtungsscheins. Gimil-Šamaš trägt den Titel *ša muhhi ešrî*; er wird als der Verantwortliche ([... *ša* š]u^{II} G.) für die Transaktion bezeichnet. Die beiden restlichen Texte können, müssen aber nicht mit seinen Tätigkeiten als Zehntpächter zusammenhängen. *Cyr.* 147 (23.12.3 Kyr): Eine Frau bürgt gegenüber Gimil-Šamaš für ihren Vater, der Gimil-Šamaš offenbar 35 Kor Datteln schuldet.[161] *Cyr.* 211 (18.10.5 Kyr): Gimil-Šamaš schuldet dem Tempel 100 Kor Gerste. Die Schuld ist untituliert, dennoch könnte sie natürlich einen Zehntrückstand betreffen.[162]

6.12. *Ibnāja, *ša muhhi ešrî*, etwa 9-15 Nbn

Ibnāja findet sich nur einmal, nämlich in CT 57, 354, einer fragmentarischen Aufstellung von Naturalienlieferungen und Abbuchungen. Rs. 2': (Naturalien) ⌜*šá*⌝ šu^{II} ^{I}dù*-⌜*a*⌝ *šá muh-hi* 10^{ú}; in den folgenden Zeilen werden die Zehntpächter Mardukā und Nabû-ēṭer-napšāti genannt.

6.13. *Ile'i-Marduk, (*ša muhhi ešrî*?), um 2 Kyr

BM 62979 (24.6a.2 Kyr) ist eine Quittung über 83;3 Gerste, den Zehnten des Bewässerungsbezirks Bir'ilu, den Ile'i-Marduk an das *šutum šarri* gezahlt hat. Als Verantwortlicher für den Zehnten eines bestimmten Ortes wird er am ehesten ein Zehntpächter gewesen sein, vielleicht auch ein untergeordneter Zehnteinnehmer. Er ist wahrscheinlich auch in CT 57, 38, der erwähnten Zehntliste von Gimil-Šamaš (s. o.), mit 40+ Kor Datteln bezeugt.

6.14. *Ile'i-Marduk/Mušēzibu, (*ša muhhi ešrî*?), 36 Nbk-7 Nbn

Ile'i-Marduk[163] ist Besitzer eines *bīt ritti*. CT 57, 48 (7.0 Nbn) ist ein Verpflichtungsschein über den Dattelzehnten dafür. Die Schuldner sind der Sohn eines Nabû-kēšir//Kidinnu (s. u. unter Kabtia) und ein Iddināja. Schon aus 36 Nbk gibt es eine Zahlung wahrscheinlich eines Naturalienzehnten

---

großen zehntpflichtigen *bīt ritti*, das man aus BM 75502 (Nr. 2) kennt, Bunene-šarru-uṣur ist gleichfalls im Zusammenhang mit dem Zehnten bekannt (s. o.).

161 Das Fragment CT 55, 121 (0.1.0 Kyr) hat dieselben Protagonisten und dürfte daher dieselbe Angelegenheit betreffen.

162 Bongenaar nennt als weiteren Beleg CT 57, 339: 1. Die Lesung ist unsicher.

163 Das theophore Element wird immer ^{d}tu.tu geschrieben. Der Gott Tutu wird mit Marduk gleichgesetzt (*Enūma eliš* VII 9ff.); s. u. a. George, OLA 40, 283 und Sommerfeld, AOAT 213, 37. Ein Wechsel von ^{d}tu.tu in Personennamen mit einer anderen Schreibung von Marduk ist bei Aqar((a)-Bēl-lūmur))//Ile'i-Marduk nachzuweisen, s. Bongenaar, *Ebabbar*, 160.

(die betreffende Stelle ist abgebrochen) für das *bīt ritti* Ile᾿i-Marduks und eines gewissen Iqīšājas (CT 57, 281, für Iqīšāja s. u.). CT 55, 71 (13.2.2? Nbn) zeigt Ile᾿i-Marduk (nur hier mit Patronymikon) neben Ina-tēšî-ēṭer/Dumqāja als Zehntschuldner für ein Gebiet bei einer Örtlichkeit Bīt GUR-bi [...]. Es geht um 120 Kor Datteln oder Gerste. In CT 57, 40 (3.7.5 Nbn) ist Ile᾿i-Marduk neben den Zehntpächtern Kabtia und Šamaš-aplu-uṣur einer der 'Leute des Zehnten' ([^{lú}e]rín^{meš} *šá eš-ru-ú*), die zusammen ein Soll von 200 Kor Gerste haben: Sie liefern 165[;0.1] Gerste an den Tempel, 34;4.1 Gerste werden als ausständiger Rest verbucht. In BM 79052 (Nr. 5) schließlich (7 Nbn)[164] erscheint Ile᾿i-Marduk als ein dem Zehntpächter Mardukā untergeordneter Zehntlieferant.

Da man die Lage von Ile᾿i-Marduks *bīt ritti* nicht kennt, ist nicht entscheidbar, ob es auch in CT 55, 71 um dieses Handhaus geht; das Beispiel der oben behandelten Arad-Nabû und Bēlšunu zeigt, daß es vom zehntzahlenden *bīt ritti*-Inhaber zum Zehntpächter kein weiter Weg ist. Insbesondere CT 57, 40 deutet darauf hin, daß sich seine Funktion 5 Nbn nicht wesentlich von der der Zehntpächter Kabtia und Šamaš-aplu-uṣur unterschieden hat.

6.15. *Ina-tēšî-ēṭer/Dumqāja, (*ša muhhi ešrî*?); 2-12 Nbn

Ina-tēšî-ēṭer wird zweimal mit dem Patronymikon (geschrieben ^{I}KAL-*a-a*), genannt: einmal in CT 55, 71 (13.2.2? Nbn) als Zehntschuldner neben Ile᾿i-Marduk (s. o.), einmal in BM 62111[165] (12? Nbn) als Zehntlieferant (17 Kor Gerste) gemeinsam mit dem Zehntpächter Nabû-ēṭer-napšāti. Ist er mit Ina-tēšî-ēṭer aus der beschädigten Zehntliste CT 56, 239 (Rs. 8') zu identifizieren, der für ein Grundstück an einem Kanal (dessen Name abgebrochen ist) verantwortlich ist?

6.16. Iqīšāja/Ša-Nabû-šū, *ša muhhi ešrî*, 26 Nbk-x Nbn

Der einzige Beleg für Iqīšāja mit dem Titel *ša muhhi ešrî* ist BM 63797 (Nr. 13, 8.9.30 Nbk), eine Quittung für von Iqīšāja an das Ebabbar gelieferten Sesam und *ku-ur-ia-a-gu*. Ohne Titel ist Iqīšāja aber schon vier Jahre früher in einer *ešrû*-Quittung belegt: Er liefert gemeinsam mit einem gewissen Šalammānu [x+]2 Kor Datteln an den Tempel (*BM 83693, 22.9.26 Nbk). In beiden Fällen trägt er kein Patronymikon.

Wahrscheinlich ist der Zehntpächter Iqīšāja mit dem *bīt-ritti*-Besitzer Iqīšāja/Ša-Nabû-šū gleichzusetzen. Sack, AOAT 236 Nr. 92 (BM 74953, 24.5.a Ner) ist eine Quittung über 20;1.1.3 Gerste, einen Zehnten, der für das *bīt ritti* des Iqīšāja/Ša-Nabû-šū gezahlt worden ist. Eine Abgabe des *bīt ritti* eines Iqīšāja ist schon 36 Nbk belegt (*CT 57, 281; Iqīšāja erscheint

---

164 S. oben bei Anm. 80.

165 Die Lesung des Namens Ina-t[ēšî-ēṭer] in Zeile 1 des an dieser Stelle beschädigten Texts wurde durch eine Kollation von Heather Baker bestätigt.

hier gemeinsam mit Ileʾi-Marduk, s. o.). Möglich ist auch die Identifikation unseres Iqīšāja mit jenem Šamaš-iqīša, mit Kurznamen Iqīšāja, der ein *bīt ritti* am *mašennu*-Kanal besitzt und Teile davon an Gärtner verpachtet.[166]

Schließlich muß CT 55, 75 (14.2.0 Nbn) genannt werden: Iqīšāja/Ša-Nabû-šū und Nabû-zēru-ušabši/Kīnāja erscheinen in diesem Verpflichtungsschein als Schuldner von 15 Kor Gerste, den Zehnten für das *bīt ritti* eines ^{I}⌜a⌝-[ ]; dies ist einer der wenigen Verpflichtungsscheine, bei denen ein Zehntpächter selbst der Schuldner ist.[167]

6.17. *Iqīša-Marduk, um 2 Dar

Die Überschrift von BM 64085 (12.4.2 Dar; Bertin 1936) lautet:

«Šamaš zustehende Gerste, vom Zehnten, (d. h.) von der *sūtu*-Abgabe des Iqīša-Marduk für das zweite Jahr, die Nabû-ittannu/Nabû-ahu-[...] den Brauern gegeben hat.» (Es folgen Datum und Einzelposten.)[168]

Wahrscheinlich ist Iqīša-Marduk also ein Zehntpächter, *bīt ritti*-Inhaber oder dergleichen. Er ist nicht nochmals mit Sicherheit nachweisbar.

6.18. Itti-Šamaš-balāṭu, *ša muhhi ešrî*, 22-34 Dar

Der Zehntpächter Itti-Šamaš-balāṭu kommt in eindeutigem Kontext ausschließlich in Briefaufträgen gemeinsam mit dem Zehntpächter Bunene-šimânni vor.[169] Der von Bongenaar genannte Text Stigers, JCS 28, p. 53 No. 50 ist nicht hierher zu stellen: Es ist dies ein Verpflichtungsschein über 6 Kor Gerste aus dem Besitz von Šamaš zu Lasten eines gewissen Iqīšāja/Ibnāja. Die Gerste ist Ersatz (wörtlich «Tausch») «zu Händen des Itti-Šamaš-balāṭu/Lâbâši»[170] – von einem Zehnten ist nicht die Rede. Itti-Šamaš-balāṭu/Lâbâši ist der bekannte Unternehmer aus Larsa, die Urkunde wird daher aus dieser Stadt oder aus Uruk stammen (Beaulieu, *Or.* 60, 64).

---

166 S. Jursa, *AfO Beih.* 25, 201 s. v. Šamaš-iqiša und 120[229].

167 Vgl. oben bei Anm. 95. – Einen von Bongenaar für den Zehntpächter Iqīšāja angeführten Text möchten wir eher nicht hierher stellen: BM 64121 (5.6.39 (Nbk), Bertin 2938). Es ist dies eine Aufstellung von Gersteausgaben; der erste Posten lautet: 18 gur 2 (pi) 3 bán še.bar *ina* še.bar, *šá eš-ru-ú ina* igi, ^{I}ba$^{\textit{šá}}$*-a u* ^{Id}utu-mu$^{?}$, *mi-ṣir-a-a*. Das muß (auch wegen des Datums) wohl so verstanden werden, daß Iqīšāja und Šamaš-iddin Gerste vom Zehnten erhalten haben, womit die Identifikation dieses Iqīšāja mit dem Zehntpächter Iqīšāja sehr unsicher wird.

168 [š]e.bar níg.ga ^{d}utu *šá eš-ru-ú* ⌜*šá* ^{giš}bán⌝, *šá* ^{I}ba$^{\textit{šá}}$-^{d}amar.utu *šá* mu.2.kam *šá* [0$^{?}$], ^{Id}ag-*it-tan-na* a-*šú šá* ^{Id}ag-šeš-[x], *a-na* ^{lú}lùnga^{meš} *id-din-nu*.

169 S. o. bei Anm. 156.

170 6 gur še.bar níg.ga ^{d}utu, *šu-pil-tu*$_{4}$ *šá* šu^{II} ^{I}ki-^{d}utu-tin, a-*šú šá* ^{I}*la-ba-ši ina muh-hi*, ^{I}ba$^{\textit{šá}}$*-a* a-*šú šá* ^{I}dù^{a}.

6.19. Kabtia/Nabû-kēšir, *ša muhhi ešrî*, 2?-16 Nbn

Der früheste Beleg für Kabtia ist CT 57, 554 (16?.0.2? Nbn): Silber wird von ihm und einem weiteren Zehntpächter, Mardukā, an das Ebabbar gezahlt. Mit dem Titel *ša muhhi ešrî* wird Kabtia zum ersten Mal 4 Nbn erwähnt (CT 57, 37, 27.0.4 Nbn). Nur ein einziges Mal findet man Kabtia im Zusammenhang mit dem Zehnten mit Patronymikon (*Nbn.* 505, 15.2.11 Nbn).

Ein auffälliges Merkmal von Kabtias Aktivitäten ist seine Zusammenarbeit mit Arad-Nabû/Nabû-zēru-ibni. Kabtia scheint zunächst vor allem für den Zehnten des 'Handhauses' des Arad-Nabû verantwortlich gewesen zu sein; 13 Nbn sind sie aber gemeinsam für den Zehnten aus mehreren Ortschaften und Ländereien - lesbar sind *bīt mukīl appāti*, *bīt šar bābili* und Pallukkat - zuständig.[171]

Wie sein Partner Arad-Nabû ist auch Kabtia Inhaber eines 'Handhauses': In CT 57, 40 (3.7.5 Nbn) wird er – neben Ile'i-Marduk und Šamaš-aplu-uṣur – als einer der «Leute des Zehnten» ([lúe]rínmeš *šá eš-ru-ú*) mit einem von seinem *bīt ritti* eingehobenen Gerstezehnten von 47 Kor genannt. Abgesehen von diesem Text sind noch zwei weitere Belege für Gerstelieferungen erhalten, CT 57, 37 (27.0.4 Nbn, 12;1.1.3 für Viehfutter) und CT 56, 50 (16.7.5 Nbn; Mengenangabe abgebrochen). In beiden Fällen trägt Kabtia den Titel *ša muhhi ešrî*. Im Brief *CT 22, 45 wird Kabtia (mit Patronymikon) in zerstörtem Kontext genannt.

Schließlich muß noch CT 57, 48 (7.0 Nbn) behandelt werden: Es ist dies ein Verpflichtungsschein über den Dattelzehnten des *bīt ritti* des Ile'i-Marduk. Der Schuldner ist [PN]/Nabû-kēšir/Kidinnu. Es ist möglich, daß damit unser Kabtia/Nabû-kēšir gemeint ist. Die Beziehung, die er in diesem Fall mit seinem 'Kollegen' Ile'i-Marduk (vgl. CT 57, 40) gehabt hätte, wäre derjenigen mit Arad-Nabû, die besser dokumentiert ist, ganz ähnlich. Da jedoch der volle Name *Kabtia/Nabû-kēšir/Kidinnu u. W. nirgendwo belegt ist, bleibt dies bis auf weiteres Vermutung.

6.20. Mardukā/Bēl-īpuš/Mušēzibu, *ša muhhi ešrî*, a Ami-17 Nbn

Mardukā ist nicht nur der Zehntpächter, dessen Aktivitäten unter Nabonid am besten dokumentiert sind, es ist auch offensichtlich, daß er zu seiner Zeit eine unter den Zehntpächtern hervorragende Stellung innegehabt hat und von allen Zehntpächtern für die größten Summen verantwortlich gewesen ist.

Es ist nur ein Zufall, daß der früheste sichere Beleg für Mardukā mit dem Titel *ša muhhi ešrî* erst aus 14 Nbn stammt (*Nbn.* 814); er hat diese Funk-

---

171 Für diese Gruppe von Texten – CT 56, 356, *Nbn.* 505. 1002, *BM 65844 (Nr. 11). *84171 – s. oben zu Arad-Nabû.

tion ganz sicher schon wesentlich früher ausgeübt. Mardukā ist mehrfach mit Patronymikon bezeugt,[172] aber nur einmal mit vollen Namen, in der Rechtsurkunde *Nbn.* 1028 (29.1.17 Nbn).[173]

Man kann an Hand von Abrechnungen die Entwicklung von Mardukās Geschäften verfolgen: Der älteste Text, BM 79569 (Sack, AOAT 236, Nr. 90), datiert vom 28.1.[1] Ner, behandelt Zehntlieferungen Mardukās unter dem Titel «*sūtu* und Rückstände (aus früheren Jahren) für das Akzessionsjahr und das erste Jahr Amīl-Marduks, des Königs von Babylon, zu Lasten von Mardukā».[174] Die darauf folgende Aufstellung von Gerste- und Dattelposten wird folgendermaßen summiert: «Insgesamt 180 Kor Gerste, 54;[1.4 Datteln, *sūtu* und] Rückstände vom Zehnten für das Akzessionsjahr und das erste Jahr Amīl-Marduks, des Königs von Babylon, zu Lasten von Mardukā, der [über den Zehnten gesetzt (ist) (?)]».[175] Die Summen, um die es hier geht, sind viel kleiner als die 558 Kor Gerste, die von Mardukā und seinen Untergebenen 7 Nbn abgeliefert werden (BM 79052 (Nr. 5)), oder als das jährliche Soll von 510 Kor Gerste, das Mardukā 10 Nbn zu erfüllen hat (vgl. die Abrechnung *Nbn.* 462 (Nr. 10) oben); Mardukā hat seine Aktivitäten in der Zwischenzeit sichtlich erweitert.

Sein Verantwortungsbereich umfaßte nach *BM 60757 (Nr. 9, 7.0 Nbn) folgendes: Land vom *mašennu*-Kanal bis Hirītu, von Zanzanu bis Bīt-Kiribtu, von Tīl-appari bis zum Tigris, das Gebiet des *gugallu* Guzānu und das Gut des *rab muggi* – hierfür wurden 450 Kor Datteln eingenommen; dazu kommt nach *Nbn.* 506 (15.2.11 Nbn) das Gebiet «von der Mündung des Pallukkat-Kanals bis Ālu-eššu und (weiter) bis in die Steppe» (30 Kor Gerstezehnt). In *Nbn.* 1028 ist von einem Zehnten[176] aus der Ortschaft Pudānu unter der Verantwortung Mardukās die Rede.

Mehrfach hört man von Zehntpächtern oder -einnehmern, die mit Mardukā zusammenarbeiten, und zwar sowohl als (scheinbar?) gleichberechtigte Partner als auch als Untergebene: Es handelt sich um Arad-Bēl (BM 79052 (Nr. 5), in CT 56, 245 gleichberechtigt), Gimil-Šamaš (BM 79052 (Nr. 5)), Ileʾi-Marduk (BM 79052 (Nr. 5)) und Kabtia (CT 57, 554, gleichberechtigt). Mardukās Sohn Gimil-Šamaš ist unter Kyros ein wichtiger Zehntpächter,

---

172 S. Bongenaar, *Ebabbar*, 431f.

173 Bongenaar, *Ebabbar*, 432 nennt auch noch *Nbk.* 21 (5.0.2 [Nbn]); dies ist jedoch unsicher.

174 [${}^{\text{giš}}$]bán *ù re-ha-nu šá* mu.sag.nam.lugal.la, *ù* mu.1.kam lú-${}^{\text{d}}$amar.utu lugal tin.tir${}^{\text{ki}}$, *šá ina* igi ${}^{\text{I}}$*mar-duk*. Sack liest am Anfang von Zeile 1 [še].bar, was nach dem Folgenden (es geht um Gerste und Datteln) nicht sinnvoll ist. Für *sūtu* in diesem Zusammenhang s. oben bei Anm. 77.

175 8ff.: pab 1 ME 80 gur še.bar ⌜54⌝ [gur 1 (pi) 4 bán zú.lum.ma ${}^{\text{giš}}$bán *u*], ${}^{\textit{Rd.}}$ [*r*]*e-ha-nu šá eš-ru-*[*ú*], ... ${}^{\textit{12}}$ *ina* igi ${}^{\text{I}}$*mar-duk* [0] *šá* [ugu *eš-ru-ú*].

176 Am Ende von Zeile 1 lies einfach 10${}^{\textit{ú}}$ [0].

und noch zwei weitere seiner Söhne sind im Zusammenhang mit dem Zehnten bezeugt: Nabû-šumu-uṣur liefert nach *Nbn.* 521 (8.5.11 Nbn) 15 Kor Gerste vom Zehnten des elften Jahres an den Tempel; er ist hier zweifellos für seinen Vater tätig. Nabû-zēru-ibni/Mardukā hingegen ist nur aus zwei Texten aus der Zeit nach dem vermutlichen Ende der Aktivitäten seines Vaters bekannt: *Cyr.* 53 (7.6.2 Kyr) ist eine Zahlung Nabû-zēru-ibnis von 1 *m.* 17 *š.* Silber für mehr als 64 Kor Gerste- oder Dattelzehnten; BM 101642 (20?.8.2 Kyr) ist eine Lieferung von [x+] 93 Kor Dattelzehnten durch Nabû-zēru-ibni. Es ist möglich, daß nicht nur Gimil-Šamaš, sondern mit Nabû-zēru-ibni noch ein zweiter Sohn Mardukās wie sein Vater Zehntpächter geworden ist.

Formal ist das Dossier zu Mardukā, abgesehen von den schon erwähnten Abrechnungen, wenig bemerkenswert. Quittungen und Listen von Naturalienlieferungen überwiegen; allenfalls ist noch auf die zwei Verpflichtungsscheine über Zehntschulden unter der Verantwortung Mardukās (*Nbn.* 690 und 1028) hinzuweisen. Die in der folgenden Übersicht über seine Tätigkeiten verzeichneten Texte sind, wenn nicht anders angegeben, Lieferungen an den Tempel.

Datum	**Text**	**Gegenstand**	**Bemerkungen**
28.1.[1] Ner	AOAT 236, 90	180;0 Gerste, 54;1.4 Datteln	Abrechnung über den Zehnten M.s (*ša muhhi ešrî*?) für a und 1 Ami: *sūtu* und Rückstände
11.1 [Nbn?]	*BM 83565	[x] Datteln	M, *ša muhhi ešrî*
(± 1 Nbn)	*CT 55, 56	190;0 Datteln	Briefauftrag an Zēria und M[177]
16?.0.2? Nbn	CT 57, 554	Silber	von Kabtia und M
19.6.7 Nbn	BM 79052 (Nr. 5)	558;0 Gerste, Zehnt	«von M und seinen Leuten»
8.10.7 Nbn	*BM 69199	[...] *m.* Silber	für Dattelzehnt; von M in *bīt karê*; *ina ušuzzi ša* Arad-Bēl *ša muhhi ešrî*
12.11.7 Nbn	CT 56, 245	176;0 Datteln	Zehnt; M und Arad-Bēl
19.11.9 Nbn	*Nbn.* 382	53,75 *š.* Silber	Zehnt; anstelle von 65;3.2 Datteln
6.10.10 Nbn	*Nbn.* 462 (Nr. 10)	510;0 Gerste, Zehnt	Jahresabrechnung; für die Rückstände vgl. *Nbn.* 493.
15.2.11 Nbn	*Nbn.* 506	30;0 Gerste	Zehnt; Verpflichtungsschein zu Lasten von M
8.5.11 Nbn	*Nbn.* 521	15;0 Gerste, Zehnt	durch Nabû-šumu-uṣur/M; *bīt makkūr nidinti šarri*
21.7.11 Nbn	*Nbn.* 540	15;0 Emmer	
13.11.11 Nbn	*Nbn.* 568	[x] Silber	Zehnt, anstelle von Datteln (?)
12 (Nbn)	*Nbn.* 690	Gerste, Datteln	Verpflichtungsschein über [Zehnt] unter der Verantwortung von M zu Lasten von Nabû-nāṣir (?), dem Sklaven eines Šamaš-ahu-iddin
10(+).5.13 Nbn	*Nbn.* 714	300;4?.1+16;4 .1 Gerste	zum Teil für Vogelfutter an Tattannu

177 Datierung nach einem zweiten Beleg für den Zehntpächter Zēria und nach den Absendern; s. unten zu Zēria.

14.5.[±13] Nbn	*Nbn.* 1085	12;4.1 Gerste, Zehnt	an Tattannu, Vogelfutter
25.0.[14] Nbn	*Nbn.* 814	Gerste, Gewänder	von M, *ša muhhi ešrî*, für *maššartu* von 9.14 Nbn
21.8.15 Nbn	*Nbn.* 899	63;0 Gerste	M, *ša muhhi ešrî*; im *šutum šarri*
29.1.17 Nbn	*Nbn.* 1028	55;0 Emmer, Zehnt	Verpflichtungsschein über den Rest des Zehnten eines Bunene-ibni in Pudānu unter der Verantwortung von M zu Lasten von Bunene-ibni/Pān-Dēr-lūmur
7.0 Nbn	*BM 60757 (Nr. 9)	450;0 Datteln, Zehnt	von verschiedenen Gebieten und Ländereien, s. o.
1.11.0 Nbn	*Nbn.* 1126	2,5 *m.* 7,25 *š.* Silber	[für] 84;0 Datteln; M, *ša muhhi ešrî* (Koll. Bongenaar)
8?.0.0 [Nbn]	CT 57, 354	217;3.3 (Gerste?)	M, *šá* 10*ú*; neben anderen Zehntpächtern

Schließlich muß noch *BM 61782 (1 Kam[/Kyr]) erwähnt werden: Der Text ist eine fragmentarische Abrechnung über Gerste, Datteln, Silber und Brandziegel mit Rēmūt-Bēl und Nabû-šumu-ukīn (die nicht mit Sicherheit zu identifizieren sind) für den Zeitraum (mindestens) vom zwölften Jahr (des Nabonid) bis zum ersten Jahr des Kambyses (wahrscheinlich ist das Jahr des sogenannten Unterkönigtums des Kambyses, das zugleich das erste Jahr seines Vaters Kyros als König von Babylon ist, gemeint). In Zeile 2 wird nach Erwähnung einer Schuldurkunde aus dem zwölften Jahr vom «Zehnten zu Händen Mardukās» gesprochen.

6.21. *Nabû-ēṭer-napšāti/Hašdāja/Mandidi, *ša muhhi ešrî*, 1-12 Nbn

Nabû-ēṭer-napšāti ist viermal belegt, allerdings nur einmal mit dem Titel *ša muhhi ešrî*. Der wichtigste Text ist BM 64141 (1.3.1 Nbn), eine ausführliche Abrechnung über Dattellieferungen von einem gewissen Zēria und Nabû-ēṭer-napšāti. 500 Kor Dattelzehnt befinden sich in (oder sind das Zehntsoll für) Gubbatu (und) Ālu-ša-bēl-[pīhāti]; davon haben Zēria und Nabû-ēṭer-napšāti insgesamt 396;1.4 Datteln an das Ebabbar abgeliefert.[178]

Nbn. 540 (21.7.11 Nbn) behandelt eine Lieferung von 15 Kor (Emmer) durch Nabû-ēṭer-napšāti/Hašdāja/Mand[idi, *ša muhhi ešr*]*û*;[179] ein zweiter Posten betrifft den Zehntpächter Mardukā. In CT 57, 354, Rs. 4 findet man eine Zehntlieferung Nabû-ēṭer-napšātis (koll.) von 89;1.3? (Gerste oder Datteln); davor werden Lieferungen der Zehntpächter Ibnāja und Mardukā

---

178 Ortsnamen durch Heather Baker kollationiert. Der Text wird von M. Weszeli ediert werden; s. vorläufig Bongenaar, *Ebabbar*, 39 zu l. 7.

179 3f.: 15 gur *ina* šu^II^ ^Id^⌜ag-kar-zi^meš⌝, a-*šú šá* ^I^*haš-da-a* a ^lú^*man-d*[*i-di šá* ugu(-*hi*) 10]*ú* (koll.); das von Strassmaier am Ende der dritten Zeile gezeichnete *ú* ist in Wirklichkeit das Ende der vierten.

genannt. Schließlich spricht BM 62111 von 17 Kor Gerste «vom Zehnten des Ina-t[ēšî-ēṭer]/Dumqāja und des Nabû-ēṭer-[napšāti]/Hašdāja»; es heißt, daß die Gerste vom Zehnten des zwölften Jahres Nabonids stammt.

6.22. *Nabû-šumu-uṣur/Mardukā/Maštukāta, 11 Nbn-4 Kam (?)

CT 55, 135 (15.x.11 Nbn) ist ein Verpflichtungschein über 50 Kor Gerste, den Zehnten für das *bīt mukīl appāti* und Pallukkat, zu Lasten eines Nabû-šumu-uṣur/Mardukā/Maštukāta (koll.). Eine andere Zehntzahlung eines Nabû-šumu-uṣur (9;1.4 Datteln) bezeugt CT 56, 238 (20.8.2 Kam).

Dieser Nabû-šumu-uṣur//Maštukāta könnte mit dem Zehntpächter [PN/PN/]Maštukāta aus *Cyr.* 184 (Nr. 6): 2 (4 Kam) identisch sein; jedoch würde man dieser Stelle gerne [Bēlšunu/PN/]Maštukāta lesen, da der in Zeile 10 des Textes ohne Patronymikon und 'Familiennamen' genannte Bēlšunu - auf seinem Grund sollen die Zehntpächter eine Naturalienzahlung tätigen - sonst nirgendwo eingeführt worden wäre (s. die Transliteration des Textes in Anhang 3). Einen Bēlšunu//Maštukāta können wir aber sonst nicht belegen. Die Lesung von *Cyr.* 184 (Nr. 6): 2 bleibt daher bis auf weiteres unsicher.

6.23. Nabû-zēru-ušabši/Kīnāja, Nbn

Nabû-zēru-ušabši ist nur aus CT 55, 75 (14.2.0 Nbn) bekannt (das Patronymikon ist kollationiert); er erscheint dort als Zehntschuldner neben Iqīšāja/Ša-Nabû-šū (s. d.); es ist daher möglich, aber keinesfalls sicher, daß Nabû-zēru-ušabši wie dieser ein Zehntpächter ist, wie es von Bongenaar zur Diskussion gestellt worden ist.

6.24. Nidintu, *ša muhhi ešrî*, 8-12 Nbn

Der Zehntpächter Nidintu ist dreimal belegt: In *Nbn.* 290 (27.2.8 (Nbn), mit Titel)[180], einer Lieferung von Gewändern, *Nbn.* 458 (17.9.10 [Nbn], mit Titel), worin es um 12 Kor Gerste von ihm geht,[181] und *Nbn.* 659 (10.12 (Nbn)), wo über Datteln vom Zehnten des Nidintu für das zwölfte Jahr gehandelt wird.

6.25. *Nidintu/Bēl-ibni, 4/5 Kyr-12 Dar

Das kleine Dossier zu Nidintu/Bēl-ibni ist deswegen von einer gewissen Bedeutung, weil es deutlich eine 'mittlere' Ebene bei der Verwaltung des landwirtschaftlichen Zehnten zeigt: Nidintu ist Pächter mehrerer zehnt-

---

180 Die Datierung ist durch die anderen Belege für den im Text gleichfalls genannten Bēlšunu/Zērūtu gesichert: Vgl. CT 55, 252. 426, *Nbn.* 684. 1054. 1127, MacGinnis, *Letter Orders*, Nr. 8.

181 Der Text ist von A. Bongenaar kollationiert worden.

pflichtiger Ländereien oder zumindest Felder – nicht notwendigerweise ausschließlich oder auch nur teilweise aus dem Besitz des Ebabbar –, die als 'Handhäuser' an Dritte weitervergeben waren. Das ergibt sich aus BM 55786, publiziert von Pinches in BOR 1, 76ff. In Übersetzung:

«Šamaš zustehender Gerstezehnt, (vom) Pachtland (*bīt sūti*)[182] des Nidintu/Bēl-ibni, vom Monat Ajjāru, Jahr 1 König Darius;
Die 'Handhäuser', welche zur Verfügung der Leute (des Nidintu?) (sind):[183]
30$^{?}$ Kor Gerste: (aus) Pallukkat;
10 Kor: (aus) Niqqu;
10 Kor: (aus) Rabb-ilu;
10 Kor: (aus) Kurraṣu und Bāb-[...];
(der Rest des Textes ist abgebrochen).»

Nidintu selbst war auch Inhaber eines solchen 'Handhauses', wenn er mit dem Nidintu, für dessen *bīt ritti* 11 Dar nach CT 57, 36 (Nr. 8): 7 140 Kor Gerste als Zehnt zu zahlen war, zu identifizieren ist.[184] Nidintu/Bēl$^{?!}$-ibni[185] wird mit seinem *bīt ritti* auch in *Dar.* 343 (12 Dar) genannt. Dieser beschädigte Text ist wahrscheinlich ein Verpflichtungsschein über den Zehnten von mehreren 'Handhäusern' und ähnlichen Grundstücken[186], für den Šamaš-aplu-uṣur verantwortlich ist. Zehnt vom *bīt ritti* des Nidintu findet sich schließlich auch in CT 57, 38, einer Zehntliste Gimil-Šamašs von etwa 4-5 Kyr (s. o.).

6.26. *Nūrea/Nabû-rēhtu<-uṣur>$^{?}$, um 4 Dar

Für Nūrea, den Partner oder Agenten des Zehntpächters Arad-Bēl, s. oben bei Anm. 132.

6.27. Pirʾu/Nabû-šumu-līšir, *ša muhhi ešrî*, 4-6 Nbn

Pirʾu ist zweimal bezeugt: einmal mit Patronymikon, aber ohne Titel, gemeinsam mit Bēlšunu/Kīnāja (s. d.) als Zehntschuldner für ein Gebiet von Bīt-Nabû-alsīka-[abluṭ] bis Kalbinnu (CT 55, 166, 15.2.6 Nbn), und einmal

---

182 Den Anfang von Zeile 2 lies gegen Pinches é ^{giš}bán.

183 Zeile 4: é ^{uzu}kišib^{meš} *šá ina* igi ^{lú}erín^{meš}.

184 Nach dem Zehnten von Nidintus *bīt ritti* wird in CT 57, 36 (Nr. 8) Zehnt von Pallukkat, dem *bīt rab muggi* und Niqqu genannt – d. h. von Orten, die nach BOR 1, 76ff. 1 Dar zum Teil in Nidintus Kompetenzbereich gefallen sind.

185 Koll. Strassmaiers Kopie gibt als Patronymikon klar ^{Id}ag-dù (Zeile 5); die Zeichen sind nach Kollation jedoch beschädigt; es kann auch ⌜^{d}en⌝ gelesen werden.

186 Ein 'Wagenhaus', *bīt narkabti*, in Zeile 6.

ohne Patronymikon, aber mit Titel *ša muhhi ešrî*, als Lieferant von rund 50 Kor Gerste gemeinsam mit Aplāja (BM 60365, 13.5.4 Nbn).[187]

6.28. Rēmūt-Bēl, *ša muhhi ešrî*, um 7 Kyr

Rēmūt-Bēl trägt den Titel *ša muhhi ešrî* in *Cyr*. 258 (6.4.7 [Kyr]), wo von Silber als Preis von Gewändern von ihm die Rede ist, und in CT 56, 390 (8.12.0 Kyr), worin es um eine von Rēmūt-Bēl getätigte Silberzahlung in der Höhe von 18,5 *š*. Silber geht. Schließlich wird er einmal gemeinsam mit dem Zehntpächter Bēl-kāṣir im Zusammenhang mit der Auszahlung von Gerstezehnt genannt (*Cyr*. 260, 22.4.7 Kyr; s. zu Bēl-kāṣir).

6.29. Šamaš-aplu-uṣur/Niqūdu/Rē'i-sisê, *ša muhhi ešrî*, 5 Nbn-12 Dar

Šamaš-aplu-uṣur ist der am längsten aktive Zehntpächter, der aus dem Ebabbar-Archiv bekannt ist; nur Arad-Bēl/Na'id-Marduk/Ile'i-Marduk ist ähnlich lang bezeugt (von 7 Nbn bis 5 Dar).[188] Der früheste Beleg für ihn ist CT 57, 40 (3.7.5 Nbn). Hier ist er – neben Ile'i-Marduk und Kabtia – einer der «Leute des Zehnten» ([^{lú}e]rín^{meš} *šá eš-ru-ú*). Der früheste Beleg mit Patronymikon ist *Nbn*. 384 (25.11.9 Nbn), der früheste mit dem Titel *ša muhhi ešrî* ist *Nbn*. 476 (21.11.10 Nbn).

Šamaš-aplu-uṣur ist an bestimmten Punkten seiner langen Karriere für den Zehnten von folgenden Ländereien und Ortschaften zuständig: das *bīt ritti* des Aplāja/Mušēzib-Bēl, das sich von Bāb-Nār-Šamaš bis zum Nār-Hirānu erstreckt (BM 75502 (Nr. 2), 12 Nbn);[189] Gilūšu, Nāṣir, und Niqqu (gemeinsam mit Arad-Bēl; *Dar*. 110. BM 64086, 4 Dar); das Pachtland des Bunene-šarru-uṣur bei Āl-Hummāja und Alku (*Dar*. 111, 4 Dar); das *bīt ritti* des Nidintu, Pallukkat und das *bīt rab mungi*, Niqqu, Bir'ilu, wo das *bīt ritti*

---

187 Dieser Aplāja ist wahrscheinlich Aplāja/Nabû-zēru-ušabši/Dannēa, der nach *Ner*. 54 3 Ner für den Zehnten jenes Gebiets verantwortlich ist, für das 6 Nbn nach CT 55, 166 Pir'u und Bēlšunu zuständig sind. – Für eine Kopie von BM 60365 s. den Umschlag von Bongenaar, *Ebabbar* mit Umschrift auf der Umschlaginnenseite.

188 MacGinnis, *Letter Orders*, 132, hat mit Vorbehalt (vgl. 134 unter (7)) zwei Zehntpächter namens Šamaš-aplu-uṣur, einen unter Nabonid und einen unter Darius, angesetzt; BM 75502 (Nr. 2), der erste Belege mit vollem Namen aus der Zeit Nabonids (12 Nbn), beweist aber zusammen mit den bekannten Belegen aus späterer Zeit (vgl. *Dar*. 111 u. a. aus 4 Dar) zweifelsfrei, daß es sich um ein- und dieselbe Person handelt.

189 Sicherlich kann man auch den fragmentarischen Text *CT 57, 360 (5.9·(Nbn)) auf dieses *bīt ritti* und Šamaš-aplu-uṣurs Tätigkeiten beziehen: Er betrifft Naturalien, die Šamaš-aplu-uṣur von verschiedenen Personen geholt (*našû*) hat; die Unterschrift lautet: [x g]ur še.bar zú.lum.ma, [*ù*] še.giš.ì *šá* gú íd hi.li, [*šá* é] *rit-ti šá* ^{I}a^{a} «[x K]or Gerste, Datteln [und] Sesam, (gezahlt) am Ufer des Nār-kuzbi, [vom *bīt*] *ritti* des Aplāja».

des Šamaš-iddin liegt, Raqqat-Šamaš, Alku und Āl-Alsīka-[ablut (?)] (CT 57, 36 (Nr. 9), 11 Dar; das *bīt ritti* des Nidintu auch in *Dar.* 343); schließlich das *bīt ritti* des Bēl-ahhē-erība (*Dar.* 343, 12 Dar).

Der wichtigste Text ist neben dem oben besprochenen BM 75502 (Nr. 2) natürlich CT 57, 36 (Nr. 8), die schon mehrfach zitierte Liste der durch Inspektion der Felder festgelegten Zehntabgaben für das Jahr 11 Dar. Der *ša muhhi ešrî* Šamaš-aplu-uṣur ist hier für eine Anzahl von «Leuten, die über den Zehnten (gesetzt sind)»[190] verantwortlich. Gemeint sind damit untergeordnete Zehntpächter und -einnehmer sowie *bīt ritti*-Inhaber. Dazu kommt noch Zehnt von mehreren Angehörigen des *bīt mār šarri*. Leider wird nur zum Teil angegeben, wo die jeweiligen Felder dieser Zehntlieferanten liegen. (Šamaš-aplu-uṣur selbst wird in der Liste der Zehntposten nicht noch einmal mit einem eigenen Posten genannt.) Die Formulierung der Überschrift[191] und die hohe Summe der Zehntposten – 741 Kor Gerste – machen es wahrscheinlich, daß es hier um den gesamten Gerstezehnt, der für 11 Dar erwartet wurde, geht, Šamaš-aplu-uṣur also als oberster der Zehntpächter anzusehen ist. Seine dominante Position ergibt sich auch aus BM 64056 (Nr. 4, 8 Dar), dem Protokoll eines Eides, mit dem der Zehntpächter Šamaš-šumu-ukīn verspricht, einen Zehnten gemäß der Anweisung des Šamaš-aplu-uṣur zu liefern. Auch die Zehntpächter Arad-Nabû und Kabtia sind in einem Zusammenhang belegt, der zeigt, daß sie Šamaš-aplu-uṣur unterstellt waren (*Nbn.* 1002 und *BM 84171). Bei Arad-Bēl hingegen, der mehrfach zusammen mit Šamaš-aplu-uṣur tätig ist, gibt es keinen Hinweis darauf, daß er Šamaš-aplu-uṣur untergeordnet war.

In der folgenden tabellarischen Übersicht über die Aktivitäten Šamaš-aplu-uṣurs im Zusammenhang mit dem Zehnten beinhalten die Texte, sofern nicht anders angegeben, Lieferungen an den Tempel bzw. an Tempelpersonal.

Datum	**Text**	**Gegenstand**	**Bemerkungen**
3.7.5 Nbn	CT 57, 40	Gerste, Zehnt	ŠAU ist einer der [lú e]rín meš *šá eš-ru-ú*
25.11.9 Nbn	*Nbn.* 384	2 *m.* 4,5 *š.* Silber	für 186;3.4.3 Datteln, Zehnt des 9. Jahres; ŠAU/N
21.11.10 Nbn	*Nbn.* 476	60;0 Emmer	ŠAU, *ša muhhi ešrî*
3.0.10 Nbn	*BM 73522	[...], Zehnt	Fragment
12 Nbn	BM 75502 (Nr. 2)	39;0 Gerste, Zehnt	ausständiger Zehnt für das *bīt ritti* des Aplāja unter der Verantwortung des ŠAU/N/RS
2.11.16 Nbn	*Nbn.* 1002	1 *m.* Silber	Zehnt; durch Kabtia und Arad-Nabû
9.0.0 Nbn	*BM 84171	[...] Sesam	Zehnt; durch [Kabti]a und Arad-Nabû

190 S. Anm. 82.

191 Es geht, heißt es, um eine 'Inspektion' des Gerstezehnten, die auf Befehl des *šangû Sippar* gemeinsam mit dem Zehntpächter Šamaš-aplu-uṣur vorgenommen worden ist – die höchste Ebene der Verwaltung des Ebabbar ist involviert.

9.11.a Kyr	*BM 62920	[...] Silber	für [...] Dattelzehnt; ŠAU/N; an *bīt karê*
21.11.1 Kam	CT 57, 42	30,25 *š.* Silber	für 36;1.3 Dattelzehnt
18.1.4 Dar	*Dar.* 110	65;0 Gerste, Zehnt	Verpflichtungsschein; Zehnt aus Gilūšu und Nāṣir unter der Verantwortung von ŠAU und Arad-Bēl (beide mit vollem Namen ohne Titel) zu Lasten eines Dritten
20.1.4 Dar	BM 64086	9;0 Gerste, Zehnt	Verpflichtungsschein; Zehnt aus Niqqu unter der Verantwortung von ŠAU und Arad-Bēl (beide mit vollem Namen ohne Titel) zu Lasten eines Dritten
20.1.4 Dar	*Dar.* 111	30;0 Gerste, Zehnt	Verpflichtungsschein; Zehnt für das *bīt sūti* des Bunene-šarru-uṣur bei Āl-Hummāja und Alku unter der Verantwortung von ŠAU zu Lasten von BŠU und einem Dritten
15+?.3.4 Dar	BM 64101	30;0 Gerste	Arad-Bēl und ŠAU
22.11.4 Dar	*Dar.* 141[192]	1,5 *m.* 2,5 *š.* Silber	Arad-Bēl und ŠAU, *ša muhhi ešrî*
[± 4 Dar]	CT 56, 723	[Gerste, Zehnt]	Arad-Bēl und ŠAU, Fragment einer Zehntliste
11 Dar	CT 57, 36 (Nr. 8)	741;0 Gerste	Inspektion (*amertu*); ŠAU, *ša muhhi ešrî*; verschiedene Ortschaften (s. o.)
12 Dar	*Dar.* 343	[...], Zehnt	Verpflichtungsschein?; Zehnt von *bīt ritti-* und *bīt narkabti*-Grundstücken unter der Verantwortung (?) von ŠAU

Mehrmals findet man Šamaš-aplu-uṣur in einem Kontext, der anscheinend nichts mit seiner Tätigkeit als Zehntpächter zu tun hat; s. die Belege bei Bongenaar, *Ebabbar*, 432. In CT 56, 454 Rs. 6' und 11' sowie CT 57, 133: 6f. erhält er Silber. In *Camb.* 417 verkauft er Rohr an einen Rohrarbeiter. In BM 63994 beteiligt er sich an der Einhebung der Silbermiete für am Euphrat gelegene Häuser aus Tempelbesitz.[193]

6.30. Šamaš-iddin, *ša muhhi ešrî*, 2 Kam

Der Zehntpächter Šamaš-iddin ist nur in *Camb.* 151 (2 Kam) bezeugt. Eine Lieferung von 26;0.3 Gerste durch (*ina qāt*) Šamaš-iddin (^{Id}utu-mu), *ša muhhi ešrî*, steht knapp vor einer Lieferung von 5 Kor Gerste durch den Zehntpächter Šamaš-šumu-ukīn. Bongenaar hat erwogen, ^{Id}utu-mu zu ^{Id}utu-mu<-du> zu emendieren. Es sind also weitere Belege abzuwarten, bevor die Existenz dieses Zehntpächters als zweifelsfrei gesichert gelten kann.

---

192 S. Anm. 136.

193 Der Inhalt des letzten von Bongenaar genannten Textes, BM 75510, ist uns nicht bekannt. – Ein Bruder von Šamaš-aplu-uṣur, Šamaš-iddin, ist mehrfach als Schreiber belegt (Bongenaar, *Ebabbar*, 496).

6.31. Šamaš-šumu-ukīn/Bēl-ibni/Nabûnnāja, *ša muhhi ešrî*, a Kam-8 Dar

Šamaš-šumu-ukīn ist in drei wichtigen Urkunden einer der Protagonisten, und zwar in *Cyr.* 184 (Nr. 6, 26.[7].4 Kam), dem Protokoll einer Aussage dreier Zehntpächter, BM 64056 (Nr. 4, 26.3.8 Dar), dem Protokoll einer Eidesleistung von Šamaš-šumu-ukīn im Zusammenhang mit der Einbringung des Zehnten, und *BM 61184 (Nr. 7, etwa Kam), worin es um den Zehnten geht, den Šamaš-šumu-ukīn von dem Land, das Gezeriter bei Birʾilu bearbeiten, einzuheben hat. Diese für das Verständnis der Institution der Zehntpacht vergleichsweise aussagekräftigen Texte sind oben behandelt worden. Šamaš-šumu-ukīns voller Name findet sich nur in BM 64056 (Nr. 4) und *Cyr.* 184 (Nr. 6) [dort aber zum Teil ergänzt].

Die weiteren Belege für Šamaš-šumu-ukīn sind die folgenden (sie haben Lieferungen von Naturalien an den Tempel zum Inhalt):

Datum	**Text**	**Gegenstand**	**Bemerkungen**
3.7.a Kam	*Camb.* 7	6;4.3 Gerste	für Vogelfutter
6.7.(a Kam)[194]	*Nbn.* 1100	2;2.3 Gerste	Text: ^{Id}utu-numun$^{!}$-du
2 Kam	*Camb.* 151	13;0 Gerste[195]	ŠŠU, *ša muhhi ešrî*, nach Šamaš-iddin, *ša muhhi ešrî*
2.4.6 (Kam)	BM 75894	30;0.1.3 Gerste, 5;0 Emmer	ŠŠU und Arad-Bēl; zusätzlich zu früheren 63;0 Gerste
6 (Kam)	*Camb.* 352	[...] Gerste	im *šutum* [*šarri*]; ŠŠU und Arad-Bēl, *ša muhhi ešrî*

Für *Camb.* 327 s. oben vor Anm. 137. Šamaš-šumu-ukīn ist im übrigen von 16 Nbn bis 8 Kyr auch als Schreiber tätig und zuletzt 4 Dar als Zeuge belegt.[196]

6.32. Šamaš-uballiṭ, *ša* (*ina*) *muhhi ešrî*, 32-39 Nbk

*BM 66744 (27.2$^{?}$.32$^{?}$ (Nbk))[197] ist eine Quittung über x;2.3 *kāsia*[198], einen Zehnten, der durch Šamaš-ibni/Šamaš-ahu-iddin, einen Boten des Zehntpächters ([*šá* u]gu *eš-ru-ú*) Šamaš-uballiṭ, an das Ebabbar gezahlt worden ist. *Nbk.* 354 (14.9.39 Nbk) ist eine Lieferung von 0;4.3 Sesamzehnten durch den Zehntpächter (*ša ina muhhi ešrî*) Šamaš-uballiṭ selbst.

---

194 Wir folgen hier Bongenaars Datierungsvorschlag. Es muß sich auf jeden Fall um ein Jahr mit einem Schalt-Elūlu handeln.

195 Vogelfutter; Zeile 7: *ina* še.bar *ki**-*is**-*sat** uz.t[ur^{mušen}].

196 Bongenaar, *Ebabbar*, 497f.

197 Der Monatsname und die Jahreszahl sind beschädigt. Der Text nennt keinen Königsnamen.

198 Transkription mit -*ā*- nach George, BSOAS 60, 125.

6.33. Šulāja, (*ša muhhi ešrî*?), etwa Nbk

Von den drei Texten, die Bongenaar unter Šulā/Nabû-zēr-ušabši/Dannēa verbucht (*Ebabbar*, 433), ist *Ner*. 54 sicher (s. bei Anm. 123) und CT 57, 861 vielleicht (s. Anm. 124) zu Aplāja/Nabû-zēru-ušabši/Dannēa zu stellen. Damit bleibt als einziger Beleg für einen möglichen Zehntpächter Šulāja nur CT 57, 181, eine aus prosopographischen Gründen in die Regierungszeit Nebukadnezars zu datierende Rationenliste. Die Unterschrift des Textes lautet: še.bar *eš-ru-ú šá* ^{I}*šu-la-a* – die ausgezahlten Rationen stammen vom Zehnten des Šulāja – dieser kann daher ein Zehntpächter gewesen sein; sicher ist dies aber nicht.

6.34. *Zēria, (*ša muhhi ešrî*), um 1 Nbn

Zēria ist bisher nur zweimal belegt: Einmal in BM 64141 (1.3.1 Nbn), einer Abrechnung über den von ihm und dem Zehntpächter Nabû-ēṭer-napšāti aus Gubbatu (und) Ālu-ša-bēl-[pīhāti] an das Ebabbar abgelieferten Dattelzehnten (s. zu Nabû-ēṭer-napšāti), und einmal in dem Briefauftrag CT 55, 56. Zēria steht hier neben dem Zehntpächter Mardukā. Die beiden werden angewiesen, eine Restzahlung von 190 Kor Datteln (oder eine Restzahlung auf 190 Kor Datteln?)[199] an einen gewissen Talīmu zu tätigen. Das Datum des Briefs ist verloren; die weiteren Belege für die Absender, Nabû-nipšāru und Mušēzib-Marduk, deuten aber auf eine Datierung an den Anfang der Regierungszeit Nabonids;[200] dies stimmt gut mit dem Datum von BM 64141 überein.

6.35. Zērūtu/Bēl-iddin, 10 Nbn

Bongenaar hat diesen Mann als möglichen Zehntpächter in seine Liste aufgenommen. Die Belege (*Nbn*. 446. 448. 463) sind alle gleich aufgebaut. Die Texte sind Verpflichtungsscheine über Gerste im Austausch für Datteln zu Lasten verschiedener Personen. Zērūtu ist für die Angelegenheit verantwortlich (die Schuld ist jeweils «zu Händen des Z.»). Der Erfüllungsort ist Āl(u-ša)-Šamaš am Pallukkat-Kanal. Es wird nicht ausdrücklich gesagt, daß es um Zehntzahlungen geht. In der Regel geben die Texte aus dem Ebabbar-Archiv dies konsequent an; daher ist die Annahme, Zērūtu sei ein Zehntpächter, derzeit eher unsicher, obwohl die Texte formal einigen Verpflichtungsscheinen aus dem Bereich der Zehntpacht durchaus ähneln.[201]

---

199 *ba-ab-tu*$_4$ 1 ME 90 g[ur], Zeile 5.

200 S. Bongenaar, *Ebabbar*, 91f.

201 Vgl. die in Anm. 93 genannten Texte. – Zērūtu ist möglicherweise etwas später als Teilpächter von Tempelland in der Ortschaft Pallukkat belegt (s. Jursa, *AfO Beih*. 25, 228a oben). Der Ausstellungsort von *Nbn*. 446 und 448 ist im übrigen nach Kollation gegen *AfO Beih*. 25, 207^{398} tatsächlich uru *šá* ^{d}pa und nicht uru *šá* ^{d}utu geschrieben.

Für Bongenaars Zehntpächter [...]/[...]/Maštukāta (*Cyr.* 184 (Nr. 6): 2) s. oben zu *Bēlšunu//Maštukāta und *Nabû-šumu-uṣur/Mardukā/Maštukāta. Der von Dandamaev, *Tempelzehnt*, 83[4] genannte angebliche Zehnteinnehmer «Ṣillā» (*Nbn.* 985, *Camb.* 76) ist wahrscheinlich ein Tempelbäcker.[202] In den genannten Texten erhält er jedenfalls als *Endverbraucher* Getreide von den Zehnteinnahmen des Tempels.

---

202 Bongenaar, *Ebabbar*, 196f.

7. *Zum Zehnten im nicht-landwirtschaftlichen Bereich*

Wie in der Einleitung zu den Quellen ausgeführt, eignet sich vom neubabylonischen, d. h. vor-hellenistischen Material nur der landwirtschaftliche Zehnt gut für eine zusammenfassende Behandlung; sonst mangelt es an prosopographischem und inhaltlichem Zusammenhang. Ein Versuch, den Rest des Materials vollständig darzubieten, erbrächte einfach eine längere, aber nicht notwendigerweise aussagekräftigere Belegliste als jene, die Salonen (*StOr* 43/4) geboten hat. Wir werden daher im folgenden nur ausgewählte Punkte behandeln und auf neues Material hinweisen.

7.1. Eine nicht-landwirtschaftliche Zehntpacht?

Wie oben ausgeführt, kennen wir aus Sippar kein sicheres Beispiel für einen Zehntpachtvertrag aus dem landwirtschaftlichen Bereich. Es gibt aber eine Urkunde, die den Abschluß eines entsprechenden Vertrags in einem anderen Bereich beinhaltet. BM 54225 (Nr. 14, 21.3.4 Kyr):

«Den Šamaš zustehenden Rohrzehnten am Kai von Sippar[203] hat gegen jährlich 600 Bündel Rohr Marduk-šumu-iddin, der *šangû* von Sippar, an Itti-māki-ilānu, den Tempelsklaven von Šamaš, gegeben.

Jährlich wird er ⸢600⸣ Bündel Rohr in den *bīt karê*-Speichern abliefern. 2 *haliptu*-Seile von je 60 (Ellen) Länge, 2 *ašlu*-Seile, 60 *parhudû*-Gegenstände, 2 Meßleinen, 100 *kannu*-Bänder (und) 5 *maškasu*-Seile wird er (als) sein Pensum zusätzlich abliefern. Das Rohr wird er monatlich abliefern. Ab dem ersten Duʾūzu ist das Rohr zu seiner Verfügung.

Zeugen: Bēl-aplu-iddin/Balīhû/Šangû-Šamaš, Nabû-šumu-iddin/Šamaš-aplu-uṣur/Ileʾi-Marduk; Schreiber: Šamaš-zēru-ibni/Taqīš. Sippar, 21. Simānu, Jahr 4 Kyros, König von Babylon, König der Länder.»

Wie man Belegen wie CT 55, 776 oder *Nbn.* 1000, wo von Silber die Rede ist, das vom Tempel zum Hafen für den Kauf verschiedener Güter (Wolle, Eisen, Lederwaren) geschickt werden soll, entnehmen kann, war der Kai oder Hafen von Sippar ein Ort des Handels; man kann sogar annehmen, daß die wichtigsten Transaktionen dort abgewickelt wurden – schließlich lagen die Hauptspeicher des Tempels ja nicht im Tempelkomplex in Sippar selbst, sondern am Euphrat, also im Hafen von Sippar.[204] Das Ebabbar verfügte im Hafen auch über beträchtlichen Hausbesitz; die Vermietung dieser

---

203 gi^{meš} *eš-ru-ú* níg.ga ^{d}utu, *šá ina muh-hi ka-a-ri šá* UD.KIB.NUN^{ki}

204 Diese Speicher sind das *bīt makkūri rabû* bzw. das *bīt makkūri šanû ša muhhi puratti*; vgl. dazu Jursa, *AfO Beih.* 25, 92f. Gelegentlich wird der Hafen von Sippar als Erfüllungsort in Verpflichtungsscheinen über Naturalien genannt; vgl. etwa *Dar.* 111 oder VS 3, 208.

Häuser – sei es als Wohnhäuser oder als Lagerhäuser – stellt eine nicht unwichtige Einnahmequelle des Tempels dar.[205]

Unter den am Hafen umgeschlagenen Gütern werden Rohr und Rohrprodukte eine beträchtliche Rolle gespielt haben. Wie sich aus einschlägigen Ur III-Texten, die weitaus ergiebiger als das neubabylonische Material sind, ergibt,[206] muß das Rohr vor allem an von der Stadt weiter entfernten Kanälen und wohl auch in den im Süden gelegenen Sumpfgebieten geschnitten und auf dem Wasserweg nach Sippar gebracht worden sein. Das Ebabbar hatte zweifellos einen großen Bedarf an Rohr als Bau- und Brennmaterial, die Texte bieten aber in diesem Zusammenhang vergleichsweise wenig Information; auch die Tätigkeit der Rohrarbeiter (*atkuppu*) ist wesentlich schlechter dokumentiert als etwa die der Textilarbeiter oder Schmiede.[207] Immerhin gibt uns *Lab.* 1, eine zum Teil beschädigte Aufstellung über vom Tempel ausgegebenes Rohr, eine Vorstellung von den Größenordnungen der verwendeten Mengen: Über etwas mehr als vier Monate werden insgesamt 4570 Bündel (*guzullu*) Rohr u. a. an Rohrarbeiter und Schmiede verteilt.

Wie wurde dieser Bedarf gedeckt? Zum Großteil sicher durch von Mietarbeitern oder Tempelpersonal selbst geschnittenes Rohr, auch wenn darüber wenig Dokumentation erhalten ist; manchmal wurde Rohr angekauft.[208] Schließlich gab es, wie man in BM 54225 (Nr. 14) zum ersten Mal erfährt, auch einen Rohrzehnten. Offenbar mußten (manche) Rohrschneider aus Sippar bei der Rückkehr mit ihrer Ernte einen Zehnten davon an den Tempel abliefern,[209] genau wie Fischer aus Uruk, die nicht dem Tempelhaushalt des

---

205 Vgl. CT 22, 14, *Nbn.* 234 (hier werden die Häuser am Kai mit denen in der Stadt selbst (*qabalti āli*) kontrastiert), CT 57, 73; s. a. CT 57, 26: Silbermiete für das Haus eines *rab kāri*.

206 S. z. B. Sallaberger, BSA 6, 123f.

207 Für die Rohrarbeiter des Ebabbar s. Bongenaar, *Ebabbar*, 397. 408ff.

208 Schnitt von *ṣapītu* (eine Art Rohr oder Binsen): Jursa, *AfO Beih.* 25, 186. Ankauf: BM 75779 (Bongenaar, *Ebabbar*, Plate I), VS 6, 2, Evetts, *App.* 1, *AfO* 16, 42 Nr. 8, CT 57, 117, *Camb.* 417.

209 gi^{meš} *eš-ru-ú ... šá ina muh-hi ka-a-ri ...* könnte grundsätzlich auch so verstanden werden, daß Rohr, das im Hafengebiet an den Kanalufern geschnitten wird, gemeint ist, mit anderen Worten also, daß die Rohrernte des Hafens besteuert wird. Dies erscheint aber nach dem, was die Ur III-Texte berichten, weniger wahrscheinlich; der Hafen war primär sicherlich als Umschlagplatz relevant. Weiters könnte man erwägen, hier werde von einer allgemeinen Besteuerung des am Hafen umgeschlagenen Rohrs gesprochen. Dies ist abzulehnen, da es keinerlei Hinweise darauf gibt, daß durch den Zehnten nicht nur Einkommen bestimmter Art, sondern auch Formen des Güteraustauschs belastet werden konnten.

Eanna angehörten, den zehnten Teil ihres Fangs dem Tempel zahlen mußten.[210]

In BM 54225 (Nr. 14) wird dem *širku* Itti-māki-ilānu dieser Zehnt gegen eine festgelegte Menge an Rohr und Rohrprodukten überlassen. Formal ist die Urkunde eine Mischung zweier Vertragstypen. Die Art, wie der Vertragsgegenstand, der Rohrzehnt, die jährliche Gegenleistung und der Termin, zu dem das Vertragsverhältnis beginnen soll, angegeben werden, zeigt die Abhängigkeit dieses Vertrags von Feldpacht- und Mietverträgen.[211] Andererseits werden die zusätzlich[212] abzuliefernden Rohrgegenstände als das Pensum, *iškaru*, des Itti-māki-ilānu bezeichnet und nicht etwa als Pacht (*sūtu*). Dies erinnert an die *iškaru*-Verträge, mit denen das Arbeitssoll von Tempelhandwerkern festgesetzt werden kann,[213] und bedeutet wohl, daß Itti-māki-ilānu schon vor Abschluß des vorliegenden Vertrags mit der Herstellung von Rohrgegenständen für den Tempel betraut war.

Diese formalen Besonderheiten der Urkunde ergeben sich zweifellos aus der eigentümlichen Zwitterstellung, in der sich Itti-māki-ilānu befindet: Dadurch, daß er das Recht zur Einnahme des Rohrzehnten gegen eine im voraus vereinbarte Gegenleistung übernimmt, wird er zu einem der typischen neubabylonischen Unternehmer, die institutionellen Haushalten zustehende Abgaben und dergleichen pachten. Die Männer, die diese in ihrem Wesen spekulativen Geschäfte betreiben, sind in der Regel 'Privatleute', d. h. von der verpachtenden Institution unabhängig. Unser Itti-māki-ilānu ist aber als Tempelsklave (*širku*) des Ebabbar den Tempelbehörden unterstellt und daher eine Ausnahme von dieser Regel, ebenso wie z. B. der berühmte Gimillu, ein Generalpächter und *širku* des Eanna. Schließlich wird es eine Rolle gespielt haben, daß der Rohrzehnt ökonomisch sicher nicht von allerhöch-

---

210 TCL 13, 163. Der Fischzehnt war für das *sattukku*-Opfer bestimmt. Hier ist besonders bemerkenswert, daß Tempelfischer (die keinen Zehnten zahlen mußten) ihre unabhängigen Kollegen bei den Tempelbehörden wegen der unterlassenen Zehntzahlung verklagen – es gibt ganz deutlich eine starke Konkurrenz zwischen den beiden Gruppen von Fischern! S. Freydank, *Festschrift Matouš I*, 99.

211 Die wesentliche Klausel lautet: gi^{meš} *eš-ru-ú* ... *a-na* mu.an.na 6 ME ^{gi}*gu-zu-ul-lu* Marduk-šumu-iddin ... *a-na* Itti-māki-ilānu *id-din*. Vgl. dazu z. B. den Gartenpachtvertrag *Camb.* 42: a.šà ... Verpächter *a-na* mu.an.na 70 gur zú.lum.ma *a-na* ^{giš}bán ... *a-na* Pächter *id-din*, oder den Bootsmietvertrag CT 4, 44a: ^{giš}má ... Vermieter *a-na man-da-at-tu*$_4$ *a-na* mu.an.na 1/3 ma.na kù.babbar babbar$^{\acute{u}}$ ... *a-na* Mieter *id-din*. Die Angabe der Gegenleistung durch die Wendung «*ana šatti* x», «für jährlich x», ist typisch für Verträge dieser Art (vgl. z. B. auch die Personenmietvertrag *Dar.* 158 (*a-na* iti 8 gín) oder die Hausmietvertrag VS 5, 32 (*a-na* mu.an.na 8 gín kù.babbar)) und kennzeichnet unseren Text als Pachtvertrag; es ist nicht möglich, in den 600 Bündeln Rohr eine Qualifikation des Rohrzehnten zu sehen (*«Rohrzehnt ... (nämlich) jährlich 600 Bündel Rohr»), denn in diesem Fall müßte es **ina* mu.an.na heißen.

212 Zeile 14: *it-ti-i*.

213 Vgl. Bongenaar, *Ebabbar*, 17[39] und 360f. BM 75517.

ster Bedeutung war und dem *širku* recht wenig Spielraum zur Nutzung der prinzipiell vorhandenen Möglichkeiten zu eigener unternehmerischer Betätigung ließ.

Der *širku* Itti-māki-ilānu ist unseres Wissens nicht noch einmal belegt,[214] man kann daher über seine Aktivitäten im Zusammenhang mit dem Zehnten weiter nichts sagen. Es gibt allerdings eine Anzahl von Briefaufträgen, die etwa gleich alt wie BM 54225 (Nr. 14) sind und die Lieferung von Rohr betreffen.[215] Da solche Briefaufträge typischerweise an *gugallu*s, Generalpächter und ähnliche Personen, also im wesentlichen Abgabenpächter verschiedener Art, gerichtet sind, könnte man vermuten, daß die Adressaten dieser Briefaufträge, Nabû-reʾûšunu und Šamaš-iqīša, ein ähnliches Verhältnis mit dem Tempel gehabt haben wie Itti-māki-ilānu, also weitere 'Rohrzehntpächter' oder dergleichen waren.[216]

7.2. Der Zehnt von Tempelhirten

Zwei frühe Texte bezeugen einen «Zehnten der Hirten des Šamaš»: *Nbk.* 220 und BM 77507. *Nbk.* 220 (19.9.30 Nbk) betrifft Gerste, insgesamt 44;0.4, die von einem gewissen Nergal-uballiṭ[217] «vom Zehnten in Āl-Šamaš» gezahlt wird; die Gerste wird für die Versorgung von Bogendienst leistenden Hirten, Tempelbauern und Gärtnern und für andere Zwecke verwendet. Ein Zusatz am Ende des Textes besagt, daß die Gerste «der Zehnt der Hirten» sei.[218]

Der zweite Beleg kommt aus einem problematischen Text, der einer eigenen Studie bedarf, die wir hier nicht vorweg nehmen wollen: BM 77507. Die Vorderseite dieser großen Tafel ist bis auf die ersten Zeilen leidlich erhalten, die Rückseite ist aber weitgehend verloren. Die Vorderseite und, soweit erhalten, auch die Rückseite sind durch Striche in zwei bis vier Zeilen lange Abschnitte geteilt, die folgende Struktur haben: «(*ultu*) ON ... *adī* ON *ina pān* PN». Auf der Rückseite ist auch von Datteln, Gerste und «Arbeit», *dullu*, die Rede. Der Text könnte eine Liste von Zehntposten sein, sicher ist dies jedoch nicht, da den einzelnen Gebieten keine Naturalienmengen zuge-

---

214 Allenfalls könnte man erwägen, ihn mit dem Schiffer (*malāhu*) desselben Namens (Belege in CT 56, 346. 375. 784 und MacGinnis, *Letter Orders*, No. 135 (!; Hinweis M. Weszeli)) zu verbinden, da dieser infolge seines Berufs sicher viel am Hafen zu tun hatte. Beweisbar ist das nicht.

215 MacGinnis, *Letter Orders*, Nr. 140. 141. 143

216 Es ist aber sicher Zufall, daß es einen Itti-māki-ilānu gibt, der 3 Kyr gemeinsam mit einem Šamaš-iqīša einen Garten in Tīl-qaqulli bewirtschaftet, wo auch ein Nabû-reʾûšunu als Gärtner tätig ist (CT 57, 2: 15 bzw. 4).

217 Er ist nicht mit Sicherheit zu identifizieren.

218 še.bar *eš-ru-ú šá* ^{lú}sipa^{meš}. Gegen Dandamaev, *Tempelzehnt*, 84 betrifft der Text nicht einen Zehnten von Militärsiedlern.

ordnet werden, wie das in Zehntlisten üblich ist. Das Datum auf der Rückseite ist bis auf «iti.gu$_4$ ud.20.[kam» verloren. Der einzige prosopographische Hinweis, der eine Datierung ermöglichen könnte, findet sich in dem uns hier interessierenden Abschnitt (Vs. 5'ff.):

«Von Zannu und Huṣṣētu [... bis zum] Bewässerungsbezirk HA.TA, vom Bewässerungsbezirk Kurrahaʾin, dem Bewässerungsbezirk Abiri-[... bis ON] und Labbannat: ‘vor’ Kūnāja, Šāpik-zēri und Nabû-[...]; Zehnt der Hirten von Āl-Šamaš ‘vor’ Balāssu, dem *rab* [*būli*]».[219]

Wenn der Titel tatsächlich zu *rab būli* zu ergänzen ist, dann stammt der Text ungefähr aus der zweiten Hälfte der Regierungszeit Nabopolassars.[220]

Genaueres über den Zehnten der Hirten ist aus diesen beiden Texten jedenfalls nicht zu erfahren.

7.3. Der Zehnt von Mitgliedern der königlichen Familie

Es ist schon lange bekannt, daß die Tempel in der neubabylonischen Zeit vom König und seiner Familie Zuwendungen unter dem Titel *eśrû* erhielten.[221] Die Belege aus Sippar sind die folgenden:

König: •) Nabonid: 6 *m.* Gold (*Nbn.* 2, 26.3.a Nbn); 8 1/3 *m.* Silber (*Nbn.* 119, 21.9.3 Nbn); 6 *m.* Silber (MacGinnis, ZA 84, 219 Nr. 5 BM 61005[222]; 1.1.4 Nbn)

Vgl. auch die Erwähnung eines Zehnten des Bīt-šar-Bābili in BM 65844 (Nr. 11, 13 Nbn) und eines Bīt-Nabû-naʾid in BM 75240 (Nr. 3, a Nbn).

Königssohn: •) Marduk-šumu-uṣur: [Schafe] (*Nbk.* 372, 7.12.40 Nbk); 22 2/3? *š.* [Silber] (BM 84069 (Nr. 15), 29.10?.41 Nbk); 25 *š.* Silber

---

219 ta ^{uru}*za-an-nu u*? (oder Rasur) ^{uru}*hu-uṣ-ṣe-e-t*[*i* x x x x], ^{garim}HA TA ta ^{garim}*kur-ra-ha-in* ^{garim}*a-bi-ri-*⸢*x*⸣ [x x x x], *u* ^{uru}*la-ab-ban-at ina* igi ^{I}*ku-na-a* ^{I}dub-numun *u* ^{Id}ag-[x x x x], *eš-ru-ú šá* ^{lú}sipa^{meš} *šá* uru ^{d}utu *ina* igi ^{I}tin-*su* ^{lú}ga[l *bu-ú-li* (?)]. Diese Stelle ist die einzige im erhaltenen Text, in der von *eśrû* die Rede ist, und stellt keinen zwingenden Grund dar, den ganzen Text für eine Zehntliste zu halten, da die Hirten sonst in einem solchen Kontext nicht vorkommen. Auf Grund der Unsicherheit bei der Interpretation von BM 77507 haben wir in Anhang 1 zu den Ortsnamen, die im Zusammenhang mit dem Zehnten genannt werden, aus diesem Text nur jene Abschnitte herangezogen, in denen wenigstens ein Ortsname genannt wird, der auch sonst im Zusammenhang mit dem Zehnten belegt ist. Nebenbei sei bemerkt, daß die Ortschaften im eben zitierten Abschnitt wahrscheinlich beim Tigris zu suchen sind, wenn sie alle in der Nähe von Labbannat liegen. Für diesen Ort s. Parpola, AOAT 5/2, 33 zu 8.

220 S. Bongenaar, *Ebabbar*, 129 für die Belege für den *rab būli* Balāssu.

221 S. z. B. Salonen, *StOr* 43/4, 40ff.; Giovinazzo, *Le tribut*, 104f.

222 Neben dem Zehnten des Königs wird «Silber des Bürgermeisters» (***kaspu ša hazanni***) erwähnt. Man beachte, daß MacGinnis sowohl in der Kopie als auch in der Umschrift die letzten Zeilen auf der Rückseite der Tafel, die das Datum enthalten, vergessen hat.

(*Nbk.* 393, 14.2.42 Nbk)[223]; •) Belšazar: 42;2.3 Datteln (BM 50215; Datum verloren); x *m.* Silber (CT 56, 348, 8.1.0 Nbn)[224]

Vgl. auch die Zehntzahlung durch den *rab bīti* des *mār šarri* (CT 56, 336, s. u.) und die mehrfache Erwähnung des *bīt mār šarri* in Zehntlisten (s. Anhang 1 zu den Ortsnamen) und von zehntzahlenden Angehörigen des *bīt redûti* (BM 75502 (Nr. 2). BM 74428 (6 Näpfe als Zehnt eines PN *ša bīt redûti*).

Königstochter: •) Ina-Esangila-remât: eine Silberschale mit dem Gewicht von 27 *š.* (*Nbn.* 1043, 5.5.17 Nbn)[225]

Wie die obenstehende Übersicht zeigt, gibt es keinen Hinweis darauf, daß diese Zahlungen in regelmäßigen Abständen erfolgten.[226] Es ist daher naheliegend – genau wie bei königlichen Opfern oder Geschenken, die als *erbu* («Einnahme») vom König verbucht werden[227] – nach dem Anlaß für solche königliche Gaben an den Tempel und ihrer politischen Bedeutung zu fragen. In Einzelfällen sind Hypothesen möglich. Beaulieu hat darauf hingewiesen, daß die 6 *m.* Gold, die Nabonid am Anfang seiner Regierung dem Ebabbar zukommen ließ (*Nbn.* 2), als eine Art 'Einstandsgeschenk' gedacht gewesen sein könnten, um den Tempel und die Stadt günstig zu stimmen.[228] In ähnlicher Weise könnte man die Gaben von Marduk-šumu-uṣur, einem Sohn Nebukadnezars, gegen Ende der Regierungs- und Lebenszeit seines Vaters als Versuch werten, das Wohlwollen von Tempel und Stadt in Hinblick auf einen erwarteten Regierungswechsel zu gewinnen.[229] Auffällig ist das Datum von BM 61005: Müssen wir uns die 6 *m.* Silber als eine Art königliches Neujahrsgeschenk vorstellen? Der Text impliziert jedenfalls nicht die physische Anwesenheit des Königs in Sippar und ist daher für die Diskussion um die Chronologie von Nabonids Aufenthalt in Arabien nicht direkt von

---

223 Der Zehnt wird in allen drei Fällen durch Mittelsmänner gezahlt.

224 Hier nur als *mār šarri*.

225 Gegen MacGinnis, ZA 84, 200 ist *qa-bu-tú* von *qabūtu* «Schale» und nicht von *qabuttu* «Herde, Hürde» abzuleiten; s. einfach CAD Q s. v. qabūtu.

226 Gegen Dandamaev, *Iranians*, 19; Dandamaev und Lukonin, *Culture* ..., 362 («annual tithes»). Auch aus den wenigen Belege aus Uruk ist kein wie immer geartetes System ersichtlich: GCCI 1, 322 (1 *m.* Silberzehnt von Belšazar; 29.6.5 Nbn); YOS 6, 233 (ein Viehzehnt des *mār šarri* vom zwölften Jahr wird erwähnt; 27.4.13 Nbn); vgl. GCCI 2, 159: ein Silberzehnt des Neriglissar wird erwähnt, 10.5.41 (Nbk).

227 Dafür vgl. MacGinnis, ZA 84, 202f. mit Literaturangaben.

228 *Nabonidus*, 115.

229 Falls dieses zutrifft, hat dieser Versuch Marduk-šumu-uṣur nicht viel genützt – Nachfolger seines Vaters wurde sein Bruder Lâbâši-Marduk. Für die Kinder Nebukadnezars s. Wiseman, *Nebuchadrezzar*, 9ff.

Belang.[230] Falls Nabonid wirklich seit seinem dritten Regierungsjahr in Teima war, wäre der Zehnt einfach in seinem Namen gezahlt worden, genau wie die «Opfer des Königs» auch während seiner Abwesenheit weiter dargebracht wurden.[231] Nur wenn das Zahlen eines Zehnten ein ausschließlich königliches Prärogativ gewesen wäre, könnte man auf diesem Text ein Argument aufbauen; dies ist aber nicht der Fall, wie die Belege für den Zehnten von Nebukadnezars Sohn Marduk-šumu-uṣur zeigen. Daher muß auch der von Belšazar gezahlte Zehnt nicht notwendigerweise in den Kontext seiner Regentschaft gehören.[232]

7.4. Der Zehnt von Beamten

Nicht nur vom König und seiner Familie, sondern auch von verschiedenen königlichen Beamten sind Zehntzahlungen an das Ebabbar belegt:[233]

hazannu: •) (ohne Namen): Silber (MacGinnis, ZA 84, 219 Nr. 5 BM 61005; 1.1.4 Nbn)[234]

kaškadinnu: •) Arad-Bānītu/Nabû-bān-ahi: Esel (CT 55, 745, 21.12.6 Dar)[235]

mašennu: •) Balāṭu: 2 *m.* 56 *š.* Silber (BM 75567, 22.1.25 Dar)

(*bēl*) *pīhātu*(/*i*): •) ?-ittannu: ? (CT 56, 623; vor 11 Nbn); •) ?-uṣur/ahi: Silber (BM 84122, 24.3.0 Ami); •) Šamaš-ahu-iddin: 1;0 Gerste, 0;1.2.3 Sesam (BM 66016, 8.3.3 Nbn); 4;4.5.3 Sesam (*Nbn.* 362, 15.8.9 Nbn); Sesam (BM 70977, 3.0.9 Nbn, ohne Titel); 4;0 Sesam (*Nbn.* 596, 22.2.12; ohne Titel?); 0;1.5.3 Sesam (Rēmūtu, *šināwû* des Šamaš-ahu-iddin; *Nbn.* 640, 27.8.12 Nbn); 2;2.3 G[erste]$^{?}$ (CT 56, 315; 10.15 [Nbn]); 0;4.2 Gerste (*Nbn.* 985, 23.6.16 Nbn)[236]

---

230 S. Beaulieu, *Nabonidus*, 149ff. (3-13 Nbn); Bongenaar, NABU 1993/41. Bongenaar zeigt, daß Belšazars Regentschaft etwa eineinhalb Jahre länger dauerte als von Beaulieu angenommen. Bleibt man bei 3 Nbn als ihrem Beginn, ergibt sich ein Widerspruch, da Nabonid selbst von zehn Jahren spricht, die er außerhalb von Babylonien zugebracht hat.

231 Beaulieu, *Nabonidus*, 188f.

232 Die Frage ist jedoch hinsichtlich der Chronologie irrelevant, da die Texte nicht genau zu datieren sind.

233 Vgl. auch den Zehnten von einem *šukkallu* in VS 3, 212 (Nappāhu-Archiv). Gegen MacGinnis, ZA 84, 201^{+17} beinhaltet *Cyr.* 364 keineswegs eine Zehntzahlung an den Tempel durch einen Schreiber des Haushalts des Kronprinzen; s. unten Anm. 258.

234 «Silber des Bürgermeisters» (*kaspu ša hazanni*) neben «6 Minen Silber, Zehnt des Königs». Für den Bürgermeister von Sippar s. Bongenaar, *Ebabbar*, 6[12].

235 Es ist unsicher, ob der *kaškadinnu* tatsächlich ein königlicher Beamter ist (s. CAD K, 43a.).

236 Ohne Namen; der Text bezieht sich aber sicher auf Šamaš-ahu-iddin.

pīhāt Gubbal: •) Rikis-kalāmu-Bēl: Silber, 1$^{?}$ *m.* 50 *š.* Purpur, 1 *m.* 24 *š.* Purpurwolle, 2 Weingefäße, 1 Zedern-Stamm (?, *ki-si-nu*) (CT 55, 435, 23.6.0 Dar)[237]

rab bārî: •) Aplāja: x Kor Gerste, 2 Kor Datteln (*Nbk.* 234, 22.2.31 (Nbk))

rab bīti ša [mār] šarri:[238] •) ?-nia ([Bā]nia?): 1;2.3 <?> (CT 56, 336; kein Datum)

rab nikkassi: •) Bēl-ēreš: 10;2.3 Gerste (*Nbk.* 98, 16.4.13 Nbk)

rab nukuribbī ša šarri: •) Nabû-dūr-īnīa: eine Kuh (BM 74401, 17.11.6 Nbn)

rab mê ša šarri: •) Kî-Bēl: 50 *š.* Silber (?) (BM 77842, 17.1.7 Nbn); ein dreijähriges Rind (BM 63953, 19.7.13 Nbn)[239]

sepīru ša ummi: Šumu-ukīn: 25 *š.* Silber (CT 57, 41, 14.3.8 Nbn)[240]

šakin māti: •) (ohne Namen): x *m.* Silber (CT 56, 312, 12.2.43 [Nbk])

šangû Sippar: •) Mušēzib-Marduk: 5/6 *m.* ? an Šarrat Sippar (*Nbn.* 97, 8.2.3 Nbn); 1 Schaf (CT 55, 610; 10.3 Nbn)

ša rēš šarri: •) Madān-šarru-uṣur/Nabû-šukun-rēmu[241]: 15 *m.* rotes Färbemittel (*inzahurētu*) (CT 55, 349, 2.6$^{?}$.7$^{?}$ Nbn); •) Nabû-šarru-uṣur: 1 Esel/Pf[erd] (*Nbk.* 394, 19.2.42 Nbk); •) Šamaš-šarru-bulliṭ: 0;0.3 weißer Sesam (BM 60810, 10+.2.4 Nbn); •) Šamaš-šarru-uṣur[242]: 1 dreijähriges Rind (*Nbn.* 1071, 2.0 Nbn; ohne Titel); Gerste (BM 60326, 23.4.0 Nbn; ohne Titel); x+2 Kor Gerste (BM 64808; Nbn; ohne Titel); 4;0 Gerste (*Cyr.* 350, 23.4.0 Kyr)

šatammu: •) (ohne Namen): 4;0 Datteln (BM 63066, 25.8.0 Nbk); 51 *š.* [Silber] (BM 84018; 10+$^{?}$.12.40 (Nbk))

? *ša* ^{uru}*Piqūdu*: •) Marduk-?: 1 zweijähriges opfertaugliches Rind (CT 57, 146, 16.4.12 Dar).

Vgl. weiters die Belege für Zehntzahlungen von den Ländereien (*bīt* ...) des *mukīl appāti*, des *rab mun/ggi* und des *rab qannāte* und von einer Ansied-

---

237 S. Dandamaev, *Festschrift Lipiński*, 29-31.

238 Für den Titel cf. *Nbn.* 581, VS 5, 60. 129.

239 S. Bongenaar, *Ebabbar*, 137.

240 Für *ummu* im Titel *rab ummi* s. Stolper, *Entrepreneurs*, 44[30]. 76; Bongenaar, *Ebabbar*, 139, OECT 10, 197: 4; Sachs – Hunger, *Astronomical Diaries* I, p. 130 No. -366: 9. Wichtig ist BM 64707, ein Text, der von John MacGinnis in WZKM 88 publiziert werden wird; er zeigt Abgesandte (?) eines *rab ummi* im Zusammenhang mit der Ausrüstung von Tempelpersonal für den Militärdienst (*rikis qabli*), womit der *rab ummi* in den militärischen Bereich gerückt wird.

241 Vgl. für ihn Bongenaar, *Ebabbar*, 110.

242 Für ihn s. Bongenaar, *Ebabbar*, 111f.: 9 Nbn - 4 Kam. Er ist auch als *rab ṣibti* der Ortschaft Ruṣāpu belegt.

lung Ālu-ša-bēl-[pīhāti] (?) (unten Anhang 1 unter den jeweiligen Stichwörtern.

Es sind also nur Provinzgouverneure ((*bēl*) *pīhātu*(/*i*) und Höflinge (*ša rēš šarri*) häufiger belegt. Höflinge gab es sicher sehr viele, und sie werden zu vielfältigen Anlässen in Sippar tätig gewesen sein;[243] daher ist die relativ hohe Anzahl von Belegen für Zehntzahlungen von ihnen nicht überraschend und muß nicht bedeuten, daß (manche) Höflinge zu einer regelmäßigen Abgabeleistung verpflichtet waren. Nur im Fall der Provinzgouverneure zur Zeit Nabonids kann man vielleicht annehmen, daß sie regelmäßig einen Zehnten an das Ebabbar abzuliefern hatten.[244] Diese Gouverneure erhielten ihrerseits einen kleinen Teil der landwirtschaftlichen Einnahmen des Ebabbar;[245] daher mag die Entrichtung eines Zehnten zumindest formal eine gewisse Reziprozität in ihrer Beziehung zum Tempel hergestellt haben. Bei den anderen Beamten wird man die Zehntzahlungen ähnlich wie diejenigen von den Mitgliedern der königlichen Familie wohl am besten als (obligatorische?) 'Geschenke' z. B. anläßlich eines Besuchs in Sippar ansehen. Für weitere Überlegungen s. unten Abschnitt 9.

7.5. Zehntzahlungen von 'Privatpersonen'

Hier sind die zahlreichen Fälle einzuordnen, in denen die Zehntzahlenden weder durch einen angegebenen Titel noch durch prosopographische Vergleiche mit anderen Texten weiter identifiziert werden können. Da auch das Format – vor allem handelt es sich um einfache Quittungen – nicht weiterhilft, müssen die Hintergründe der Transaktionen im Dunkeln bleiben. Wir geben in Anhang 2 eine Liste der betroffenen Personen, da es in Zukunft vielleicht möglich sein wird, Genaueres über die eine oder andere von ihnen festzustellen.

7.6. Kein Zehnt von Tempelhandwerkern

Entgegen entsprechenden Aussagen von Dandamaev (*Tempelzehnt*, 84) und Salonen (*StOr* 43/4, 44f.) existiert kein sicherer Beleg für die Zahlung eines Zehnten durch Handwerker. Dandamaev nennt als Belege vier Texte: *Nbk.* 278, *Cyr.* 204, *Camb.* 327 und CT 22, 9. *Nbk.* 278 betrifft die Lieferung von

---

243 S. die Übersicht bei Bongenaar, *Ebabbar*, 99ff.

244 Das betrifft natürlich nur die für Sippar zuständigen Provinzgouverneure, nicht Gouverneure anderer Gebiete, die nur kurze Zeit in Sippar waren und bei dieser Gelegenheit dem Tempel eine Abgabe entrichteten (bzw. ein Geschenk machten): Neben dem Gouverneur von Byblos ist dies auch für den Gouverneur von Arpad belegt, der 19 Nbk dem Ebabbar Vieh als *erbu*-Geschenk zukommen ließ (Joannès, NABU 1994/20).

245 Jursa, *AfO Beih.* 25, 138ff.

Wollprodukten durch Tempelweber; ein Zehnt wird nicht erwähnt.[246] In *Cyr.* 204 wird zwar tatsächlich ein Töpfer genannt, der eine Teilpachtabgabe einschließlich des Zehnten zu zahlen hat; er tut dies freilich in seiner Eigenschaft als Feldpächter; der Zehnt hat nichts mit seiner handwerklichen Tätigkeit zu tun. Für *Camb.* 327 s. oben vor Anm. 137; hier *erhält* der Handwerker, ein Schmied, Naturalien vom Zehnten.[247] In CT 22, 9 schließlich, einem Brief aus dem Iddin-Marduk-Archiv, kommt kein Zehnt vor.

Zu den von Salonen angeführten Texten: In beiden Fällen (*Camb.* 352, sein «Kamb. 4», und *Dar.* 148, sein «Dar. 7») werden Naturalien, die *vom* Zehnten stammen, *an* Handwerker, nämlich Brauer bzw. Bäcker, ausgegeben.

Mit *Nbk.* 153 (21.7.25 Nbk) liegt eine beschädigte Quittung über die Zahlung von 3;0 Gerstezehnt wahrscheinlich durch Balāṭu/Zikaru vor. Dieser Mann ist sowohl als Pfründenbäcker und -brauer als auch als Schreiber belegt;[248] es ist aber nicht klar, in welcher Funktion er in *Nbk.* 153 erscheint – wenn die Zehntzahlung nicht überhaupt Ergebnis 'privater' Aktivitäten von Balāṭu ist. Daher kann dieser Text nicht als Beleg für die Zahlung eines Zehnten durch einen Tempelhandwerker herangezogen werden.

Schließlich könnte man hier noch *Nbn.* 118 (11.8.3 Nbn) nennen: Der wesentliche Teil des Textes lautet nach Strassmaiers Kopie: $^{1}/_{2}$ ma.na 6 gín k[ù.babbar *dul-lu*], *gam*$^{!}$*-ru* ki.lá *eš-*⌜*ru-ú*⌝, *šá ta-ri-ka*$^{!}$*-a-tú*$^{!}$, *ina* (Text: $^{1}/_{2}$) *ha-a-ṭu šá ina* igi-*šú* <<x>>, ^{I}ìr-^{d}*gu-la* ^{lú}simug, *it-ta-din*. Also Zehnt von einem Schmied (der bekanntermaßen zum Tempelhaushalt gehört)?[249] Strassmaiers Kopie kann jedoch so nicht stimmen; das Formular dieser Texte verlangt nach ki.lá «Gewicht» die Angabe der hergestellten Produkte, im vorliegenden Fall Teile der *tarīkātu*-Gegenstände.[250] Zeile 2 muß daher folgendermaßen gelesen werden: ... ki.lá 30 ⌜x x⌝ «... das Gewicht von 30 ... (von *tarīkātu*-Gegenständen)».[251]

Die Tempelarchive sprechen fast ausschließlich von den Handwerkern, die zum Tempelhaushalt gehören; daher kann man nur von dieser Personengrup-

---

246 Dandamaev wollte offenbar in Zeile 2 *eš-ru-ú* lesen; dort steht aber nach freundlicher Kollation von Heather Baker: (... Wolle), ⌜x x⌝ 20* (nicht 30/*eš*) ⌜*ru* x x⌝.

247 Sūqāja, der in diesem Text den Zehnten zahlt, könnte ein Ölpresser sein, der zum Tempelhaushalt gehört; da dies aber nicht völlig sicher ist und der Beleg singulär wäre, sollte man hierauf keine Theorie aufbauen.

248 Bongenaar, *Ebabbar*, 515.

249 Für den Eisenschmied Arad-Gula s. Bongenaar, *Ebabbar*, 370f.

250 S. Bongenaar, *Ebabbar*, 357ff.

251 Auf dem Original sind die Zeichenspuren nach 30 Heather Baker zufolge «not sufficient to prove Strassmaier's reading».

pe mit großer Sicherheit sagen, daß sie keinen Zehnten zu zahlen hatte. Man kann nicht ausschließen, daß einmal Belege für Zehntzahlungen von Handwerkern, die vom Tempel unabhängig sind, auftauchen werden. Derzeit wissen wir über diese Handwerker fast nichts.

7.7. Kein Zehnt *an* den König

Die Zahlung eines Naturalienzehnten an das *bīt makkūr nidinti šarri* (*Nbn.* 521) bzw. an das *šutum šarri* (*Nbn.* 899) hat Giovinazzo[252] und Salonen[253] dazu veranlaßt, von einem Königszehnten zu sprechen. Giovinazzo zieht zusätzlich noch *Nbn.* 318 heran, worin es heißt, daß Gerste vom Zehnten aus dem *bīt makkūr nidinti šarri* an den 'Gefängnisaufseher' (*rab bīt kīli*) ausgezahlt worden sei.[254] Die Belege für diese sogenannten 'königlichen' Speicher zeigen jedoch, daß diese Speicher nicht anders als die restlichen Tempelspeicher in den Naturalienkreislauf eingebunden waren; es gibt keinen sicheren Hinweis darauf, daß durch diese Speicher Zahlungen an die königliche Verwaltung geflossen wären.[255] Daher reichen die genannten drei Texte nicht aus, die Existenz eines Zehnten, der vom Tempel an den König zu zahlen wäre, zu postulieren.[256] Dies schließt *nota bene* nicht generell die Existenz eines von der achämenidischen Verwaltung auf (manche) Felderträge oder als Karawanenzoll eingehobenen Zehnten aus, wie er in der *Ökonomie* des Pseudo-Aristoteles erwähnt wird.[257] Mit einiger Sicherheit kann nur gesagt werden, daß mindestens das Ebabbar *nicht* einer solchen Besteuerung unterlag.

Schließlich sei darauf hingewiesen, daß man bei dem wahrscheinlich wichtigsten Beleg für eine Zahlung des Ebabbar an die königliche Verwaltung, *Cyr.* 364,[258] sehen kann, daß die Gerste nicht nur von den Tempel-

---

252 *Le tribut*, 104f.

253 *StOr* 43/4, 39.

254 Alle drei Texte sind aus dem Ebabbar-Archiv.

255 Jursa, *AfO Beih.* 25, 93.

256 Ablehnend auch Dandamaev, *Tempelzehnt*, 88 zu *Nbn.* 899. MacGinnis, ZA 84, 213f. verweist für seine Behauptung, das Eanna zahle unter den Achämeniden einen Zehnten an die Krone, auf Dandamaev, *Iranians in Achaemenid Babylonia*, 20 (gemeint ist 19f.). Von einem Zehnten, der von Tempeln an den König gezahlt worden wäre, ist dort aber nicht die Rede.

257 Die entsprechenden Stellen werden bei Briant, *Histoire*, 397 und 405 diskutiert. Das im Murašû-Archiv erwähnte *bīt ešrî* wird ein dem König zehntpflichtiges Grundstück sein (s. Anm. 45).

258 Für *Cyr.* 364 vgl. Jursa, *AfO Beih.* 25, 97[+199]. Der Schreiber des Haushalts des Kronprinzen ist wahrscheinlich mit der Verbuchung eines Teilpostens befaßt (er zahlt hier

ländereien, sondern auch von den Zehnteinnahmen *des Tempels* aufgebracht wurde.[259]

---

nichts; gegen MacGinnis, ZA 84, 201[+17]). Der eigentliche Empfänger ist ein Nusku-šarru-uṣur, aller Wahrscheinlichkeit nach ebenfalls ein königlicher Beamter.

259 Rs. 4'f.. [x x x x] 3 *qa eš-ru-ú šá* [Id]nusku-lugal-ùru, [x x x] *iš-šu-ú* «[x+] 3 *qa* Gerste, Zehnt, den Nusku-šarru-uṣur [...] fortgeführt hat».

8. Der Tempelzehnt in hellenistischer Zeit

8.1. Die Quellen

Nach dem Dossier aus dem Ebabbar-Archiv sind die einschlägigen Texte aus Babylon, die aus hellenistischer Zeit stammen, die zahlenmäßig größte erhaltene Textgruppe zum Zehnten. Es handelt sich um rund zwei Dutzend Verwaltungstexte und Rechtsurkunden aus dem sogenannten Esangila-Archiv[260] und möglicherweise Privatarchiven, die aber in sehr engem Zusammenhang mit dem Tempelarchiv stehen. Auch aus Borsippa ist eine kleine Anzahl von ähnlichen Texten bekannt. Zeitlich erstrecken sich die Belege von den Anfängen der hellenistischen Periode – einige spätachämenidische Texte aus der Regierungszeit eines Artaxerxes (des Dritten?) gehören ebenfalls hierher – bis mindestens 59 SÄ. (Der Zehnt ist demzufolge nicht, wie McEwan aufgrund des ihm vorliegenden Materials angenommen hat, früh in der hellenistischen Zeit abgeschafft worden.[261]) Inhaltlich unterscheiden sich die Quellen stark von den älteren neubabylonischen; es ist daher notwendig, sie zunächst gesondert zu untersuchen und dann erst Ähnlichkeiten und Unterschiede im Vergleich mit dem älteren Material herauszuarbeiten.

An erster Stelle muß der sogenannte «Lehmann-Text»[262] genannt werden, in dem von Land am Euphrat in der Umgebung von Babylon und Borsippa die Rede ist, das Laodike, die Frau von Antiochos II., und dessen Söhne Seleukos (II.) und Antiochos (Hierax) «den Babyloniern, Borsippäern und Kuthäern» geschenkt haben. Es wird festgehalten, daß «ein Zehnter von der Ernte dieser Felder dem/den [...] von Esangila, Ezida und Emeslam» zu zahlen sei.[263] Die Identität der Begünstigten ist nicht mit Sicherheit genauer

---

260 Eine nicht völlig befriedigende Bezeichnung; s. Jursa, *Iraq* 59, 129. Für zahlreiche neu identifizierte Texte s. Zadok, *AfO* 44/45 (im Druck).

261 McEwans Behandlung des Zehnten in hellenistischer Zeit findet sich in FAOS 4, 124f. S. zuletzt Del Monte, *Studi Ellenistici* 9, 14[41].

262 Eine jetzt im Metropolitan Museum in New York befindliche Urkunde (MMA 86.11.299), die zuerst von Lehmann in ZA 7, 330ff. Anm. 2 in (nicht völlig befriedigender) Umschrift und Übersetzung veröffentlicht worden ist. Einen signifikanten Fortschritt brachte die Bearbeitung von van der Spek, *Grondbezit*, 241ff. Nr. 11. Van der Spek konnte sich auf Kollationen Oelsners stützen, die erst ergeben haben, daß hier auch von einem Zehnten die Rede ist. Die neueste Diskussion des Textes findet sich bei van der Spek, *Gedenkschrift de Neeve*, 66[2] mit Teilübersetzungen *ib.* 69 und 76. Bisher sind weder eine Kopie noch ein Photo veröffentlicht.

263 «Laodice, his [*scil.* Antiochos' II.] wife, Seleucus [II.] and Antiochus [Hierax], his sons, to the Babylonians, Borsippaeans and Cuthaeans gave it [*scil.* das gegenständliche Land] and they wrote that a tithe of the harvests from these fields definitively *they would give to the ... of Esagila, Ezida and Emeslam*»; van der Spek, *Gedenkschrift de Neeve*, 69. Für die (schon im Original kursiv gesetzte) beschädigte Passage am Ende ist keine Umschrift verfügbar (vgl. van der Spek, *Grondbezit*, 242: 10), van der Spek

feststellbar, es ist aber vermutet worden, daß mit den «Babyloniern, Borsippäern und Kuthäern» Angehörige der Haushalte der drei genannten Tempel, der Haupttempel von Babylon, Borsippa und Kutha, gemeint sind.[264] Das Land ist in der Urkunde Gegenstand weiterer Verhandlungen, die uns hier nicht interessieren müssen; im vorliegenden Zusammenhang soll nur festgehalten werden, daß dies die einzige sichere Bezeugung eines Tempelzehnten im landwirtschaftlichen Bereich aus dieser Zeit ist.[265]

Abgesehen von dieser singulären Urkunde lassen sich die Belege in zwei Gruppen trennen: Zehntquittungen und Verträge zwischen Privatpersonen über Silber und Naturalien, die als Zehnt bezeichnet werden.[266]

Als Beispiel für die neun[267] erhaltenen Quittungen über Zehntzahlungen – meistens Silber, seltener Vieh –, die von Einzelpersonen an den Tempel geleistet werden,[268] eine Übersetzung von CT 49, 6:

«Eine Mine Silber, Zehnt des Baruqa, des Sklaven des Nabarzanu, ist für die Entfernung des Schutts des Esangila (*ana da-ku-ú šá* sahar.hi.a *šá* é.sag.íl)[269] zur Erhaltung seines (Baruqas) Lebens (*a-na* tin zi*[ti]-šú*) Bēl (und) Bēltia gegeben worden. (Datum)».

Nicht alle dieser Quittungen geben die Bestimmung des Zehnten an, alle aber sagen, daß die Zahlung *ana bulluṭ* (oder *balāṭ*) *napšātīšu* «zur Erhaltung seines [*scil.* des Zahlenden] Lebens» getätigt worden sei. Durch diese Wendung werden die Transaktionen formal in die Nähe von Schenkungen gerückt.[270]

---

hat die entsprechenden Lesungen aber offenbar schon 1986 erwogen: *Grondbezit*, 247 oben zu 10.

264 Van der Spek, *Gedenkschrift de Neeve*, 74f.

265 Mit der möglichen Ausnahme von CT 49, 115; dazu s. unten.

266 *Nicht* hierher gehört Stolper, AION *Suppl.* 77, No. A2-3: Der 'Zehnt', der in diesem Text genannt wird, gebührt den bei der Ernteeinbringung tätigen Vermessern und ist eine Remuneration für ihre Tätigkeit.

267 Wenn der beschädigte Text Stolper, AION *Suppl.* 77, No. A2-5 ebenfalls hierhergehört, zehn.

268 Die Texte sind bei Stolper, AION *Suppl.* 77, p. 70 zusammengestellt. Dazu kommt noch Jursa, *Iraq* 59, Nr. 51.

269 Die aramäische Beischrift lautet *zy mnsb* ⌜*ʿpr* <<x>>?⌝, *z?y sngl* «(Text) betreffend die Entfernung von Schutt/Erdmassen des (E)sangila». S. die bei Fitzmyer und Kaufman, *Bibliography*, 44 zu BMDoc 23 gebuchte Literatur.

270 S. die Belege in CAD B, 48b f. s. v. *balāṭu.* In BM 132290, einem beschädigten Vertrag aus dem Esangila-Archiv, wird über Silber verhandelt, das zum Teil Zehnt eines «Schatzmeisters», [lú]*ganzabarru*, ist (Silber ... 10-*ú šá* [PN], [lú]*gan-za-bar-ri šá ina* [uru]A-⌜x⌝ [...]). Es ist aus der Fortsetzung nicht ersichtlich, was mit dem Silber geschieht; jedenfalls erscheint es wahrscheinlicher, hier einen Hinweis auf eine Zehntzahlung des «Schatzmeisters» zu sehen als «... silver ..., tithe due to PN, the treasurer» (Stolper, AION *Suppl.* 77, p. 85).

Die Rechtsurkunden sind entweder Depositumverträge oder Verpflichtungsscheine über Silber oder Naturalien.[271] Die Depositumverträge beinhalten die Übergabe von Zehntsilber durch eine Person an eine zweite als «Depositum» (*paqdu*), die wesentliche Klausel lautet «... Silber ... Zehnt (...), von PN_1 ... (als) Depositum zur Verfügung von PN_2» (... *kaspu* ... *ušrû* (...) *ša* PN_1 ... *paqdu ina pān* PN_2; mit Varianten); bei den Verpflichtungsscheinen, die zum Teil aus Depositumverträgen abgeleitete Schuldverhältnisse behandeln, heißt es wie erwartet: (Schuldgegenstand) *ušrû* (...) *ša* PN_1 ... *ina muhhi* PN_2 (mit Varianten)[272]. Der Schuldgegenstand kann ausdrücklich als Tempeleigentum (*makkūr Bēl/Nabû*) bezeichnet werden.

Zwei unpublizierte Beispiele, in denen ein gewisser Nabû-balāssu-iqbi der wesentliche Protagonist ist:

BM 59748 (Nr. 16), 28.12a.42 SÄ: «5 Schekel geläutertes Silber, Statere des Alexander, Zehnt, Eigentum Bēls, von Nabû-balāssu-iqbi/Nabû-šumulīšir, zu Lasten von Bēl-iddin/Lâbâši. Ab dem Tašrītu des Jahres 43, Antiochos und Seleukos, Könige, wird monatlich pro Mine 1 Schekel Silber als Zinsen zu seinen Lasten hinzukommen. Ab dem Nisānu des Jahres 43, Antiochos und Seleukos, Könige, hat er (Bēl-iddin) die Rationen und die Gewandzuteilungen des Bēl-iddin, seines Sohnes Bēl-bullissu und seiner Tochter als Pfand für diese 5 Schekel Silber und die Zinsen Nabû-balāssu-iqbi/Nabû-šu[mu-līšir] zur Verfügung gestellt.

Zeugen: Bēlšunu/Tanittu-Bēl, Bēl-uṣuršu/Itti-Marduk-balāṭu, Libluṭ/Bēl-bullissu, Lâbâši/Mušēzib-Marduk, Itti-Marduk-balāṭu/Lâbâši; Bēl-iddin, der Schreiber, Sohn des Lâbâši. Babylon, 28. Schalt-Addāru, Jahr 42[!], Antiochos und Seleukos, Könige.

(Siegelbeischriften)

(linker Rand) Siegel des Bēl-uṣuršu; Siegel des Libluṭ;

(oberer Rand) Siegel des Bēlšunu; Siegel des Lâbâši, des Bruders des Itti-Marduk-balāṭu, <eigen>händig»

---

271 Depositumverträge: JCS 1, 351 = Stolper, AION *Suppl.* 77, No. 3 (Gegenstand des Vertrags: 5 *m.* 34 *š.* Silber); CT 49, 105 = Stolper, AION *Suppl.* 77, No. 6 aufgrund des Verpflichtungsscheins CT 49, 106, wo das in CT 49, 105 behandelte Silber (2 *m.* 38,5 *š.*) als Zehnt bezeichnet wird; Verpflichtungsscheine in Zusammenhang mit Depositumverträgen: CT 49, 106 = Stolper, AION *Suppl.* 77, No. 12; CT 49, 121 = Stolper, AION *Suppl.* 77, No. 14 (1 1/3 m. Silber); Stolper, AION *Suppl.* 77, No. 15 (6 *m.* Silber); CT 49, 112 = Stolper, AION *Suppl.* 77, No. 16 (30 *š.* Silber); CT 49, 34 = Stolper, AION *Suppl.* 77, No. 18 (Silber); BM 54555 (Nr. 17, 1;3.3.4 Gerste). Weitere Verpflichtungsscheine: BM 32956 (15 *š.* Silber); BM 33657 (1 *m.* Silber); BM 59748 (Nr. 16, 5 *š.* Silber); CT 44, 83 (2;0 Gerste); CT 49, 9 (2;0 Datteln, Borsippa); Stolper, AION *Suppl.* 77, No. A2-4 (0;3.2 Datteln, Borsippa). Mit Ausnahme der zwei zuletzt genannten Texte aus Borsippa (der Zehnt ist «Eigentum Nabûs») sind die Urkunden aus Babylon.

272 Einmal mit Einbeziehung eines Agenten des Gläubigers: Datteln ... *ušrû makkūr Nabû šar kiššati ša* PN_1 *ša qāt* PN_2 *ina muhhi* PN_3: Stolper, AION *Suppl.* 77, No. A2-4.

BM 54555 (Nr. 17), 9.0.36 SÄ: «1;3.3.4 weiße, gute Gerste, (Gerste) von seiner *sūtu*-Abgabe (und) 1 *sūtu* Mehl,[273] Zehnt, Eigentum des Bēl, von Nabû-balāssu-iqbi/Nabû-šumu-līšir, zu Lasten des Rahī-Bēl/Mannu-kî-Nabû. Diese 1;3.3.4 Gerste wird er im Monat Ajjāru des Jahres 37, Antiochos und Seleukos, Könige, als Lieferung im Haus des Nabû-balāssu-iqbi mit dem *madib*[?]*nu*-Maß von 18 Handvoll abmessen und zahlen. Falls er im Monat Ajjāru des Jahres 37, Antiochos und Seleukos, Könige, diese 1;3.3.[4] Gerste [nicht zahl]t, werden für die 1;3.3.4 Gerste pro Kor 2 *sūtu* Gerste als Zinsen [monatlich zu seinen Lasten] hinzukommen. Sein Sohn x-bû bürgt für die Bezahlung dieser 1;3.3.4 Gerste. Der eine bürgt für den anderen. Derjenige, der erreichbar ist, wird zahlen. (Das Getreide) kann eingelöst werden, wo immer Nabû-balāssu-iqbi will. Es handelt sich um Gerste, die in einer Urkunde über ein Depositum aufgeschrieben ist. Solange Nabû-balāssu-iqbi über diese Urkunde verfügt, ist (jegliche) Quittung, ob Pergament oder (sonst) eine Urkunde, die gegen diese Urkunde herangezogen wird, ungültig. Wer immer über diese Urkunde verfügt, kann die Gerste von ihnen (also von Rahī-Bēl und seinem Sohn) einheben.

Zeugen: [Marduk-iddin]/Mušēzib-Marduk, Marduk-šāpik-zēri/Bēl-aplu-iddin, Uballissu-Bēl/Bēl-uṣuršu, Bēl-uballiṭ/Bēl-bullissu, Ea-iddin/Bēl-iqīša; Marduk-bēlšunu, der Schreiber, Sohn des Bēl-uṣuršu. Babylon, 9. [MN], Jahr 36, Antiochos und [Seleukos], Könige.

(Siegelbeischriften)

(linker Rand) Siegel des Marduk-iddin;

(oberer Rand) Siegel des Uballissu-Bēl; Siegel des Marduk-šāpik-zēri; Siegel des Ea-bullissu (Fehler für Ea-iddin); <Siegel des> Bēl-uballiṭ;

(rechter Rand) <Siegel des> Rahī-Bēl»

BM 59748 (Nr. 16) ist ein einfacher Verpflichtungsschein mit Zinsklausel und Pfandbestellung, BM 54555 (Nr. 17) ein Verpflichtungsschein, der die Konversion eines durch einen Depositumvertrag begründeten Rechtsverhältnisses in ein gewöhnliches Schuldverhältnis zum Inhalt hat. In den Grundzügen entsprechen diese Urkunden genau den bereits bekannten (s. o. Anm. 271). In unserem Zusammenhang ist die wesentliche Frage, die diese Texte aufwerfen, natürlich die nach den Hintergründen dieser Transaktionen, die in einem 'Dreiecksverhältnis' Gläubiger/Deponent – Schuldner/Depositar – Tempel ablaufen; was kann man hier über die Administration des Tempelzehnten lernen? Stolper hat sich in seiner Behandlung der Depositumverträge und verwandter Urkunden mit diesen Aspekten beschäftigt; seine Ergebnisse sind analog auch auf die Verpflichtungsscheine, die nicht auf

---

273 (Gerste ...) *šá ina* ^{giš}bán-*šú* 1 bán *qé-me*. Oder: «(Gerste ...,) die so beschaffen ist, daß (sich) aus einem *sūtu*-Maß davon ein *sūtu* Mehl (ergibt)». S. den Kommentar zur Stelle unten in Anhang 3.

einen Depositumvertrag zurückgehen, anwendbar: «The deposited items were not tithes that were ultimately owed to the temple by (*ša*) the depositor/creditor, but tithes that were temple assets, controlled by (*ša*) the depositor/creditor. ... They [i. e. the transactions] are investments of temple assets placed by someone to whom the temple had delegated its claims.» (Stolper, AION *Suppl.* 77, 59). Dem ist im Prinzip zuzustimmen. Offen bleibt aber, wie genau diese 'Delegation' der Rechte des Tempels an die Gläubiger/Deponenten erfolgt ist, wer diese Leute eigentlich sind. Man kann sich diesem Problem über einen archivalischen Zugang nähern, indem man das Dossier zu Murānu/Bēl-bullissu, dem Protagonisten in acht von Stolpers 18 Depositumtexten, genauer untersucht.

8.2. Exkurs: Murānu/Bēl-bullissu und sein Sohn

Schon bald nach der Publikation von CT 49 hat Oelsner auf das Dossier hingewiesen, daß die Aktivitäten von Murānu und seinem Sohn[274] Ea-tabtani-bulliṭ betrifft,[275] seither ist diesen Texten als Gruppe aber nur wenig Aufmerksamkeit geschenkt worden.[276]

Murānus voller Name ist M./Bēl-bullissu/Abu-ul-īde.[277] Verschiedentlich werden sowohl er als auch sein Sohn als «Schiffszimmermann», *nagār rukūbi*, bezeichnet.[278] Diese Berufsbezeichnung hat aber mit ihren dokumentierten Aktivitäten nichts zu tun. Sie erscheinen vor allem in zwei distinktiven Funktionen: als Adressaten von Briefaufträgen, in denen sie von den Absendern – hohen Tempelfunktionären – angewiesen werden, Rationen an

274 Murānu hatte nach Ausweis von CT 49, 170 mehrere Söhne, aber nur Ea-tabtani-bulliṭ ist namentlich bekannt.

275 In seiner Rezension von CT 49: ZA 61, 168. Zu den von Oelsner genannten 23 (einschließlich der unsicheren Fälle: 26) Briefen und Urkunden gehören noch CT 49, 114 und vielleicht 182, BM 55437 (Stolper, AION *Suppl.* 77, No. 15) und mindestens die unpublizierten Texte BM 32225, BM 32250, BM 32956, BM 32997 und BM 33657. Die zuletzt genannten Texte sind uns zunächst durch Umschriften von D. Kennedy, die uns H. Hunger freundlicherweise zur Verfügung gestellt hat, bekannt geworden. Die hier gemachten Bemerkungen beruhen aber auf eigenen Umschriften und Kollationen.

276 Van der Spek bezeichnet Murānu *en passant* als «beheerder van financiën» bzw. ihn und seinen Sohn als «niet onbelangrijke finaciële beheerders» (*Grondbezit*, 62 und 65); McEwan nennt die beiden «assistant paymasters» (FAOS 4, 38). Er hat einige einschlägige Texte in seinem Buch bearbeitet.

277 Der 'Familienname' findet sich nur in CT 49, 105: 3 (^{lú}dumu* ad*-nu-zu) und CT 49, 106: 3 (^{lú}dumu* <ad>-nu-zu*). An den genannten Stellen liegt also kein griechischer Titel vor (van der Spek, *Grondbezit*, 124 Anm. 101; Stolper, AION *Suppl.* 77, p. 23 zu 3).

278 Geschrieben ^{lú}nagar (^{giš}má) u$_5$; Belege bei van der Spek, *Grondbezit*, 124 Anm. 101.

Tempelpersonal auszuzahlen,[279] und als Gläubiger bzw. Deponenten in Verpflichtungsscheinen und Depositumverträgen der oben vorgestellten Art.[280]

Die Briefaufträge zeigen, daß Murānu und Ea-tabtani-bulliṭ auf Tempeleinkommen verschiedener Art für die von ihnen geforderten Rationenzahlungen zurückgreifen konnten. So heißt es z. B. in CT 49, 126, einem Briefauftrag zweier Beschwörer an Ea-tabtani-bulliṭ:[281]

«... 0;4.2 Gerste von der Gerste der *sūtu*-Abgabe des *tag-ma-nu* des 58. Jahres, die zu deiner Verfügung steht (*ša ina pānīka*), die wir vom Eigentum Bēls für die Rationen der Beschwörer zu deinen Lasten verbucht haben,[282] gib als Rationen von PN_1 ... dem PN_1, dem Beschwörer.»

Dies läßt sich zunächst auf zwei Arten interpretieren. Mit «*sūtu*-Abgabe zu jemandes Verfügung» können ganz einfach Einnahmen des Tempels unter dem Titel *sūtu* gemeint sein, die jemandem, der mit der Einhebung dieser Abgabe nichts zu tun gehabt hat, anvertraut worden sind; es könnten aber auch Abgaben sein, die die fragliche Person einzutreiben (und abzuliefern) hat, wie dies in dem oben zitierten neubabylonischen Briefauftrag an zwei Zehntpächter *Dar*. 547 der Fall ist, wo von «Gerstezehnt des Šamaš, von der

---

279 BM 32997 (58 SÄ; Mar[duk-bēlšunu und Balāssu], Beschwörer, an [Ea-tabtani-bulliṭ]/Murānu); CT 49, 118 (50 SÄ; *šatammu* des Esangila, *paqdu* des Nikanor und die Versammlung des Esangila an Murānu), CT 49, 122/123 (54 SÄ; 122 ist die Hülle von 123; die Kopie von 122 zeigt nur BM 47316 ohne das damit zusammengeschlossene Stück BM 47323; PN, *šatammu* des Esangila, Vater des PN, *šatammu* des Esangila, *paqdu* des Nikanor und die Babylonier, die Versammlung des Esangila, an Murānu), CT 49, 124 (56 SÄ; *bēl minde* (und) *rab banê* an Ea-tabtani-bulliṭ), CT 49, 125 (ebenso), CT 49, 126 (58 SÄ, wie BM 32997 oben), CT 49, 128 (59 SÄ, [*šatammu*] des Esangila und die Babylonier, die Versammlung des Esangila, an Ea-tabtani-bulliṭ), CT 49, 182 (Fragment; Absender und Formular wie CT 49, 122/123, also hierher zu stellen?).

280 Acht Texte bei Stolper, AION *Suppl.* 77: No. 6 (Zehnt aufgrund von 12), 7, 8, 12 (Zehnt), 13, 14 (Zehnt), 15 (Zehnt), 16 (Zehnt); CT 49, 120 (s. Stolper, AION *Suppl.* 77, p. 63); weiters BM 32225 (56 SÄ, beschädigte Silber-*u'iltu*, Gläubiger Ea-tabtani-bulliṭ), BM 32250 (55 SÄ, beschädigte Dattel-*u'iltu*, Gläubiger Murānu), BM 32956 (51 SÄ; fragmentarische Silberzehnt-*u'iltu*, Gläubiger M[urānu]), BM 33657 (59 SÄ, Silberzehnt-*u'iltu*, Gläubiger Ea-tabtani-bulliṭ). Alle unpublizierten Verpflichtungsscheine sind nicht ausreichend gut erhalten, um feststellen zu können, ob sie wie die anderen erhaltenen *u'iltu*s mit Depositumverträgen zusammenhängen. Stark beschädigt, aber vielleicht hierher zu stellen, sind CT 49, 119, 127 sowie 114 und 172 (wegen des Schreibers Tanittu-Bēl, der die Mehrzahl der Murānu-Texte geschrieben hat).

281 Umschrift und Übersetzung bei McEwan, FAOS 4, 132f.

282 *mun-na-nu* hier (in *ultu makkūr Bēl ... ana muhhīka m.*) und *mun-na-an* in der Parallele CT 49, 124: 7 halten wir gegen CAD M/1, 227a unter d) für einen aktiven Stativ D, 1. Person Plural (für *mun-na-an* in CT 49, 115: 9 s. unten). Im älteren Neubabylonischen wird ein analoger Sachverhalt mit *e'ēlu* ausgedrückt: Z. B. *ina muhhi le'i ša Šamaš ana muh*[*hīšu*] *nu-ul*: MacGinnis, *Letter Orders*, No. 40; cf. No. 30 und CT 55, 11 (Jursa, *AfO Beih.* 25, 50f.)

Pachtabgabe für das 22. Jahr, die zu eurer Verfügung steht»[283] gesprochen wird. – *tag-ma-nu* (auch *tag-gam-ma-nu* und *tag-ga-ma-nu*), ein in diesem Dossier mehrfach in demselben Kontext belegtes Wort unklarer Ableitung, bezeichnet entweder mit McEwan, FAOS 4, 132f. eine Art Abgabe oder eine Institution, die eine Abgabe entrichtet. Im zweiten Fall würde es sich wohl bei dem *bīt abistatu*, dessen *sūtu*-Abgabe in Silber unter der Kontrolle von Ea-tabtani-bulliṭ stand, um einen vergleichbaren Fall handeln.[284]

Die Depositumverträge und Verpflichtungsscheine fügen sich insofern gut in dieses Bild, als deutlich wird, daß das Kapital, mit dem Murānu und Ea-tabtani-bulliṭ agieren, letztendlich Tempeleigentum ist – nicht nur in den Fällen, in denen es um einen Zehnten geht, auch sonst wird der Vertragsgegenstand als *makkūr Bēl* bezeichnet bzw. ist ersichtlich, daß der Tempel in die Transaktion involviert ist.[285] Es ist aber offensichtlich nicht möglich, in den beiden Männern z. B. Speicherverwalter oder einfache 'Zahlmeister' zu sehen, also Tempelpersonal, das routinemäßig Zugang zu Tempelspeichern hat und mit deren Inhalt verschiedene Ausgaben im Rahmen des üblichen redistributiven Wirtschaftens bestreitet. Für neubabylonische Briefaufträge ist ja charakteristisch, daß die Zahlungen außerhalb des durch die Tempelspeicher kanalisierten Güterkreislaufs stattfinden und daß die Zahlungsaufträge in der Mehrzahl an Personen gerichtet sind, die nicht zum Tempelpersonal im engeren Sinn gehören – die Empfänger der Briefe sind in diesen Fällen Abgabenpächter verschiedener Art.[286] Innerhalb des Tempels sind Briefaufträge weitaus seltener.[287] Schon auf Grund dieser Analogie kann man bei unseren Texten ähnliche Verhältnisse annehmen; es sind jedoch noch deutlichere Hinweise darauf vorhanden, daß die fraglichen Güter aus Tempeleigentum 'dezentral' zur Gänze von Murānu und Ea-tabtani-bulliṭ verwaltet wurden und sich daher auch physisch kaum im Bereich des Tempels befanden. Einige der Briefaufträge enden mit der Feststellung, eine Abschrift zur Dokumentation der vom Tempel angeordneten Auszahlung sei in einer Abrechnungstafel eingetragen worden.[288] Auf diese Weise konnte die Tempelverwaltung, die diese Abrechnungstafel führte, einen Überblick über die Aktivitäten von Murānu und Ea-tabtani-bulliṭ, die beim Tempel ge-

283 še.bar *eš-ru-ú šá* d⌈utu⌉, *ina* gišbán ... *šá ina* igi-*ku*(über *ka*)-*nu*.

284 Hierzu McEwan, FAOS 4, 133f.; weiters BM 32225 in Zusammenhang mit einer Silber-*u'iltu* Ea-tabtani-bulliṭs.

285 S. Stolper, AION *Suppl.* 77, 59.

286 Also vor allem landwirtschaftliche Generalpächter, Zehntpächter oder 'Kanalinspektoren', *gugallus*, die ebenfalls als eine Art 'Unternehmer' angesehen werden müssen.

287 S. MacGinnis, *Letter Orders*, 20 («hypothetical reconstruction of the system at work»).

288 gaba.ri *ina* im *man-na-a-tú šá-ṭir*; für die Belege s. CAD M/1 s.v. *manâtu* B. Das Wort ist nur in unserem Dossier belegt.

wissermaßen über ein Soll- und Habenkonto verfügten, behalten. Eine solche 'doppelte Buchführung' wäre schwerlich notwendig gewesen, wenn Murānu und Ea-tabtani-bulliṭ Angehörige des Tempelhaushalts gewesen wären und man daher schon die Erstschriften der Briefaufträge zu den Akten hätte legen können bzw. wenn die von ihnen verwalteten Güter nicht aus dem normalen Güterkreislauf herausgelöst gewesen wären. Zwei unpublizierte Texte zeigen die Mechanismen dieser Kontrolle noch etwas genauer.

BM 32225 (17.0.56 SÄ) ist ein beschädigter Verpflichtungsschein über Silber aus Tempelbesitz (*makkūr Bēl*) zugunsten von Ea-tabtani-bulliṭ. Es heißt dort nach der einleitenden Schuldklausel: «Am Tag, da die Abrechnung über das Silber des *bīt abistatu* vom 56.$^{?}$ Jahr gemacht wird ...»[289] – die Fortsetzung ist teils abgebrochen, teils beschädigt und unverständlich; es kann jedenfalls nur entweder die Rückzahlung des Silbers durch den Schuldner oder die Vorlage einer Dokumentation über den Verbleib des Silbers durch Ea-tabtani-bulliṭ, vielleicht beim 'Zahlmeister' (*bēl minde*),[290] zum genannten Termin gefordert worden sein. Ähnlich die gleichfalls beschädigte Tafel BM 32250, ein Verpflichtungsschein über 10 Kor Datteln aus Tempelbesitz, zugunsten von Murānu, aus dem Nisānu des Jahrs 55 SÄ. Es heißt dort nach der Schuldklausel: «Im 55. Jahr, König Antiochos, am Tag, da eine Abrechnung vom Tempelhaushalt des Esangila über Gerste und Datteln für Ea-tabtani-bulliṭ/Murānu gemacht wird, wird PN (der Schuldner) ... diese(r) 10 Kor Datteln, gemäß einem Schreiben des Tempelhaushalts des Esangila über diese 10 Kor Datteln [...] Murānu/Bēl-bullissu [*geben*]».[291]

Wir sehen hier, wie Murānu und Ea-tabtani-bulliṭ dem Tempel auf Verlangen bzw. bei der jährlichen Abrechnung Rechenschaft abzulegen hatten und die Termine für diese Abrechnungen die Rahmenbedingungen ihrer Geschäfte bestimmten, sie aber sonst mit den ihnen zur Verfügung stehenden Gütern im Prinzip frei agieren konnten.

Nach alledem scheint es sicher zu sein, daß Murānu und sein Sohn nicht zum Tempelhaushalt gehörten, sondern 'private' Unternehmer waren. Zwei Interpretationen ihrer Geschäfte scheinen möglich. Sie könnten dem Tempel Speicherplatz zur Verfügung gestellt und Tempelvermögen gleichsam als Bankiers verwaltet haben, oder sie könnten wirkliche Einkommenspächter

---

289 4: *ina u*$_{4}$*-mu šá* ⸢*man-na*⸣*-a-tú šá* kù.babbar *šá* é *a-bi-is-ta-t*[*u*], *šá* ⸢mu.56$^{?}$.kam *un-dat*⸣*-ta-na-a* ... Heather Baker war so freundlich, die Stelle zu kollationieren. Das Verb muß ein Perfekt des Dt Stammes von *manû* sein.

290 In Zeile 7 genannt.

291 3: ... *ina* mu.an.na 55 ^{I}*an-ti-i-ku-su* lugal *ina u*$_{4}$*-mu, šá man-na-a-tú* ta níg.ga é.sag.gil *šá* še.bar *u* zú.lum.ma *a-*⸢*na*⸣, ^{Id}bad-*tab-tan*-tin^{it} a ^{I}*mu-ra-nu un-da-at-na-a*ʾ x x x (ungefähr wie PA MA RI oder HU), *šá* zú.lum.ma *a*ʾ 10 gur *ki-i ši-pir-tu*$_{4}$ ⸢*šá*⸣$^{?}$ níg.ga é.⸢sag.gil⸣, *šá* zú.lum.ma *a*ʾ 10 gur ^{Id}en-kar a *šú* ^{Id}u.gur-pab, ⸢*i*⸣$^{?}$ x [x x x] ⸢x *a-na*⸣$^{?}$ ^{I}*mu-ra-nu* a ^{Id}en-tin-*su*, [...]. Das Verb in Zeile 5 ist wieder ein Dt-Stamm von *manû*. Die Zeichen am Tafelrand danach, von Heather Baker kollationiert, sind unklar.

gewesen sein, die nicht nur das Recht hatten, über manche dem Tempel zustehenden Abgaben zu verfügen und damit Ausgaben für den Tempel zu tätigen, sondern auch, die Abgaben selbst einzunehmen. Dieses Recht würden sie wohl mit Silber erworben haben. Die Texte allein lassen, soweit wir sehen, keine eindeutige Entscheidung zwischen diesen zwei Alternativen zu. Falls die erste Möglichkeit zutrifft, gibt es keine wirklichen Vorläufer; man müßte die teilweise Übertragung der Speicher- und Güterverwaltung auf private Unternehmer in diesem Umfang als Innovation der hellenistischen Zeit sehen. Man kann aber immerhin auf den Egibi-Text *Dar.* 359 verweisen. In diesem *harrānu*-Vertrag werden die Datteln, die der Unternehmer Marduk-nāṣir-apli, das aktuelle Haupt dieses Egibi-Zweigs, als Geschäftskapital einsetzt, als Zehnt des Gottes Bēl bezeichnet: Marduk-nāṣir-apli investiert also Tempeleigentum genau so, wie es viel später Murānu und Ea-tabtani-bulliṭ tun.[292] Der Vergleich mit den älteren neubabylonischen Archiven, insbesondere mit den Briefaufträgen der Generalpächter und Zehntpächter aus Sippar, spricht aufgrund der großen inhaltlichen und formalen Ähnlichkeit zu den Briefaufträgen aus dem Murānu-Dossier eher für die zweite Möglichkeit, obwohl kein Text erhalten ist, der zweifelsfrei die Einhebung von Abgaben durch Murānu und Ea-tabtani-bulliṭ zum Inhalt hätte.[293] Man muß zum Vergleich aber nicht nur die neubabylonischen Abgabenpächter heranziehen, denn auch in den seleukidenzeitlichen Texten finden sich unzweifelhaft Unternehmer dieser Art. Z. B. wird in der Zwiegesprächsurkunde CT 49, 160 ein Teil der 'Kasseneinnahmen' (*erbu ša quppi u pānāt quppi*) des 'Tempels des Ersten Tags' für ein Jahr gegen Silber an eine Einzelperson vergeben: Ein eindeutiger Beleg für eine Einkommensverpachtung, wie man sie bei Murānu und Ea-tabtani-bulliṭ vermuten kann.[294] Auch hinter den Aktivitäten des bekannten Rahīm-Esu, der von McEwan als 'Bankier' bezeichnet worden ist, kann sich ein im Prinzip ähnliches Verhältnis verbergen.[295] Nabû-balāssu-iqbi, für den wir mit BM 59748 (Nr. 16) und BM 54555 (Nr. 17) zwei Verpflichtungsscheine haben, die ganz denjenigen aus dem hier besprochenen Dossier gleichen,[296] kennt man auch aus der Quittung CT 49, 113, derzufolge er Rationen offenbar für Tempelpersonal ausge-

---

292 Zu *Dar.* 359 vgl. Kohler und Peiser, BRL 4, 77f., Krecher, *Egibi*, 299f. sowie Lanz, *ḫarrânu*, 41.

293 Man könnte dies ohne weiteres auf den Überlieferungszufall zurückführen. Dasselbe gilt für mehrere landwirtschaftliche Generalpächter des Ebabbar aus der Regierungszeit des Darius, die nur aus Briefaufträgen bekannt sind.

294 S. McEwan, FAOS 4, 127f. Gegen McEwan werden die zahlreichen mit *elât* («abgesehen von», nicht «as well as») eingeleiteten Einnahmen von der Verpachtung explizit *aus*geschlossen, was den geringen Preis erklärt.

295 Für ihn s. vorläufig McEwan, *Iraq* 43, 131 und 135f.

296 Wenn die Klausel in Zeile 2 von BM 54555 richtig verstanden ist, ist Nabû-balāssu-iqbi auch mit der Verwaltung von *sūtu*-Abgaben beschäftigt.

zahlt hat – mit anderen Worten, seine Geschäfte gleichen genau denen von Murānu und Ea-tabtani-bulliṭ.

Trotz des beklagenswerten Zustandes der Tafel erscheint eine Paraphrase von CT 49, 115 (13.7.46 SÄ) im gegebenen Zusammenhang nützlich. Die Urkunde würde vermutlich viele der aufgeworfenen Fragen beantworten, wenn sie nicht so beschädigt und daher über längere Strecken unverständlich wäre. Es handelt sich um eine Zwiegesprächsurkunde. Murānu wendet sich mit folgenden Worten an den *šatammu* des Esangila und 'die Babylonier', die Tempelversammlung des Esangila: «Die Datteln, die für die Rationen der Babylonier ... von ... die für ... des 34. Jahres die Kuthäer zu euch [... nicht (?)] gebracht haben werden, diese Datteln rechnet mir an.»[297] Die Antwort des angesprochenen Kollegiums, in der dem üblichen Aufbau dieser Urkunden entsprechend das Vertragsangebot angenommen worden sein sollte, ist nicht zusammenhängend rekonstruierbar. Zunächst wird von der *sūtu*-Abgabe der Kuthäer und von «unserer», also des Esangila, *sūtu*-Abgabe gesprochen,[298] dann werden mehrfach ein oder mehrere Abgabenpächter (*bēl sūti*) und einmal ein Zehnt erwähnt.[299] Das Ende der direkten Rede ist nicht erkennbar, am Anfang von Zeile 20 heißt es jedenfalls in der dritten Person Plural «sie haben gegeben», womit wohl die Annahme von Murānus Vertragsangebot gemeint sein muß. Zuletzt geht es um eine Zeugenaussage (*mukinnūtu*) bei den Kuthäern. – Der Text behandelt landwirtschaftliche Abgaben, die dem Esangila zustehen. (Der Zehnt, der in Zeile 18 genannt wird, wird daher ebenfalls auf landwirtschaftliche Produkte eingehoben worden sein.) Murānu möchte, daß Datteln, nach der Fortsetzung die *sūtu*-Abgabe von Leuten aus Kutha, die von den Kuthäern [nicht (?)] abgeliefert werden werden, ihm angerechnet – gutgeschrieben? (zur Eintreibung) überantwortet? – werden. Was genau dieser Vorschlag impliziert, ist unklar, ebenso daher, ob man Murānu nun unter die Abgabenpächter, die weiter unten im Text genannt werden, zählen muß. Sicher ist: Es hat in seleukidischer Zeit ebenso wie in neubabylonischer Zeit Abgabenpächter im landwirtschaftli-

---

297 5ff.: *um-ma* ⸢zú*.lum⸣*.ma *šá ana* pad.hi.a ^{lú}e$^{\text{ki.meš}}$ ⸢x x⸣ la a, ta ⸢x šá x za$^{?}$ x⸣ *šá ana muh-hi* mu ⸢x x x⸣ [x x] ⸢x⸣, *šá* mu [30+]14.kam ^{lú}g[ú.du$_8$.a]*-ú-a ana muh-hi pa-ni-ku-nu*, ⸢x⸣ [x (x) *la*$^{?}$] *it-ta-šu-ú* zú.lum.ma mu-*tì*, *mun-na-an* ... Die nicht lesbaren Spuren, die Kennedys Kopie zeigt, stimmen nach Kollation mit dem Original weitestgehend überein. Wegen des Datums (knapp vor der Dattelernte) wird man *ittašû* im Nebensatz am besten den 'Zeitstellenwert' «Vorzeitigkeit in der Zukunft» zuschreiben (s. Streck, *Zahl und Zeit*, 160ff.; auch negiert möglich: 164f.). *mun-na-an* am Ende der Aussage muß ein Imperativ im Plural des D-Stammes mit Dativsuffix der 1. Person Singular sein – hinsichtlich der Form des Suffixes vgl. *i-bi-in-na-an* in CT 49, 160: 13, gleichfalls einen Imperativ im Plural mit Dativsuffix der 1. Person Singular.

298 12f.: *a-ni-ni* zú.lum.ma $^{\text{giš*}}$bán *šá* ^{lú}gú.du$_8$**-ú-a* ⸢x⸣ [...], *a-ni-ni* ^{giš}bán *at-t*[*u*]*-ú-n*[*u** ...].

299 16ff.: [zú].lum.ma *šá* ^{lú}en^{meš} ^{giš}[bán ...], [^{lú}e]n^{meš} ^{giš}bán^{m}[^{eš} ...] ⸢*ki-i* x⸣ [x] ⸢x⸣, [x x] ⸢x⸣ *u e-ṭer* 10^{ú} [...], [zú.lu]m.ma [x x] *ù* ^{lú}en $^{\text{giš*}}$bán *šá* [...].

chen Bereich gegeben; Murānu war entweder einer von ihnen, oder er hat mit ihnen Geschäfte gemacht.

Letztendlich bleibt bei der Bewertung der Geschäfte von Murānu und seinem Sohn eine gewisse Unsicherheit, die aber für unser eigentliches Thema von nur sekundärer Bedeutung ist. Unabhängig davon, ob Murānu und Eatabtani-bulliṭ nun einfach 'Bankiers' oder echte Einkommenspächter sind, die Depositumverträge, die Silber oder Naturalien aus dem Tempelzehnten betreffen, stellen ebenso wie die entsprechenden Verpflichtungsscheine, die ja alle[300] auf Depositumverträge zurückgehen, Reinvestitionen von Einnahmen zugunsten der Verwalter oder, in letzter Instanz, vielleicht auch des Tempels dar. Nur ein Verpflichtungsschein, der nicht auf ein Depositum zurückginge, könnte der Eintreibung und nicht der Verwertung des Zehnten dienen, die Schuldner wären in diesen Fällen die eigentlichen Zehntpflichtigen;[301] aber solche Texte sind nicht vorhanden. (Als zusätzliche Schwierigkeit kommt hinzu, daß die ökonomischen Hintergründe der Depositumverträge selbst immer noch durchaus unklar sind.[302]) Selbst wenn also Murānu und sein Sohn Abgabenpächter und auch für den Zehnten (oder bestimmte Teile der Einnahmen unter diesem Titel) zuständig waren, so haben wir keine Dokumentation über die Einhebung der Abgabe.

300 Soweit sie ausreichend gut erhalten sind, um diese Aussage zuzulassen.

301 Mit prosopographischen Mitteln läßt sich aus den uns bekannten Texten nichts Genaueres über die Schuldner in diesen Verträgen erfahren.

302 Stolper, AION *Suppl.* 77, 62f.

9. *Zusammenfassung*

Der neubabylonische Tempelzehnt ist ein bisher nur recht oberflächlich erforschter Gegenstand. In der vorliegenden Arbeit haben wir versucht, vor allem an Hand der einschlägigen Texte aus dem Ebabbar-Archiv zu präziseren Aussagen zu kommen. Es sollte geklärt werden, ob der Zehnt grundsätzlich eine obligate Abgabe darstellt. Beim vom Tempel zwangsweise eingehobenen Zehnten war zu fragen, wer die Zehntpflichtigen sind,[303] welcher Art die besteuerten Einkünfte sind, wie der Zehnt genau berechnet und eingenommen wird, und schließlich, worauf sich das Recht des Tempels, in einem konkreten Fall einen Zehnten einzunehmen, gründet. Auch die Hintergründe der Zehntzahlungen, die nicht auf einer Abgabeverpflichtung zu beruhen scheinen, waren zu untersuchen.

Wie bei einer agrarischen Gesellschaft wie der neubabylonischen nicht anders zu erwarten, sind die Quellen für den Zehnten im Zusammenhang mit der Landwirtschaft am reichsten und aussagekräftigsten. Hier ist der Zehnt ohne jeden Zweifel eine verpflichtende Abgabe von der Ernte. Es ist jedoch offensichtlich – entgegen früheren Aussagen zu diesem Thema – auszuschließen, daß etwa das Ebabbar grundsätzlich das Recht hatte, von den Erträgen sämtlichen Landes in seinem Umkreis, unabhängig von den Grundbesitzverhältnissen, einen Zehnten einzunehmen. Wäre dies der Fall gewesen, müßten die Zehnteinnahmen eine weitaus größere Rolle im Archiv spielen als sie dies tatsächlich tun. Die Feststellung, daß «[t]he major source of temple revenue consisted of various kinds of taxes, the most important being the tithe», ist sicher unzutreffend.[304] Wenn der Zehnt also keine universelle Abgabe war, welches Land war dann damit belastet?

Am klarsten sind die Verhältnisse bei der Verpachtung von Ackerland des Tempels an einzelne Teilpächter: Hier nimmt der Tempel als Grundherr nicht nur den als Pacht vereinbarten Anteil der Ernte, sondern zusätzlich auch einen Zehnten, der in einem konkreten Fall auch tatsächlich als ein Zehntel der Ernte bestimmt werden kann, ein.

Hinsichtlich des zehntpflichtigen Landes, auf das die Tempelverwaltung sonst keinen Zugriff hatte, lassen sich nach dem Ebabbar-Archiv drei Kategorien unterscheiden. An erster Stelle sind die 'Handhäuser', ***bīt ritti***, genannten Grundstücke oder Ländereien zu nennen. Das ***bīt ritti*** ist eine Art Versorgungsland, das von einem institutionellen Haushalt – Tempel oder Palast – einer Einzelperson zugewiesen wird. Der 'Eigentumsrest' des zuwei-

---

303 Salonen vermutet auf der Basis von YOS 7, 188 (sein «Kamb. 5»), nur die Gruppe der (sogenannten) «Vollfreien», *mār banê*, sei es gewesen, die zur Zahlung des Zehnten verpflichtet gewesen sei (*StOr* 43/3, 58 bzw. 48). Das geht aus dem Text aber in keiner Weise hervor (s. die Übersetzung in Anm. 84); Salonens These wird im folgenden nicht weiter verfolgt.

304 Dandamaev, OLA 6, 593 = Dandamaev, *Slavery*, 57.

senden Tempels an diesen Grundstücken äußert sich in der Regel darin, daß das *bīt ritti* mit einem Zehnten belastet ist. Eine kleine Anzahl von Texten aus der Zeit Nabonids läßt erkennen, daß sich ein *bīt ritti* aus mehreren einzelnen Grundstücken, darunter Versorgungsfelder für militärdienstpflichtige Bogenschützen, zusammensetzen kann. Solche 'Handhäuser', die zum Teil auf Königsland und wahrscheinlich zum Teil auf ehemaligem Tempelland liegen, dienen offensichtlich der Versorgung königlicher Soldaten. Die zweite Gruppe sind Ländereien des Königs, des Kronprinzen und verschiedener königlicher Beamter, die dritte Ansiedlungen von Gruppen nicht-babylonischer Herkunft, die als Kollektiv dem Ebabbar einen Zehnten von ihren landwirtschaftlichen Erträgen zu zahlen haben: Man hört von Kilikiern (^lú^*hummāja*) und Gezeritern (^lú^*gazrāja*), vielleicht auch von Susäern. Sie könnten Militärkolonisten oder Söldner sein, oder auch einfach Deportierte bzw. Nachkommen von Deportieren. Mit Sicherheit sind sie aber durch den Staat angesiedelt worden. Mit den Belegen für diese verschiedenen Arten von Gütern und Ländereien geben die Dossiers der Zehntpächter des Ebabbar gleichsam nebenbei - ihr wesentliches Anliegen ist ein anderes - einen wichtigen Einblick in die Situation im Hinterland von Sippar, den man so aus keiner anderen Textgruppe bekommt, und der zeigt, daß die dortigen Verhältnisse vielschichtiger sind, als es nach dem Rest des Ebabbar-Archivs den Anschein hat.

Man kann eine Hypothese darüber aufzustellen, wie das Recht des Tempels zur Einnahme des Zehnten von Land der genannten Kategorien entstanden ist. Das Ebabbar hatte in neu- und spätbabylonischer Zeit zweifellos stets mehr Land, als es mit den vorhandenen Mitteln bewirtschaften konnte.[305] Wenn die königliche Verwaltung daher z. B. im Zuge der (Wieder)erschließung von verödetem Land[306] Gruppen von Fremden auf Tempelland ansiedelte und 'Handhäuser' und Bogenland einrichtete, es also für das Militärwesen nutzbar machte, wird dies dem Tempel willkommen gewesen sein, wenn er dafür das Recht erhielt, von den Angesiedelten einen Zehnten einzuheben. Dieses Land wurde höchstens nominell bzw. ideell weiterhin als Tempelland angesehen; einzig die Tatsache, daß es mit dem Tempelzehnten belastet war, zeugt von seiner Herkunft. Man findet Vergleichbares in der späteren Achämenidenzeit: Aus Ur hört man von Bogenfeldern auf dem Land des Sîn-Tempels; und das Murašû-Archiv zeigt königliche Beamte, die «Land des Gottes Bēl» verwalten.[307]

Der «Lehmann-Text» und vielleicht CT 49, 115 beweisen das Fortbestehen der Institution des landwirtschaftlichen Tempelzehnten als regelmäs-

---

305 Vgl. Jursa, *AfO Beih.* 25, 194ff.

306 Vgl. die grob skizzierte Entwicklung der Ländereien des Ebabbar in *AfO Beih.* 25, 236f.

307 Ur: UET 4, 41f. (Art II.) und 53 (Dar II.). Murašû: Stolper, *Entrepreneurs*, 42-44.

sig eingenommener Steuer auch in hellenistischer Zeit. Wenn van der Speks Annahme zutrifft, die im «Lehmann-Text» genannten «Babylonier, Borsippäer und Kuthäer», die Esangila, Ezida und Emeslam von den ihnen zur Verfügung gestellten Ländereien einen Zehnt zu zahlen haben, seien Angehörige der jeweiligen Tempelhaushalte, dann liegt hier eine Situation vor, die sich durchaus mit dem vergleichen läßt, was das Ebabbar-Archiv über die vom Tempel eingerichteten zehntpflichtigen *bīt ritti*-Versorgungsfelder berichtet.[308]

Hinsichtlich des privaten Grundbesitzes zeigt die relativ geringe Anzahl der Belege für einen Tempelzehnten aus Privatarchiven, daß diese Abgabe in diesem Bereich insgesamt kaum eine große Rolle gespielt haben kann und jedenfalls nicht allgemein verbreitet war. Es ist fast nichts über die Hintergründe in Erfahrung zu bringen, aber man kann davon ausgehen, daß in den Fällen, in denen die Erträge privaten Landes zehntpflichtig sind, eine besondere Beziehung zu einem Tempelhaushalt vorliegt, sei es, daß das Land entsprechend dem oben Vorgetragenen mindestens ideell (ursprünglich) an einen Tempel gebunden war, oder sei es, daß die Besitzer (oder Pächter) selbst Angehörige eines Tempelhaushaltes waren, wie das bei Nidinti-Marduk und Bēl-rēmanni der Fall ist (s. oben bei Anm. 37).

Ein Nebenergebnis der Untersuchung des landwirtschaftlichen Zehnten in Sippar ist, daß die Konzentration auf den arbeits- und ertragsintensiven Gartenbau, der bei den Tempelländereien zu beobachten ist, bei dem zehntpflichtigen Land, das nicht unter der direkten Verwaltung des Ebabbar steht, nicht oder zumindest nicht in demselben Ausmaß zu finden ist. Der extensive Ackerbau mag hier aufgrund einer schlechteren Lage der Ländereien oder eines Mangels an Ressourcen bevorzugt worden sein.

Außerhalb der Landwirtschaft ist der Zehnt als regelmäßig eingehobene Steuer auf Einkünfte irgendwelcher Art nur in Zusammenhang mit der Nutzung des sumpfigen Hinterlandes nachweisbar: BM 54225 (Nr. 14) und TCL 13, 163 aus Uruk zufolge hatten Rohrschneider und Fischer einen Teil ihrer jeweiligen Erträge abzuliefern. Im Gegensatz dazu ist es keineswegs sicher, daß hinter den *ešrû*-Zahlungen nicht weiter bekannter 'Privatpersonen'[309], königlicher Beamter oder gar Angehöriger der königlichen Familie[310] in jedem Fall die Pflicht zu einer (regelmäßigen oder gelegent-

---

308 Die hellenistischen Texte aus Uruk haben wohlgemerkt keinen Hinweis darauf erbracht, daß ein *bīt ritti* in dieser Zeit noch zehntpflichtig gewesen ist.

309 Neue Texte werden es in Zukunft sicher erlauben, unter den hier in Anhang 2 aufgelisteten unidentifizierten Zehntzahlenden den einen oder anderen Zehntpächter ausfindig zu machen.

310 Hier stellt das Ende des neubabylonischen Reiches insofern eine Zäsur dar, als die persischen Herrscher selbst keinen Zehnten mehr an den Tempel zahlen. Darüber hinaus scheint sich aber nichts grundlegend geändert zu haben, man findet auch weiterhin Zehntzahlungen von königlichen Beamten.

lichen) Abgabenleistung zu vermuten ist. Als erster hat Dandamaev auf eine Zehntquittung aus hellenistischer Zeit hingewiesen (in der Zwischenzeit sind, wie oben gesagt, weitere Belege hinzugekommen), derzufolge eine Zahlung unter dem Titel *ušrû* zur «Erhaltung seines Lebens», *ana bulluṭ* (oder *balāṭ*) *napšātišu* (*scil.* des Zahlenden) gegeben worden ist. Dandamaev meint, daß hier der Zehnt «keine obligatorische ... Tempelsteuer mehr» gewesen sei, «sondern aus religiösem Grund zur Verwirklichung spezieller frommer Wünsche entrichtet» worden wäre.[311] Man kann jedoch aus der Tatsache, daß diese Formel nur in den späten Texten vorkommt, keinen inhaltlichen Gegensatz zwischen den hellenistischen und den entsprechenden neubabylonischen Zehntquittungen, die auf Grund ihres andersartigen Formulars nichts über eine religiöse Motivation hinter der Zahlung aussagen, ableiten.[312] Es ist wahrscheinlich, daß einem Zehntzahlenden auch in neubabylonischer Zeit seitens des Tempels hätte gesagt werden können (oder gesagt wurde), er zahle *ana bulluṭ/balāṭ napšātišu* (ohne daß dies aber einem möglichen obligatorischen Charakter der Abgabe Abbruch getan hätte[313]). Somit werden nicht nur mit Dandamaev und anderen zumindest manche der genannten hellenistischen, sondern auch viele der älteren neubabylonischen Texte *de facto* Schenkungen oder *ex-voto*-Spenden sein.[314] Schenkungen als solche mit einer eindeutigen Terminologie kommen in neubabylonischen

---

311 *Tempelzehnt*, 90; ähnlich Giovinazzo, *Le tribut*, 104: «spontaneous offer», Joannès, TÉBR, 359 (es handle sich um «dons ponctuels») und Del Monte, *Studi Ellenistici* 9, 14[41] (*ešrû/ušrû* habe in dieser Periode seinen «significato tecnico» verloren und komme nur mehr im «senso generico di 'dono, offerta'» vor). Allen genannten Autoren war nicht bekannt, daß nach dem «Lehmann-Text» und vielleicht auch CT 49, 115 der Zehnt auch in dieser Periode eine regelmäßig abzuführende Steuer sein kann.

312 Die Verwendung des Wortes «Zehnt» in hellenistischer Zeit ist daher nicht mit Joannès, TÉBR, 359, nur eine bloße «survivance de terminologie», es besteht kein Grund anzunehmen, es werde hier in einem anderen Sinn als in älteren Texten verwendet.

313 Vgl. die expliziten Aussagen im Alten Testament (Zitate nach der Elberfelder Übersetzung [2]1986): Der Zehnt*verpflichtung* ist nachzukommen, «damit du lernst, den HERRN, deinen Gott, alle Tage zu fürchten» (Dt 14:23) und «damit der HERR, dein Gott, dich in allem Werk deiner Hand, das du tust, segnet» (Dt 14:29).

314 Das altsüdarabische Material (vgl. hierzu Korotayev, AION 54, 1ff. und *Le Muséon* 107, 15ff; die Bemerkungen hier beruhen auf einem unpublizierten Manuskript von Alexander Sima, das Korotayev in verschiedenen Punkten korrigiert) ist diesbezüglich unseren Texten sehr ähnlich. Es zeigt eine deutliche Verbindung des Zehnten mit *ex-voto*-Gaben. Die überwiegende Anzahl der Belege stammt aus mittelsabäischen Votivinschriften, deren Ausführung die Entrichtung des Zehnten bedeutet. In einen Fall wird die Errichtung der Inschrift (und damit die Entrichtung des Zehnten) auf eine Orakelanweisung zurückgeführt (*Ja* 650/5); dies deutet darauf hin, daß der Zehnt (zumindest in dieser Form) keine obligate Abgabe war. Auch im griechischen Bereich finden sich als Zehnt (*dekátē*) bezeichnete Votivgaben (Beuteanteile, Vermögensabgaben für kultische Zwecke), s. *Paulys Realencyclopädie* 8, 2424 s. v.

Tempelarchiven praktisch nicht vor.[315] Die entsprechende Funktion erfüllen Quittungen über die Gabe von Gegenständen als *erbu* («Einnahme», oft in der engeren Bedeutung des Wortes, etwa «Tempeleintrittsgebühr»)[316] oder eben als *eširû*. *erbu* und *eširû* sind bis zu einem gewissen Grad austauschbare Begriffe (wobei *erbu* natürlich allgemeiner ist; eine als *eširû* bezeichnete Gabe kann auch als *erbu* gebucht werden).[317] Ein struktureller Vergleich dieser Texttypen mit entsprechendem frühaltbabylonischen Material aus Ur stützt diese Annahme.[318] Man findet hier a-ru-a-Texte, also echte Schenkungen, anstelle der *erbu*-Quittungen, während zag.10 *eširû* genau entspricht. In Ur ist nach van de Mieroop die Abführung des Zehnten (zag.10) durch die Kaufleute obligat.[319] Bei *erbu* und *eširû* ist die prinzipielle Frage, ob im Einzelfall eine freiwillige oder erzwungene Gabe vorliegt, nicht beantwortbar; sie in dieser Schärfe zu stellen, ist u. E. aber nicht unbedingt empfehlenswert, da grundsätzlich die Grenze zwischen einer erzwungenen und einer freiwilligen Gabe fließend ist[320] und jeder Fall durch Gewohnheitsrecht, soziale und ökonomische Stellung des Zahlungspflichtigen oder -willigen, seine Position und sein Anliegen gegenüber dem Tempel und andere Umstände unterschiedlich beeinflußt worden sein wird. Man wird in der Regel eine als *erbu* bezeichnete Gabe als echtes Geschenk, vielleicht in Zusammenhang mit einem Bittgang zum Tempel, auffassen und

---

315 Mit Ausnahme von Belegen für königliche Geschenke (s. CAD s. v. *nidintu*). Votivinschriften verschiedener Art von Königen und anderen Personen gibt es natürlich (vgl. Lee, JAC 10, 65ff. mit älterer Literatur; s. a. Watanabe, ASJ 16, 243f.). Ein Beleg für ein Geschenk (*nidintu*) einer Privatperson könnte CT 57, 260 sein. In den hellenistischen Archiven gibt es Schenkungen an die Tempel bzw. Götter mit einer eindeutigen Terminologie (s. die von Del Monte, *Studi Ellenistici* 9, 14[41] zusammengestellte Literatur). Anders als Del Monte würden wir aber nicht annehmen, diese expliziten Schenkungen hätten die 'behelfsmäßige' Verwendung des Wortes *eširû/uširû* für Schenkungen letztendlich unnötig gemacht. Die besondere Bedeutung einer Gabe, die als «Zehnt» bezeichnet wird, liegt in ihrem anzunehmenden 'ökonomischen' Hintergrund; s. u.

316 S. neben den Wörterbüchern s. v. *erbu* bzw. *irbu* und der in CAD angegebenen Literatur neuere Belege wie etwa CT 55, 747 (Eselin als *erbu*), CT 56, 439 (Rind, *erbu* des Gouverneurs von Arpad) oder CT 56, 617 (Sklave).

317 Das beweisen die Duplikate YOS 6, 168 und PTS 2098; *eširû* des erstgenannten Textes erscheint im zweiten als *erbu*: Oppenheim, JCS 21, 237[1]. Auch in BM 75240 (Nr. 3) Rs. 1' steht *erbu* für einen Zehnten (s. die Anmerkung zur Stelle unten in Anhang 3).

318 Die Ur-Texte sind jene Gruppe von vor-neubabylonischen Texten, die einen Tempelzehnten betreffen, die am besten mit unserem Material zu vergleichen ist. S. dazu van de Mieroop, *Studies ... Sjöberg*, 397ff.; Edition einschlägiger Texte bei Leemans, *Foreign Trade*, 23-32; vgl. auch Oppenheim, JAOS 74, 7.

319 Van de Mieroop, *Studies ... Sjöberg*, 399b.

320 Man vergleiche die klassische Studie von Mauss, *Die Gabe*, insbesondere Kapitel I.3 «Die Pflicht des Gebens und die Pflicht des Nehmens».

bei *eširû* an der Interpretation als erzwungene Abgabe festhalten, solange keine guten Gründe dagegen sprechen – wie etwa bei den Zehntzahlungen von Beamten und vor allem von Mitgliedern der königlichen Familie. Diese würden wir als mehr oder weniger obligatorische 'Geschenke' sehen, die entweder anläßlich eines Besuchs in der betreffenden Stadt – z. B. im Falle Nabonids nach *Nbn.* 2 – oder zu bestimmten Terminen – beachte das Datum 1.1.4 Nbn von BM 61105: ein Neujahrsgeschenk von König und Bürgermeister? – dargebracht wurden. Weiters ist es sicher, daß sich hinter einer als *eširû* bezeichneten Gabe oft ein ökonomischer Hintergrund verbirgt, daß also ein Zehntel (oder welcher Teil auch immer) von Einkommen oder Erträgen von Transaktionen dargebracht wurde, in die der Tempel bzw. sein Gott in materieller oder ideeller Weise involviert war; hier liegt der wesentliche Unterschied zwischen *eširû* und dem allgemeineren *erbu*. Ein Beispiel ist VS 6, 67, wo anläßlich der Inspektion von Wolle nach der Schur durch den Händler Ṭābia und einen seiner Partner auch ein Wollbetrag[321] als Zehnt für Bēl, Nabû und Nergal angeführt wird. Eindeutig ist YOS 6, 168, eine Liste von Gütern verschiedenster Art, die von zwei Männern für das Eanna aus dem Westen importiert worden sind.[322] Die Liste der Güter wird von der Feststellung abgeschlossen, daß gewisse Mengen von Purpurwolle und Eisen der Zehnt der Importeure seien.[323] Dieser Zehnt bzw. *erbu* im Duplikat PTS 2098 und im verwandten Text TCL 12, 84 stellt sicherlich einen Bruchteil der privaten Einnahmen der Importeure von der Handelsreise dar, der dem Tempel entweder als obligater Anteil oder freiwillig, zum Dank für ein erfolgreiches Unternehmen, entrichtet worden ist. Genauso wird der Purpur, die Purpurwolle, der Wein und das Zedernholz, welche der Gouverneur von Byblos nach CT 55, 435 dem Ebabbar als Zehnten gibt, ein Teil jener Güter sein, die der Gouverneur von seinem Dienstort nach Babylonien gebracht hat. Im altbabylonischen Ur ist der Zehnt von Kaufleuten anläßlich ihrer erfolgreichen Handelsreisen in den Golf abzuführen. Diese Texte listen typischerweise mehrere Importgüter auf, die «von einer Handelsreise nach Dilmun stammen» (šà kaskal tilmun^{ki}.na) und als Zehnt für Ningal bestimmt sind (zag.10 ^{d}nin-gal-šè). Die Parallele zu den genannten neubabylonischen Texten ist offensichtlich, auch wenn im Unterschied zu den Kaufleuten aus Ur zumindest der Gouverneur von Byblos eher freiwillig, aus religiösen Gründen anläßlich seines Besuchs in Sippar, gezahlt haben wird.

Der Zehnt konnte auf unterschiedliche Arten eingetrieben werden: Einerseits konnten die Zahlungspflichtigen direkt ihren Verpflichtungen nachkommen, andererseits bestand seitens des Tempels die Möglichkeit, das

---

321 Nicht ein Zehntel der geschorenen Wolle.

322 YOS 6, 168 // PTS 2098 und der dazugehörige, aber ein Jahr und zwei Tage ältere Text TCL 12, 84 sind von Oppenheim in JCS 21, 236ff. behandelt worden.

323 D. h. der von den Importeuren dem Tempel entrichtete Zehnt, sicherlich nicht ein 'Zehntanteil', der den Importeuren verbleibt (so Oppenheim).

Recht zur Einnahme des Zehnten von einem bestimmten landwirtschaftlichen Gebiet oder einer bestimmten Art (belegt ist dies in Sippar für den Rohrzehnten) an Dritte zu verpachten. Die Pächter sind Unternehmer, deren Tätigkeit zahlreiche Ähnlichkeiten mit derjenigen der Generalpächter von Tempelland aufweist. Aus Sippar sind viele (aber sicherlich noch nicht alle) von ihnen namentlich bekannt, das System der Zehntpacht ist in seinen Grundzügen gut verständlich; schwierig bleibt hinsichtlich des Ebabbar-Materials vor allem die Frage, für welche Gebiete und welche Ländereien welcher Zehntpächter wann verantwortlich war. Der geographische Anhang unten macht deutlich, daß sich derzeit noch kein klares Bild ergibt. Die Untersuchung der hellenistischen Texte hat gezeigt, daß es auch in dieser Zeit Abgabenpächter gegeben hat, die mit den neubabylonischen vergleichbar sind. Die Verwaltung der Zehnteinnahmen konnte, wie das Dossier um Murānu und Ea-tabtani-bulliṭ beweist, weitgehend in private Hände gelegt werden; es ist nicht unmöglich, daß diese beiden nicht nur 'Bankiers', sondern auch Zehntpächter wie die früheren neubabylonischen Unternehmer gewesen sind.

Die oben genannten hellenistischen Quittungen zeigen, daß das Entrichten des Zehnten auch dem Zahlenden (religiösen) Nutzen bringen sollte: Der Zehnt ist eine letztendlich religiös begründete Abgabe. Als solche ist er nur ein Aspekt, wenn auch ein wichtiger, eines zweifellos komplexen Geflechts von ökonomischen und nicht-ökonomischen Rechten, Privilegien und wechselseitigen Verpflichtungen, das die Tempel mit der Stadt und ihrem Umland, also mit ihrem unmittelbaren religiösen Einflußgebiet, verband und das wir derzeit höchstens ansatzweise beschreiben können. Manche der vielen Fragen, die hier offen geblieben sind, mögen sich bei einer breiter angelegten Untersuchung, insbesondere von Privatarchiven mit Verbindungen zu Tempeln, beantworten lassen.

Anhang 1: Ortsnamen und identifizierbare Ländereien in den Sippar-Texten

Von Ländereien in den folgenden Ortschaften bzw. an den folgenden Kanälen wurde vom Ebabbar ein Zehnt eingenommen (ohne die Belege für den Zehnten im Zusammenhang mit der Verpachtung von Tempelland an Teilpächter). Das Material wird hier in einer Form geboten, die zukünftige Untersuchungen zur historischen Geographie erleichtern soll, für die der Kontext der Belege, also die Ortsnamen, die neben- und miteinander genannt werden, wesentlich sein wird.[324]

Āl-alsīka-[abluṭ] s. Bīt-Nabû-alsīka-abluṭ

Āl-Hummāja

(a Nbn (BM 75240 (Nr. 3, s. u.); Datteln; [von ...] Ālu-ša-mārē-ša-Bēl-iddin bis zum Feld des Murānu/Rēmūtu; Einzelposten: u. a. ^{lú}Hummāja; BR: Bēlšunu))

Nbn (BM 83177; eine fragmentarische Zehntliste; Rs. 4': ... uru *hu-u[m-ma-a-a]*)

27.9.1 Dar (CT 55, 74; 0;0.5 Sesam, 2 3/4$^{?}$ *š.* Silber; V: Arad-Šamaš; S: Abu-ul-īde/Ilāhu-rāqu, Mušēzib-Bēl/Dannu-?, Nabû-šarru-uṣur/Mīnu-eššu (?))

20.1.4 Dar (*Dar.* 111; Ā. und Alku; 30;0 Gerste; V: Šamaš-aplu-uṣur; S: Arad-Bunene/Na᾿id-Marduk/Ile᾿i-Marduk, Bunene-šarru-uṣur/Iddināja)

S. den Kommentar zu BM 75240 (Nr. 3): 6 unten in Anhang 3.

Alku

20.1.4 Dar (*Dar.* 111; Āl-Hummāja und A.; 30;0 Gerste; V: Šamaš-aplu-uṣur; S: Arad-Bunene/Na᾿id-Marduk/Ile᾿i-Marduk, Bunene-šarru-uṣur/Iddināja)

11 Dar (CT 57, 36 (Nr. 8, s. u.); A. und Āl-Alsīka-[abluṭ?] (13;0 Gerste, L: Nabû-kuzub-ilāni (?)); V: Šamaš-aplu-uṣur)

S. *AfO Beih.* 25, 228ff.

Āl-Šamaš

(± 15 Npl) (BM 77507; s. oben Abschnitt 7.2 zum Zehnten der Hirten von Āl-Šamaš)

---

324 Abkürzungen: BR: *bīt ritti* des ...; L: Lieferant; S: Schuldner; V: «verantwortlich ist ...» (entspricht in der Regel «Schuld ... *ša qāt* ...»); «von ... bis ...»: die *ultu* ON *adī* ON-Angaben in den Zehntlisten. – Bei Texten, die mehr als ein Paar («von ... bis ...») Ortsnamen nennen, vergleiche man für den Zusammenhang die Umschrift in Anhang 3; am Ende der Liste der Ortsnamen sind zwei weitere derartige Listen paraphrasiert. – Wir führen hier auch Belege für Institutionen wie etwa das *bīt mār šarri* oder das *bīt rab mungi* auf. Damit sind sicher konkrete Ländereien und nicht einfach der entsprechende 'Haushalt' gemeint.

Ālu eššu

15.2.11 Nbn (*Nbn.* 506; 30;0 Gerste; von Bāb-Nār-Pallukkat bis Ā. und weiter bis in die Steppe (?; *šadû*); S: Mardukā)

S. *AfO Beih.* 25, 208.

Ālu-ša-lú⌜bēl⌝-[pīhāti] (?)[325]

1.3.1 Nbn (BM 64141; Gubbatu (und) Ā.; 500;0 Dattelsoll; L: Zēria und Nabû-ēṭer-napšāti)

Ālu-ša-mārē-ša-Bēl-iddin

a Nbn (BM 75240 (Nr. 3, s. u.); Datteln; [von ...] Ālu-ša-mārē-ša-Bēl-iddin bis zum Feld des Murānu/Rēmūtu; BR: Bēlšunu)

Ālu-ša-Šušanê

20.1.4 Kyr (*Cyr.* 158; von A. bis Bīt-rab-qannāte und Bīt-Zēria am Nār-kuzbi; 70;0 Gerste; V: Gimil-Šamaš; S: Itti-Bēl-immir/Šamaš-pirʾu-uṣur/Sîn-šadûnu)

Hinsichtlich der Lage s. zum Nār-kuzbi. Ist dies eine «Siedlung der Susäer» oder eine «Siedlung der 'Pferdeknechte'» (CAD Š/3, 378ff.)?

Bāb-?

2.1 Dar (Pinches, BOR 1, 76ff.; Pallukkat (30 Kor Gerste), Niqqu (10 Kor Gerste), Rabb-ilu (10 Kor Gerste), Kurraṣu und Bāb-? (10 Kor Gerste); V: Nidintu/Bēl-ibni)

Bāb-Nār-Šamaš

25.1.3 Nbn (MMA 2, 46; von B. bis Nār-Niqūdu; Gerste; BR und S: Arad-Nabû)

15.2.11 Nbn (*Nbn.* 505; von B. bis Hirānu; 130;0 Gerste; S: Kabtia, Arad-Nabû)

12 Nbn (BM 75502 (Nr. 2); von B. bis Nār-Hirānu; Gerste; BR: Aplāja; V: Šamaš-aplu-uṣur)

S. *AfO Beih.* 25, 70. 204. Wenn CT 57, 360 tatsächlich das *bīt ritti* des aus BM 75502 (Nr. 2) bekannten Aplāja betrifft (s. Anm. 189), dann heißt das, daß es in der Nähe des Nār-kuzbi zu suchen ist, der seinerseits in der Nähe des Nār-Šamaš liegen dürfte (s. unten zu Dūr-Šamaš), was zu der Nennung von B. in BM 75502 (Nr. 2) und *Nbn.* 505 paßt. In CT 56, 239 ist B. vielleicht zu ergänzen (s. Anm. 141).

Birʾilu

24.6a.2 Kyr (BM 62979; 83;3 Gerste; L: Ileʾi-Marduk)

7 Kyr – 1 Nbk IV. (BM 61184 (Nr. 7); 200;0 Gerste; Land der lú*gazrāja* im Bewässerungsbezirk (garim) B.; V: Šamaš-šumu-ukīn)

11 Dar (CT 57, 36 (Nr. 8, s. u.); 40;0 Gerste; BR: Šamaš-iddin; L: Aplāja; V: Šamaš-aplu-uṣur)

S. *AfO Beih.* 25, 212f.

---

325 Lesung nach Kollation von Heather Baker. Der Ort ist u. W. sonst nicht belegt.

Bīt-GUR-bi [...]

13.2.2? Nbn (CT 55, 71; von B. bis [...]; 120;0 ?; S: Ileʾi-Marduk, Inatēšî-ēṭer)

Bīt-Kiribtu

7.0 Nbn (BM 60757 (Nr. 9, s. u.); von Zanzanu bis B.; Datteln; L: Mardukā)

Vgl. Bītu-ša-Bēl-uballiṭ/Kiribtu; hinsichtlich der Lage s. zu Zazzannu.

Bīt-mār-šarri

um 5 Kyr (CT 57, 38; 15;0 Datteln; V: Gimil-Šamaš)

Dar (CT 57, 353; *ultu eqli ša mār šarri adi* [...]; vermutlich Fragment einer Zehntliste)

11 Dar (CT 57, 36 (Nr. 8, s. u.); 130;0 Gerste; V: Šamaš-aplu-uṣur)

S. auch Abschnitt 7.3 zum Zehnten des Königssohnes und Angehöriger seines Haushaltes.

Bīt-mukīl-appāti

15.x.11 Nbn (CT 55, 135; B. und Nār-Pallukkat; 50;0 Gerste; S: Nabû-šumu-uṣur)

13 Nbn (BM 65844 (Nr. 11); B., Bīt-šar-Bābili, Pallukkat u. a. (beschädigt); 165;0 Gerste; S: Kabtia, Arad-Nabû)

Nbn (CT 56, 239 (s. u.); vom Bīt-mukīl-appāti bis [...]; 22;0 Datteln, BR: Nabû-rēhti-uṣur)

Dar (CT 57, 353; [*bīt*] *m.*; vermutlich Fragment einer Zehntliste)

S. auch Abschnitt 7.4 zum Zehnten einzelner königlicher Beamter. 10 Nbn ist in einer Gerichtsurkunde aus dem Ebabbar-Archiv ein «Zügelhalter» namens Itti-Šamaš-balāṭu als Zeuge belegt (BM 61151). Andere Belege für den *mukīl appāti* sind CT 56, 338 und 341; vgl. auch CAD A/2, 183a.

Bīt-Nabû-alsīka-abluṭ

18.3.3 Ner (*Ner.* 54; von Huṣṣētu-[ša-PN, Bīt-Nabû]-alsīka-abluṭ, Huṣṣētu-[ša-e]lamī, Huṣṣētu-ša-Bēlet-iqbi, Huṣṣētu-ša-Iddūtu, Huṣṣētu-ša-ᴵKA-? *elēnītu* [...] (und) Dūr-Šamaš bis Kalbinnu; 40;0 Gerste, 20;0 Datteln; S: Aplāja/Nabû-zēru-ušabši)

15.2.6 Nbn (CT 55, 166; von Bīt-Nabû-alsīka-[abluṭ] bis Kalbinnu; 110;0 Gerste; S: Bēlšunu/Kīnāja, Pirʾu)

als Āl-Alsīka-[abluṭ]?

11 Dar (CT 57, 36 (Nr. 8, s. u.); Alku und Āl-Alsīka-[abluṭ?]; 13;0 Gerste, L: Nabû-kuzub-ilāni (?); V: Šamaš-aplu-uṣur)

Bīt-Nabû-naʾid

a Nbn (BM 75240 (Nr. 3, s. u.); Datteln; Nār-mašenni; Einzelposten dort u. a.: Bīt-Nabû-naʾid; BR: Bēlšunu)

Ein Bīt-Nabû-naʾid ist sonst nicht bekannt. Kann ein Gut des Königs Nabonid gemeint sein?

Bīt-rab-mun/ggi

7.0 Nbn (BM 60757 (Nr. 9, s. u.); Datteln; L: Mardukā)

11 Dar (CT 57, 36 (Nr. 8, s. u.); Pallukkat und B.; 43;0 Gerste; L: Šamaš-iqbi und Addu-na'id; V: Šamaš-aplu-uṣur)

Für den *rab mungi* in Sippar s. Bongenaar, *Ebabbar*, 137f. S. auch Abschnitt 7.4 zum Zehnten einzelner königlicher Beamter.

Bīt-rab-qannāte

20.1.4 Kyr (*Cyr*. 158; von Ālu-ša-Šušanê bis B. und Bīt-Zēria am Nār-kuzbi; 70;0 Gerste; V: Gimil-Šamaš; S: Itti-Bēl-immir/Šamaš-pir'u-uṣur/Sîn-šadûnu)

S. auch Abschnitt 7.4 zum Zehnten einzelner königlicher Beamter.

Bīt-šar-bābili

13 Nbn (BM 65844 (Nr. 11); Bīt-mukīl-appāti, B., Pallukkat u. a. (beschädigt); 165;0 Gerste; S: Kabtia, Arad-Nabû)

S. auch Abschnitt 7.3. Hier ist sicher nicht Nabonids Palast in Babylon gemeint (vgl. Beaulieu, *Nabonidus*, 98ff.), sondern ein Gut, das zum Palasthaushalt gehört.

Bītu-ša-Bēl-uballiṭ/Kiribtu

10 Nbn (*Nbn*. 483 (s. u.); von B. bis Zazzannu; 100;0 (Gerste oder Datteln); s. Bīt-Kiribtu)

Bīt-Zēria

20.1.4 Kyr (*Cyr*. 158; von Ālu-ša-Šušanê bis Bīt-rab-qannāte und B. am Nār-kuzbi; 70;0 Gerste; V: Gimil-Šamaš; S: Itti-Bēl-immir/Šamaš-pir'u-uṣur/Sîn-šadûnu)

Dūr-Šamaš

(± 15 Npl) (BM 77507 Vs. 14'-18' (s. Anm. 219): «von der Brücke (*titurru*) des Nār-kuzbi, Huṣṣētu-ša-Zēria, detto-ša-malāhān(i) und detto-ša-Bēlet-iqbi (und) detto-ša-elamīa bis Dūr-Šamaš: vor/zur Verfügung von Bēl-nāṣir und Arad-Nabû»; Vs. 19'-20': «Von Dūr-Šamaš bis ^{uru}Dannatu und *birīt nārāti* bis uru gu_4-*i-ni* (lies <*kal*>-*bi*$^{!?}$-*i-ni*?): zur Verfügung von Marduk-šumu-ibni, dem Priester (sanga) des Nergal (^{d}igi.du)»)

18.3.3 Ner (*Ner*. 54; von Huṣṣētu-[ša-PN, Bīt-Nabû]-alsīka-abluṭ, Huṣṣētu-[ša-e]lamī, Huṣṣētu-ša-Bēlet-iqbi, Huṣṣētu-ša-Iddūtu, Huṣṣētu-ša-^{I}KA-? *elēnītu* [...] (und) D. bis Kalbinnu; 40;0 Gerste, 20;0 Datteln; S: Aplāja/Nabû-zēru-ušabši)

Die beiden zitierten Texte betreffen offenbar dasselbe Gebiet. Man kann versuchen, D. bzw. das Gebiet zwischen D. und dem Nār-kuzbi genauer zu lokalisieren. Nach Zadok, *Rép*. 8, 123 liegt D. am Euphrat. Der Nār-kuzbi liegt in der Nähe des Nāru-labiru (CT 56, 239), dieser wiederum liegt beim Nār-Šamaš, bei Bīt-Dihummu und wohl auch Gilūšu.[326] Das bedeutet, daß man sich den Nār-kuzbi wohl als einen nicht weit unterhalb von Sippar vom Euphrat abzweigenden Kanal vorstellen muß; Dūr-Šamaš wäre dementsprechend noch etwas weiter

326 S. Jursa, *AfO Beih*. 25, 218. 236; für den Nār-Šamaš s. *ib*. 69f.

südlich am Euphrat zu suchen. Für Dannatu s. Zadok, *Rép.* 8, 117 (möglicherweise nicht weit von Babylon). Ein Ort oder Gebiet «zwischen den Kanälen/Flüssen» ist auch in drei Texten aus dem Iddin-Marduk-Archiv belegt, nämlich in *Cyr.* 12, CT 22, 80 und 243 (in den beiden Briefen als *bir-ri* íd^{meš}, dennoch sicher gegen *AHw.* 129a s. v. *birru* hierher zu stellen). Iddin-Marduk hat in diesem Gebiet ein Haus oder Grundstück. Direkte Informationen, die eine Lokalisierung ermöglichen würden, geben die Texte nicht; man kann annehmen, daß *birīt nārāti* nahe bei Babylon zu suchen ist, da Iddin-Marduk primär im Umkreis dieser Stadt tätig ist. Ein letzter Beleg, in Sachs – Hunger, *Astronomical Diaries* I, No. -366 A Col ii 4 (*šadû ša b.*). 5, hilft nicht weiter.

Galhē

Dar (CT 57, 353; vermutlich Fragment einer Zehntliste; neben ^{uru}Ṣibtu-[ša-šakin-māti (?)])

Vgl. dazu *AfO* 16, 42 Nr. 8, wo Galhē neben Ṣibtu-ša-šakin-māti genannt wird.

^{uru}Gi-?

Nbn (CT 56, 239 (s. u.); von Bīt ^{I}? bis Kalbinnu und ^{uru}Gi-?; 15;0 Datteln, 1;0 Sesam)

Gilūšu

18.1.4 Dar (*Dar.* 110; G. und Nāṣir; 65;0 Gerste; V: Šamaš-aplu-uṣur, Arad-Bēl, Bēl-ahhē-erība)

S. *AfO Beih.* 25, 220ff. Die Namen einiger Ortschaften, aus denen das Ebabbar einen Zehnten bezog, sind auch als Namen für nordbabylonische aramäische Stämme, die von Tiglatpilesar III. besiegt worden sind, belegt, nämlich: Gilūšu (als Gulūsu), Hirānu, Nāṣir und Rab(b)-ilu; vgl. auch den von Tiglatpilesar eroberten Ort Niqqu, der aber weiter östlich zu liegen scheint und daher mit dem homonymen Niqqu, das nach BOR 1, 76ff. bei Rabb-ilu zu suchen ist, nichts zu tun haben wird. Die anderen Ortschaften sind zweifellos nach den (seßhaft gewordenen?) Aramäerstämmen benannt. S. Zadok, *Rép.* 8 unter den jeweiligen Stichwörtern; Tadmor, *Tiglath-pileser III*, 298ff. (Index der Ortsnamen).

Gubbatu

1.3.1 Nbn (BM 64141; G. und Ālu-ša-⌜bēl⌝-[pīhāti] (?); 500;0 Dattelsoll; L: Zēria und Nabû-ēṭer-napšāti)

Hirānu

15.2.11 Nbn (*Nbn.* 505; von Bāb-Nār-Šamaš bis H.; 130;0 Gerste; S: Kabtia, Arad-Nabû)

Nbn (CT 56, 239 (s. u.); von [Bāb-Nār-Šamaš] bis H.)

S. zu Bāb-Nār-Šamaš und Gilūšu; für CT 56, 239 s. Anm. 141.

Hirītu

7.0 Nbn (BM 60757 (Nr. 9, s. u.); vom Nār-mašenni bis H.; Datteln; L: Mardukā)

10 Nbn (*Nbn.* 483 (s. u.); vom Nār-mašenni bis H.; 300;0 Gerste oder Datteln)

Hirītu ist der Ort einer wichtigen Schlacht zwischen Assurbanipal und Šamaš-šumu-ukīn (Frame, *Babylonia*, 289ff.). Unsere beiden Belege zeigen, daß der Ort in der Nähe des *mašennu*-Kanals, also südlich oder südöstlich von Sippar, zu suchen ist.

Huṣṣētu-ša-?

a Nbn (BM 75240 (Nr. 3, s. u.); Datteln; Nār-mašenni; Einzelposten dort u. a.: Huṣṣētu-ša-?; BR: Bēlšunu)

(mehrere Huṣṣētu-Ortschaften)

18.3.3 Ner (*Ner.* 54; von Huṣṣētu-[ša-PN, Bīt-Nabû]-alsīka-abluṭ, Huṣṣētu-[ša-e]lamī, Huṣṣētu-ša-Bēlet-iqbi, Huṣṣētu-ša-Iddūtu, Huṣṣētu-ša-ᴵKA-? *elēnitu* [...] (und) Dūr-Šamaš bis Kalbinnu; 40;0 Gerste, 20;0 Datteln; S: Aplāja/Nabû-zēru-ušabši)

Für eine Parallele hierzu in BM 77507 s. zu Dūr-Šamaš.

Idiqlat

7.0 Nbn (BM 60757 (Nr. 9, s. u.); von Til-appari bis zum Tigris; Datteln; L: Mardukā)

10 Nbn (*Nbn.* 483 (s. u.); vom Nār-šarri bis zum Tigris; 50;0 (Datteln oder Gerste))

Kalbinnu

18.3.3 Ner (*Ner.* 54; von Huṣṣētu-[ša-PN, Bīt-Nabû]-alsīka-abluṭ, Huṣṣētu-ša-elamī, Huṣṣētu-ša-Bēlet-iqbi, Huṣṣētu-ša-Iddūtu, Huṣṣētu-ša-ᴵKA-? *elēnitu* [...] (und) Dūr-Šamaš bis K.; 40;0 Gerste, 20;0 Datteln; S: Aplāja/Nabû-zēru-ušabši)

Für eine Parallele hierzu in BM 77507 s. zu Dūr-Šamaš.

15.2.6 Nbn (CT 55, 166; von Bīt-Nabû-alsīka-[abluṭ] bis K.; 110;0 Gerste; S: Bēlšunu/Kīnāja, Pirʾu)

Nbn (CT 56, 239 (s. u.); von Bīt ᴵ? bis K. und ᵘʳᵘGi-?; 15;0 Datteln, 1;0 Sesam)

Kapar-šarru-īpuš

a Nbn (BM 75240 (Nr. 3, s. u.); Datteln; Nār-mašenni; Einzelposten dort u. a.: ᵘʳᵘK.; BR: Bēlšunu)

Kurraṣu

2.1 Dar (Pinches, BOR 1, 76ff.; Pallukkat (30 Kor Gerste), Niqqu (10 Kor Gerste), Rabb-ilu (10 Kor Gerste), K. und Bāb-? (10 Kor Gerste); V: Nidintu/Bēl-ibni)

S. Zadok, *Rép.* 8, 425.

Nār-Hirānu

12 Nbn (BM 75502 (Nr. 2); von Bāb-Nār-Šamaš bis N.; Gerste; BR: Aplāja; V: Šamaš-aplu-uṣur)

S. zu Bāb-Nār-Šamaš.

Nār-kuzbi

Nbn (CT 56, 239 (s. u.); vom Nāru-labiru bis zum N.; 350;0 Datteln, 10;0 *kāsia*)

20.1.4 Kyr (*Cyr.* 158; von Ālu-ša-Šušanê bis Bīt-rab-qannāte und Bīt-Zēria am N.; 70;0 Gerste; V: Gimil-Šamaš; S: Itti-Bēl-immir/Šamaš-pir᾿u-uṣur/Sîn-šadûnu)

Für die ungefähre Lage des Nār-kuzbi s. zu Dūr-Šamaš. Da der Kanal südlich von Sippar zu suchen ist, kann auch Ālu-ša-Šušanê etwa in der gleichen Gegend vermutet werden.

Nār-mašenni

a Nbn (BM 75240 (Nr. 3, s. u.); Einzelposten am N. u. a.: Bīt-Nabû-na᾿id, Kapar-šarru-īpuš; Huṣṣētu-ša-?; BR: Bēlšunu)

10 Nbn (*Nbn.* 483 (s. u.); vom N. bis Hirītu; 300;0 Gerste oder Datteln)

7.0 Nbn (BM 60757 (Nr. 9, s. u.); vom N. bis Hirītu; Datteln; L: Mardukā)

Nbn (CT 56, 239 (s. u.); 5;0 Datteln)

S. *AfO Beih.* 25, 200f.

Nār-Niqūdu

25.1.3 Nbn (MMA 2, 46; von Bāb-Nār-Šamaš bis N.; Gerste; BR und S: Arad-Nabû

Nār-Pallukkat

15.x.11 Nbn (CT 55, 135; Bīt-mukīl-appāti und N.; 50;0 Gerste; S: Nabû-šumu-uṣur)

15.2.11 Nbn (*Nbn.* 506; 30;0 Gerste; von Bāb-N. bis Ālu-eššu und weiter bis in die Steppe (?; *šadû*); S: Mardukā)

S. *AfO Beih.* 25, 201ff. und Brinkman, *Neo-Assyrian Geography*, 21.

Nār-šarri

10 Nbn (*Nbn.* 483 (s. u.); vom N. bis zum Tigris; 50;0 (Datteln oder Gerste))

S. *AfO Beih.* 25, 204f.

Nāru-labiru

Nbn (CT 56, 239 (s. u.); vom N. bis zum Nār-kuzbi; 350;0 Datteln, 10;0 *kāsia*)

S. *AfO Beih.* 25, 205.

Nāṣir

18.1.4 Dar (*Dar.* 110; Gilūšu und N.; 65;0 Gerste; V: Šamaš-aplu-uṣur, Arad-Bēl, Bēl-ahhē-erība)

S. zu Gilūšu. Vgl. auch Zadok, *Festschrift Röllig*, 447.

Niqqu

2.1 Dar (Pinches, BOR 1, 76ff.; Pallukkat (30 Kor Gerste), N. (10 Kor Gerste), Rabb-ilu (10 Kor Gerste), Kurraṣu und Bāb-? (10 Kor Gerste); V: Nidintu/Bēl-ibni)

20.1.4 Dar (BM 64086; 9;0 Gerste; V: Šamaš-aplu-uṣur, Arad-Bēl, Nūrea; S: ?-ušabši/Nabû?-hussanni; die Schuld ist in Bāb-Pallukkat zu zahlen)

11 Dar (CT 57, 36 (Nr. 8, s. u.); 8;0 Gerste, L: Sîn-šarru-uṣur; V: Šamaš-aplu-uṣur)

S. zu Gilūšu.

Pallukkat

13 Nbn (BM 65844 (Nr. 11); Bīt-mukīl-appāti, Bīt-šar-bābili, P. u. a. (beschädigt); 165;0 Gerste; S: Kabtia, Arad-Nabû)

27.1.5 Kyr (BM 100945; Gerste; V: Gimil-Šamaš)

2.1 Dar (Pinches, BOR 1, 76ff.; P. (30 Kor Gerste), Niqqu (10 Kor Gerste), Rabb-ilu (10 Kor Gerste), Kurraṣu und Bāb-? (10 Kor Gerste); V: Nidintu/Bēl-ibni)

11 Dar (CT 57, 36 (Nr. 8, s. u.); P. und Bīt-rab-mungi; 43;0 Gerste; L: Šamaš-iqbi und Addu-na'id; V: Šamaš-aplu-uṣur)

S. *AfO Beih.* 25, 227f.

Pudānu

29.1.17 Nbn (*Nbn.* 1028; 55;0 Emmer; V: Mardukā; S: Bunene-ibni/Pān-Dēr-lūmur[327])

Rabb-ilu

2.1 Dar (Pinches, BOR 1, 76ff.; Pallukkat (30 Kor Gerste), Niqqu (10 Kor Gerste), R. (10 Kor Gerste), Kurraṣu und Bāb-? (10 Kor Gerste); V: Nidintu/Bēl-ibni)

S. zu Gilūšu.

Raqqat-Šamaš

3.8.(0 Perserkönig) (CT 55, 178; 10;0? Gerste; Zehnt?; S: Nabû-šumu(zēru?)-ibni/Šarru-mītu-uballiṭ; V: ᴵNi-? (*akî amerti ša* ᴵ*ni-*[]))

11 Dar (CT 57, 36 (Nr. 8, s. u.); 100;0 Gerste; V: Šamaš-aplu-uṣur)

S. *AfO Beih.* 25, 228.

Ṣibtu-[ša-šakin-māti]

Dar (CT 57, 353; vermutlich Fragment einer Zehntliste; neben Galhē)

Vgl. dazu *AfO* 16, 42 Nr. 8, wo Galhē neben Ṣibtu-ša-šakin-māti genannt wird.

Til-appari

7.0 Nbn (BM 60757 (Nr. 9, s. u.); von T. bis zum Tigris; Datteln; L: Mardukā)

Zaz/nzanu

7.0 Nbn (BM 60757 (Nr. 9, s. u.); von Zanzanu bis Bīt-Kiribtu; Datteln; L: Mardukā)

Nbn (CT 56, 239 (s. u.); von Bīt-ᴵ? bis Zazzannu und ᵘʳᵘZub/mat-?; 240;0 Datteln)

---

327 Der Schuldner ist auch in *Nbn.* 298. 618 und 656 belegt.

10 Nbn (*Nbn*. 483 (s. u.); von Bītu-ša-Bēl-uballiṭ/Kiribtu bis Zazzannu; 100;0 (Datteln oder Gerste))

S. Zadok, *Rép*. 8, 334: Der Ort ist nach der Behistun-Inschrift am Euphrat. Weitere unpublizierte Belege: BM 74595 (Bertin 2250). 74621 (Bertin 2275). 74623 (Bertin 2314).

Zub/mat-?

Nbn (CT 56, 239 (s. u.); von Bīt-^{I}? bis Zazzannu und ^{uru}Zub/mat-?; 240;0 Datteln)

Paraphrase zweier einschlägiger Texte mit mehr als einer «von ... bis ...»-Angabe (s. a. die Umschriften von BM 60757 (Nr. 9), BM 75240 (Nr. 3) und CT 57, 36 (Nr. 8) unten in Anhang 3):

CT 56, 239: Nbn; wahrscheinlich eine Zehntliste, beschädigt; von [Bāb-Nār-Šamaš (?)] bis Hirānu; BR: [Arad-Nabû] (?, s. Anm. 141), vom Bīt-mukīl-appāti bis [...] (22;0 Datteln, BR: Nabû-rēhti-uṣur); vom Nāru-labiru bis zum Nār-kuzbi (350;0 Datteln, 10;0 *kāsia*); von Bīt ^{I}? bis Kalbinnu und ^{uru}Gi-? (15;0 Datteln, 1;0 Sesam); [...]; von Bīt-^{I}? bis Zazzannu und ^{uru}Zub/mat-? (240;0 Datteln); [...]; Nār-mašenni (5;0 Datteln))

***Nbn*. 483**: 10 Nbn; vom Nār-mašenni bis Hirītu (300;0); von Bītu-ša-Bēl-uballiṭ/Kiribtu bis Zazzannu (100;0); vom Nār-šarri bis zum Tigris (50;0); von Bur*$^{?}$ ^{I}*nu-su-ú-bi* bis *šupāl*$^{?}$ (ki(Text: DI).ta) *ga-*⌜*lu*⌝$^{?}$*-lu* bis zum (Grundstück) des ^{I}an-a-ni-ri (10;0)[328]

[328] Koll.; die Ortsnamen in den letzten drei Zeilen des Textes (9-11) sind unklar; sie sind nicht in die Liste der Ortsnamen oben aufgenommen. Strassmaiers Kopie ist im wesentlichen korrekt.

Anhang 2: Nicht genauer identifizierte Zehntzahlende in den Sippar-Texten

In der folgenden Liste (vgl. oben Abschnitt 7.5) sind Personen, die in *ešrû*-Listen von Zehntpächtern und ähnlichen Texten zum landwirtschaftlichen Zehnten genannt werden, nicht aufgenommen.

Ahu-immē: gemeinsam mit Nabû-?/^{I}šeš-*ul-la-am*, 4;0 Gerste, 2.12.2 Nbn; CT 57, 46

⌜Arad$^{?}$-Bēl⌝: 15 *š.* blaue Wolle, 17.2.4 Nbn; CT 55, 864

Balāṭu: 34 *mašīhu ša sattukki*, 3 Ner; CT 57, 64 (in einer *maššartu*-Liste)

Bazuzu: 1 Schaf, Zypressenholz, 15.1.7 Kyr; *Cyr.* 247

Bēl-iddin, *ša ina muhhi* [ ]: Gerste, 12 (Dar); CT 57, 44 (s. zu Ibnāja/Šamaš-ēreš)

Bunene-ibni: 27;3.4.3 Emmer, durch seinen Diener Bēl-amuranni, 9.12.6 Nbn; BM 63892

Ibnāja/Šamaš-ēreš: 5;0 Gerste, 12 (Dar); CT 57, 44[329]

Iddin-Marduk: 2.5.2 Nbn; BM 67006

Iqīšāja: Sesam, 6.9.3 Nbk; BM 49588[330]

Iqīšāja/Šulāja, aus Kiš: 1 zweijährige Kuh, 10.12.3 Nbn; CT 55, 687

Marduk-bēl-ilāni: 1 *ba-la-la* (unkl.; oder lies *ma*$^{!}$-... und stelle zu *mālalu*?), 15.5.0 Nbn; CT 56, 464

Marduk-šarru-[uṣur]: 0;4.3 Gerste, 8.12a.3 Kyr; BM 60989

Mukīn-apli: Schaf(e), 10.0.5 Dar; CT 57, 51

Murānu/Bēl-šarru-uṣur: 1;2.2.3 Gerste, 6.7.30 Nbk; *Nbk.* 215

Nabû-?/^{I}šeš-*ul-la-am*: gemeinsam mit Ahu-immē, 4;0 Gerste, 2.12.2 Nbn; CT 57, 46

Nabû-ahhē-iddin/Ubār: 1 Talent Wolle, 18.6.15 Nbn; *Nbn.* 882; detto, 5.5.17 Nbn; BM 59699[331]

Nabû-balāssu-iqbi: 3,5 *š.* Silber für Datteln, 25.12.7 Nbn; CT 56, 251

Nabû-ina-kāri-lūmur: Sesam (3 *mašīhu*, 4 *sūtu*); 3.8.2 Kyr; *Cyr.* 67

Nabû-nāṣir/Marduk-šumu-? (oder Marduk-iddin): 12;3 Datteln, 5.9.15 Nbn; *Nbn.* 902

Nabû-šumu-ibni (?): 1 Rind, 2 opfertaugliche Schafe; CT 22, 153[332]

Nabû-šumu-uṣur: 9;1$^{?}$.4 Datteln, durch Boten Itti-Nabû-gūzu und Bazuzu, 20.8.2 Kam; CT 56, 238

Nabû-udammiq/Nabû-balāssu-iqbi: 2;4.1 Datteln, Nbn; BM 58583

Nabû-ušēzib/?-udammiq: Perserzeit; CT 57, 50

Nādinu: Datteln, 28.9.a Ami; *EvM* 4

Nergal-nāṣir: 1 einjähriges opfertaugliches Rind, 19.3.14 Nbn; *Nbn.* 768

Niqūdu/Zēria: 1/16 *š.* Gold, 10.12.5$^{?}$ Nbn; CT 57, 43[333]

---

329 Datierung nach Bēl$^{!}$-iddin in Zeile 13; s. Bongenaar, *Ebabbar*, 245.

330 Der früheste uns bekannte Beleg für den Zehnten aus dem Ebabbar-Archiv.

331 2f.: ... ^{Id}ag-š[eš^{meš}-mu], a ^{I}*ú-bar* ...

332 Nabû-šumu-ibni ist der Absender des Briefs, der einen Viehzehnten betrifft. Es ist zwar wahrscheinlich, daß dies sein eigener Zehnt ist, sicher ist dies jedoch nicht, da das Ende des Textes fehlt.

Ṣillāja/Aplāja: 7 Näpfe Öl, 26.1.5 (Kyr$^{?}$); *Nbn.* 185[334]
Šamaš-itti[a/]Bēl-uballiṭ/Sîn-?: 4.⸢8⸣ Nabû-[na'id]; CT 57, 39
Šumu-ukīn: Schafe; CT 22, 214 (nicht mit Sicherheit datierbar)
DU-⸢x⸣-[x/x]-⸢x⸣-*la-a*: 7;0 Datteln, durch Šamaš-zēru-ušabši, 13.9.12 Nbn; BM 60945
KUL-⸢x⸣-MU: 1;3.2 Sesam, 21.9.0 NNN; CT 57, 334
⸢x⸣-DU-⸢x⸣: 2;0 Gerste, 24.8.1 Kam; *Camb.* 76

333 Ist in CT 56, 757: 7f. [x še.bar *eš*]-*ru-ú šá* ^{I}*ni-qu-du*, [*a-šú šá* ^{I}numun]-*ia ina* é-gur$_{7}^{meš}$ zu lesen?

334 Datum nach *Cyr.* 360: 19 ergänzt.

Anhang 3: Transliterationen

BM 83772 (Nr. 1; 83-1-21, 935)

(etwa die Hälfte der Tafel abgebrochen)

3 bán *eš-ru-ú* é ⸢x x⸣ [x x]
^{I}šeš-*lu-mur* ⸢2^{ú}⸣ ká
2 gur sag.du ⸢*ka*⸣-*re*-⸢*e*⸣
^{I}šeš-*lu-mur šal-šú* ká
4 pi ^{Id}ag-mu-dù *ù*
^{Id}ag-*ma-lik*
3 pi ^{Id}iškur-*ba-rak-ka*
Rs. 3 bán *eš-ru-ú* <<^{I}>>
^{Id}iškur-*ba-rak-ka*
1 [p]i ^{I}*šá-am-ma-nu*
pab 3 gur 4 (pi) 4 bán še.giš.ì
sag.du *ka-re-e*
ina lìb-bi 2 gur 1 pi še.giš.ì
ši-ib-šú eš-ru-ú
1 ⸢pi *eš-ru-ú*⸣
(Rest der Rs. (wenn beschrieben) abgebrochen)

BM 75502 (Nr. 2; AH 83-1-18, 843; Bertin 1481f.; Str. II 536)

še.bar *eš-ru-ú* níg.ga ^{d}utu mu.12.⸢kam⸣
^{d}ag-ní.tuk lugal tin.tir^{ki}
šá ta ká íd ^{d}utu *a-di* íd *hi-ra-nu*
šá é kišib *šá* ^{I}*ap-la*-<*a*> a-*šú šá* ^{I}*mu-še-zib*-^{d}en
šá ina šu^{II} ^{Id}utu-a-pab a-*šú šá* ^{I}*ni-qu-du*
a ^{I}<^{lú}sipa>-anše.kur.ra *šá la e-se-re-tu*$_4$

---

1 ME še.bar *šá* ^{Id}ag-*id-ri šá* é *re-du-tu*
é ^{lú}ban *šá ina muh-hi* ^{Id}ag-<*ina*>-*na-qut-al-si*
10 gur še.bar *eš-ru-ú-šú ul id-din*

---

1 ME še.bar *šá* ^{I}⸢^{d}⸣amar.utu-lugal-ùru *šá* é *ri-du*(Text *ru*)-*tu*
é ban 10 gur še.bar *eš-ru-ú-šú ul id-din*

---

90 gur ⸢še.bar⸣ *šá* ^{lú}*na-gi-ri*
šá kur *e-la*-⸢*an-da*⸣ *šá ina lìb-bi* <*šá*> lugal *i-re-eš*
3 gur še.bar *eš-ru-ú-šú ul id-din*

---

90 gur še.bar *šá* ^{I}*mar-ṣa-an*-[*na*$^{?}$]-ʾ
šá ina lìb-bi šá lugal *i-re-eš*
Rd. 3 gur še.bar *eš-ru-ú-šú*
ul id-din

Rs. 30 gur še.bar *šá* ^{I}*ba-ni-ia* é ban
šá é ^{I}*ra-aṣ-ṣi-ṣi*
3 gur še.bar *eš-ru-ú-šú ul id-din*
90 gur še.bar 2 ká *šá* ^{I}*ba-ni-ia*
šá ina ⸢*lìb-bi*⸣ *šá* lugal *i-re-eš*
3 ⸢gur še⸣.bar *eš-ru-ú-šú ul id-din*
90 ⸢gur še⸣.bar *šá* ^{Id}di.kud-⸢lugal⸣-ùru ^{lú}*mu*-IM-*ra-a-a*
šá ina lì[*b*]-*bi šá* lugal *i-re-eš* 3 gur še.bar
eš-ru-ú-šú ul id-din
1+*šu* gur še.bar *šá* ^{Id}utu-lugal-ùru a ^{I}*mil-ki-ra-am*
šá ina [*lìb-b*]*i šá* ⸢lugal⸣ *i-re-eš* 2 gur še.bar *eš-ru-ú-šú ul id-din*
1+*šu* gur še.bar *šá* ^{Id}ag-lugal-⸢ùru⸣ [x x x]
šá ⸢*ina lìb-bi*⸣ *šá* lugal *i-re-eš* 2 [gur *eš-ru-ú-šú ul id-din*]
pab 39 gur še.bar *eš-ru-ú*
níg.ga ^{d}utu *šá* mu.12.kam ^{d}ag-i
lugal tin.tir^{ki} *šá la na-din-*tu_4

3) Für eine mögliche Lokalisierung der genannten Ortschaften s. Appendix 1 s. v. Bāb-Nār-Šamaš. Aplāja ist auch als Zeuge in *Cyr.* 213 (s. Anm. 160) belegt.

6) *e-se-re-*tu_4 steht für /esretu/. Da die genaue Höhe der nicht gezahlten Zehntposten angegeben wird, ist anzunehmen, daß sie noch einzutreiben sind, und nicht, daß die betreffenden Felder von der Leistung des Zehnten ausgenommen sind, wie Zadok vermutet hat (Zadok, *Festschrift Lipiński*, 436f.).

7. 10) Für *bīt redûti* in nB Zeit s. a. Beaulieu, *Nabonidus*, 155/157.

12f.) Diese Zeilen sind von historischem Interesse: Vgl. für den «Herold von Elam» Sassmannshausen, *BaM* 26, 153-157. Nach den Belegen aus den assyrischen Königsinschriften handelt es sich um eine ausgesprochen hohe Persönlichkeit. Was es mit seinem Erscheinen in unserem Text auf sich hat, kann angesichts unserer schlechten Kenntnis der Geschichte von Elam zu dieser Zeit (vgl. Stolper in Carter und Stolper, *Elam*, 53ff.) nur vermutet werden. Der «Herold von Elam» könnte z. B. im Zusammenhang mit der wahrscheinlichen babylonischen Besetzung von Susa, die mindestens bis Neriglissar gedauert zu haben scheint (Stolper, a. a. O.), deportiert worden sein, oder er könnte vielleicht als eine Art Gesandter anzusehen sein, dem Versorgungsland zugeteilt worden ist.

20) *raṣṣiṣu* «Küken» (*AHw.* 960a, auch CT 55, 666: 15), hier als PN. Ein Bīt-Raṣṣīṣi kenne ich sonst nicht.

25) Die Zeichen am Ende sind etwas gedrängt, aber doch einigermaßen klar und so auch von Strassmaier und Bertin gelesen worden. Eine Emendation zu ^{lú}*gi-...* stößt auf die Schwierigkeit, daß «Kimmerier» i. a. mit *-mir-* geschrieben wird, also als *gimirrāju* anzusetzen ist; s. Zadok, *Rép.* 8, 139f.

BM 75240 (Nr. 3; AH 83-1-18, 571; Str. II 179/4)

[z]ú.[lum.ma *e*]*š-ru-ú*$^{!}$ *šá* ^{d}utu [x x] ⸢x x x⸣
[x] uru [x x x (x)] uru *šá* dumu^{meš} *šá* ^{Id}en-mu ⸢x x x⸣
[*a-d*]*i* a.šà *šá* ^{I}⸢*mu*⸣-*ra-nu* a-*šú* ⸢*šá*⸣ ^{I}*re-mut* é kišib *šá* ^{I}en-*šú-nu*
iti.⸢apin⸣$^{!}$ mu.sag.nam.lugal.la ^{Id}ag-i lugal tin.tir^{ki}
34 gur uru *šá* dumu^{meš} *šá* ^{Id}en-mu
11(+$^{?}$) ⸢gur⸣ ^{lú}*hu-um-ma-a-a*
[x x gu]r a.šà *šá* ^{I}ìr-*ia* a ^{I}*re-mut*
⸢20 x gur⸣ ^{I}*e-tel-pi-*^{d}utu
[x x] gur ^{I}*tu-kul-ti-*<<DIŠ>>^{d}amar.utu
3 gur 4 ⸢pi⸣ ^{I}*mu-ra-nu* a ^{I}[x x x]
4 gur 4 pi ^{I}numun-tin-t[ir^{ki}]
[x x g]ur ^{I}⸢x⸣ [ ]
[ ] ^{I}[ ]
(Rest der Vorderseite abgebrochen)

Rs.
⸢*er-bi šá*⸣ [zú.lum].ma gú íd ^{lú}⸢*ma*$^{?}$-*še*$^{?}$-*en*⸣
10 gur ^{Id}en-tin^{it} a [ ]
5 gur ^{I}[x x] ⸢x *it*⸣$^{?}$-*t*[*u*$_{4}$$^{?}$]
5 gur [^{I}*ba*]-*la-*⸢*ṭu* a ^{I}⸣[ ]
3 gur [^{I}]^{d}ag-kar-zi^{meš}
1 gur 2 (pi) 3 bán ^{Id}ag-*na-ṣir*
1 gur 4 pi *šá-lìb-bi*-uru-*a-a*
3 gur é ^{Id}ag-i
2 gur ^{I}*na-ṣir*
3 gur uru *ka-par*-lugal-*i-pu-uš*
pap 77 gur 1 (pi) 4 bán zú.lum.ma
[x x] ⸢x⸣ íd *ma-še-en*
pap 2 ME 50 gur 2 (pi) 2 bán zú.lum.ma [x x]
[x *eš*]-⸢*ru-ú*⸣ *šá* mu.sag.⸢nam⸣.lugal.la ^{Id}ag-[i]
lugal tin.tir^{ki}

l. Rd. [ ] ⸢x⸣ *šá* gú$^{!}$ íd ^{lú}agrig
[ ] ⸢x⸣ *hu-*⸢*ṣe*⸣-*e-ti* ⸢*šá* ^{I}⸣[x x x]
[ ] ⸢*ù* ^{I}ìr-*ia*⸣ ⸢x x⸣ [x x x]

3) Murānu/Rēmūtu ist ein Ölpresser (Bongenaar, *Ebabbar*, 276f.).

4) Der Monatsname sieht fast wie bára aus; diese Lesung ist jedoch nicht möglich, da Nabonid im Nisānu noch nicht an der Macht war.

6) Cf. CT 55, 74 (27.9.1 Dar) und *Dar.* 111 (20.1.4 Dar): Zehnt von uru *hu-um-ma-a-a*; vgl. weiters Jursa, *ArOr* 63, 154. Man kann das Ethnikon sicherlich ebenso wie das etwas häufigere ^{lú}*hu-ma-a-a* von Humē «Kilikien» ableiten. Für Kilikier in Sippar s. a. MacGinnis, ZA 84, 205. Man muß ihre Präsenz nicht mit MacGinnis mit Nabonids Feldzügen gegen dieses Land in

Verbindung bringen; schon unter Nebukadnezar gab es kilikische Gefangene am babylonischen Hof (s. die Belege aus Weidner, *Mélanges Dussaud* bei Zadok, *Rép.* 8, 166).

Rs. 1') *erbu* meint hier allgemein Einnahmen, nämlich von Datteln unter dem Titel *ešrû*.

7') *šá-lib-bi*-uru-*a-a* «Städter»?: CAD A/1, 390a s. v. *ālu* in *ša libbi āli* «city dweller» übersetzt den in zwei Egibi-Texten belegten Ortsnamen *ālu-ša-libbi-ālāja* mit «settlement of the city dwellers»; das sind die einzigen nB Belege des Wörterbuchs für dieses Lemma. Bessere Alternativen scheint es nicht zu geben. Zadok, *Rép.* 8, 212 kennt ein Libbi-āli, das er mit Babylon identifizieren möchte; dies ist jedoch zweifelhaft.[335] Weiters könnte man erwägen, *ša-libbi-ālāja* mit *libbi-ālāja* gleichzusetzen, also eine Gruppe von Nachkommen deportierter Assyrer bzw. Bewohner von Assur zu vermuten.[336] Da die Zehntlisten auch von anderen fremden ethnischen Gruppen sprechen, wäre dies inhaltlich eine ansprechende Lösung, jedoch muß mangels sicherer Parallelen für diese Schreibung der von CAD nahegelegten Lösung der Vorzug gegeben werden.

BM 64056 (Nr. 4; 82-9-18, 4025; Bertin 2126)

1 ^{Id}utu-mu-*kin* a-*šú šá* ^{Id}en-d[ù a ^{Id}ag-*un-na*]-*a-a*
ina ^{d}en ^{d}ag *u a-di-i šá* ^{I}⸢*da-ri*⸣-[*muš*]
lug[al] e^{ki} lugal kur.kur *a-na* ^{I}*ina*-é.sag.í[l-*lil-bur*]
^{lú}sanga ud.kib.nun$^{⸢ki⸣}$ *u* ^{lú}dub.⸢sar⸣^{meš} [é.babbar.ra]
5 *it-te-me ki-*⸢*i*⸣ [*a*]-⸢*di*⸣-*i a-ki-i* [*ú-il-tì*]
šá še.bar *eš-ru-ú* [*šá* m]u.8.⸢kam ^{I}*da*⸣-*ri*-[*muš*]
šá ^{Id}utu-ibila-ùru [*šá* ugu *eš-ru-ú*] *ma-la*
ú-kal-lam-an-ni ⸢*it-ti*⸣ 1 gur 1 pi
Rd. še.bar *a-na* níg.ga ^{d}utu *a-nam-di-nu*
Rs. ^{lú}*mu-kin-nu* ^{I}*ba-su-ru šá muh-hi*
11 pad lugal ^{I}mu-^{d}ag a-*šú šá* ^{Id}utu-si[$g_5$$^{?}$]^{q}
a ^{lú}sanga ^{d}utu ^{Id}ag-*na-din*-mu a-*šú šá* ^{Id}bad-mu
a ^{I}numun-*a-a* ^{I}*la-a-ba-ši* a-*šú šá* ^{Id}ag-pab

[335] Der Beleg *Dar.* 346: 13 ist zu streichen, der Ortsname ist IG$^{!}$.GUR$^{!}$/EREN$^{!ki}$ «Susa» zu lesen (vgl. Abraham, OLP (in Druck)). Das von Unger zitierte ^{uru}šà-*a-lu* in einem unpublizierten Text wäre eine singuläre Schreibung und erscheint uns suspekt. Ein Beleg stammt aus einem Personennamen und könnte auch Assur meinen, ebenso wie der letzte Beleg, Strassmaier, *8. Kongreß*, Nr. 3: Brinkman und Kennedy, JCS 35, 18 I.7, nach Landsberger, *Brief*, 31. *libbi āli* kann in babylonischen (literarischen) Texten allenfalls ein Name für Nippur sein, aber nicht für Babylon oder einen Teil davon (George, OLA 40, 443 unten mit älterer Literatur). Gegen Ungers *libbi āli* argumentiert auch Landsberger, ZA 41, 290.

[336] Für Assyrer in Babylonien vgl. ausführlich Zadok, *Assur* 4/3; vgl. auch die Erwähnung einer Gruppe von Subaräern neben 'Kimmeriern' in BE 8, 80 (15.8.1 Kam); van Driel, JESHO 32, 205f., Zadok, *Rép.* 8, 273.

a ^{Id}nanna-*ú-tu* ^{I}ìr-*ia* a-*šú šá* ^{Id}utu-[x x]
15 ^{I}sum-*na-a* a-*šú šá* ^{Id}ag-du-a ^{I}mu-^{d}ag a-*šú šá* ^{Id}amar.u[tu-pab]
a ^{lú}sanga-^{d}inanna-tin.tir^{ki} ^{I}*re-mut-*^{d}utu a-*šú šá* ^{Id}amar.utu-⸢x⸣ [x]
u ^{lú}umbisag ^{Id}ag-*na-din-ip-ri* a-*šú šá* ^{I}du-numun
[a] ^{lú}sanga-^{d}iškur UD.KIB.NUN^{ki} iti.sig$_4$
[u]d.26.kam mu.8.kam ^{I}⸢*da*⸣-*ri-*ʾ-[*muš*]
Rd. lugal tin.tir^{ki} lugal kur.kur

10f.) Basūru *ša muhhi kurummat šarri* ist mit Bongenaar, *Ebabbar*, 108 sicher mit Basūru *ša muhhi quppi* zu identifizieren. Allerdings kann man fragen, ob tatsächlich ein reiner Schreibfehler vorliegt, wie Bongenaar angenommen hat; die Bezeichnung «der über die Rationen des Königs (gesetzt ist)» könnte für einen Höfling (*ša reš šarri*), der die königliche Kasse (im Ebabbar) verwaltet, nicht ganz unpassend sein.

BM 79052 (Nr. 5; Bu. 89-4-26, 349)

1 še.bar *šá eš-ru-ú šá* mu.7.[kam]
ina šu^{II} ^{I}*mar-duk u* ^{lú}erín^{meš}-*šú id-*[*din-nu*]
1 ME 43 gur 4 (pi) 3 bán ^{I}ìr-^{d}en ⸢x⸣ [x x]
1 ME 74 gur 4 (pi) 1 bán 3 *qa*
5 ^{I}*gi-mil-*^{d}utu *u* ^{I}⸢x⸣ [x x]
⸢10⸣ gur ^{I}zálag-^{d}utu *šá* é udu.níta
7 gur ^{Id}utu-su *šá* é gu$_4$
3 gur ^{I}*na-ni-ia* ^{Id}utu-sur
u ^{Id}ag-bàd-igi-*ia* iti.ne ud.8.kam
10 [x+] ⸢2⸣ gur 3 (pi) 4 bán 3 *qa ina* é ⸢gur$_7$⸣^{meš}
[x gu]r ^{I}zálag-^{d}ut[u]
[x x x] ⸢x⸣ ši ⸢x⸣ pa [ ]
[x ^{I}*re-mu*]*t* ^{I}⸢x⸣ [ ]
Rd. [x x x] ^{I}*ina* giš-m[i-GN]
Rs.
15 [x] ME 26 gur 2 (pi) 1$^{?}$ b[án]
[^{I}]á.gál-^{d}tu.tu ⸢*e*⸣-[*lat*]
[1+]*šu*+6 gur pad.⸢hi.a⸣ *šá* ⸢iti⸣.kin ^{lú}erín^{meš}
šá ^{lú}*qí-i-pi* 20 gur *a-na qé-me*
^{I}ki-^{d}ag-*gu-*⸢*zu*⸣ 85 gur
20 ^{I}zálag-^{d}⸢utu *a-na kis*⸣*-sat* udu.níta
5 gur [^{I}]^{d}utu-su *šá* é gu$_4$ *ina* šu^{II} ^{I}*mar-duk*
iti.k[in] ud.5.kam mu.7.kam
pab ⸢5 ME 58⸣ gur še.bar
^{I}*mar-duk it-ta-din*
(eine Zeile frei)
25 iti.kin ud [20.1].lá.k[am] mu.[7.kam]

^{Id}ag-⸢i⸣ lugal e[^{ki}]

***Cyr.* 184 (Nr. 6)**

[^{Id}utu-mu-du a-*šú šá* ^{Id}en]-dù a ^{Id}ag-*un-na-a-a*
[^{Id}en-*šú-nu* a-*šú šá* ^{I}PN (?) a] ⸢^{I}⸣*maš-tuk-a-ta* ^{Id}en-kád
[a-*šú šá* ^{Id}utu-numun-dù a ^{lú}sip]a-anše.kur.ra *šá* ⸢ugu⸣* 10^{ú}
[*ina* ud.x.kam] *šá* iti.du$_6$ *a-na* ^{Id}en-tin^{it}
[^{lú}sanga *sip-par*^{ki} *u*] ^{lú}umbisag^{meš} *šá* é.babbar.ra
[*iq-bu-ú um-ma*] zú.lum.ma *a-na* kù.babbar *ul ni-id-din*
[*ina sar-tú* (?) *ul*] *ni-iš-šá-*ʾ zú.lum.ma *eš-ru-ú*
[*gam-ru i*]*z**-*ze*-⸢*bil*⸣*-<ʾ>-*nim-ma ina* é.babbar.ra
[*a-na* ^{Id}en]-tin^{it} ^{lú}sanga *sip-par*^{ki} *u* ^{lú}umbisag^{meš} ⸢*i**-*nam*⸣*-*din-nu-*ʾ
[zú.lu]m.ma [*ki-i*] a^{meš} *ru-qu-*ʾ *ina a-šar* ^{Id}en-*šú-nu*
[*i*]-*maš-šah**-<ʾ>-⸢*ma*⸣* [*a-n*]*a* ^{Id}en-tin^{it} ^{lú}sanga [*sip-par*]⸢^{ki}⸣
[*u*] ^{lú}umbisag^{meš} *i-nam-din-nu-*ʾ
(Zeugen, Schreiber; Datum: 26.[7].4 [Kam])

2) Es ist wahrscheinlicher, daß in Zeile 2 jener Bēlšunu eingeführt wird, der in 10 ohne weitere Erklärungen genannt wird, als daß nach CT 55, 135 [^{Id}ag-mu-ùru a-*šú šá* ^{I}*mar-duk* a] zu ergänzen ist. (S. Abschnitt 6.22. Nabû-šumu-uṣur/Mardukā/Maštukāta.)

8) Die Verbalform sollte ein Präsens des Grundstammes sein.

BM 61184 (Nr. 7; 82-9-18, 1160)

[x x] ⸢x x x x⸣ [ ]
⸢x⸣-*šá-*ʾ *um-ma* še.numun *šá* ^{lú}*gaz-r*[*a-a-a*]
ina <<A>> ^{garim}*bi-ir-li iṣ-ba-tu-*ʾ *eš-ru-*⸢*ú*⸣-[*šú*]
la-<igi>-*ka ma-hìr* ^{Id}en-tin^{it} ^{lú}sanga *sip-par*^{ki} *ù* [^{I}lugal-*lu-da-ri*]
^{lú}*qí-i-pi* é.babbar.ra ^{Id}utu-mu-du *i-šá-lu-*ʾ [0]
um-ma ina mu.an.na *ki-ma-*ʾ *eš-ru-ú šá* ^{lú}*gaz-*[*ra-a-a*]
^{Id}utu-mu-du *ina* ukkin *iq-bu um-ma ina* mu.an.[na]
2 ME še.bar *eš-ru-ú šá* ^{lú}*gaz-ra-a-a* še.b[ar *a*$_4$]
2 ME *a-na muh-hi a-ma-ru šá* ^{giš}da níg.k[a$_9$ x x]
[x x *ina* mu.a]n.na *ki-ma-*ʾ *ki-i* še.nu[mun *šá la iṣ-ba-tu-*ʾ (?)]
[še.bar-*šú* (?)] *it-ti* ^{Id}utu-mu-du *ina* ⸢*muh*⸣-*h*[*i eš-ru-ú* (?)]
Rd. [(*šá*) *a-na* níg.ga] ⸢^{d}⸣utu *i-ni-ih-si-ú-nu e-lat* 1 ME [še.bar (?)]
[*šá* ^{I}]^{d}utu-mu-du-*iq-bu-ú um-ma* t[a ugu]
Rs. *u*$_4$-*mu šá* ⸢*ú-il-ti*⸣ *ina muh-hi-ia te-*ʾ-*l*[*u* x x]
ina mu.an.na 1 M[E] še.bar ^{lú}šà.tam uru.kur.ti [*šá* še.numun (?)]
ta *mi-ṣ*[*ir šá*] ^{d}utu *šá ina* <<A>> ^{garim}*raq-qát* ^{d}[utu x x]
ta-ad-di-nu i-na-áš-ši re-he-tu$_4$ še.bar [*u* zú.lum.ma]

4 ME še.bar 5 ME zú.lum.⸢ma⸣ *ù a-ki-i* [*ú-il-ti*]
šá ina muh-hi-šú še.giš.ì *a-na* ^{d}utu ⸢*i*⸣-*na*[*m-din*]
20' *ina ma-har* ^{Id}en-tin^{it} ^{lú}sanga *sip-par*^{ki} *ù* ^{I}lugal-*l*[*u-da-ri*]
^{lú}*qí-i-pi* é.babbar.ra *ša-ṭa-ru šá-ṭe-er* [0]
^{lú}*mu-kin-nu* ^{Id}en-a-mu a-*šú šá* ^{Id}KASKAL.KUR-*ú* a ^{lú}sa[nga-*sip-par*^{ki}]
^{I}šeš^{meš}-mu-^{d}amar.utu a-*šú šá* ^{I}su-^{d}amar.utu a ^{lú}sanga-[^{d}inanna-e^{ki}]
^{Id}en-mu a-*šú šá* ^{Id}ag-mu-si.sá a ^{lú}sanga-[^{d}inanna-e^{ki}]
25' (Spuren, Rest des unteren Randes verloren)
l. Rd. še.numun *šá* ^{lú}*gaz-ra-a-a šá al-la* [še.numun *šá* šu^{II}]
^{Id}utu-mu-du *it-ti-ru it-*[*ti-šú*]
[0] ⸢*lìb-bu-ú ki-i* še.numun *i-ti-*[*ru*]
[0] *i-ni-ih-si-ú-nu*

1') Das erste, beschädigte Zeichen in ⸢x⸣-*šá-*ʾ *um-ma* ist weder ⸢*iš*⸣ noch ⸢*i*⸣, so daß das Verb weder von *našû* abgeleitet (*«[x] hat [y] gebracht mit den Worten:») noch zu einer Form von *šâlu* (*⸢*i*⸣-*šá-<lu>-*ʾ, cf. 5') emendiert werden kann.

3') Sowohl hier als auch in Zeile 16' bietet der Text A.GARIM anstelle von erwartetem einfachen GARIM. Ist dies eine ernstzunehmende Variante des Wortzeichens für *tamertu*?

4') la ka ma (oder áš) har, danach der Anfang eines neuen Satzes, ist mir ohne Emendation unverständlich.

6') ^{lú}*gaz-ra-a-a* (grundsätzlich sind auch die Lesungen ^{lú}*gaṣ/kaṣ/kàs-*... möglich), das sonst nicht belegt ist, ist entweder ein Ethnikon oder eine (aramäische) Berufsbezeichnung im aramäischen Plural. Als Berufsbezeichnung bietet sich allenfalls eine Ableitung von der Wurzel **qṣr* > **gṣr*[337] an: Syr. *qāṣərā*, Jüd.-Aram. *qaṣṣārā*, auch *qaṣrā*, ist der «Wäscher». Allerdings wäre nicht einzusehen, warum hierfür ein Fremdwort verwendet werden sollte. Wir haben es also mit einem Ethnikon zu tun. Hier bietet sich nur die palästinische Stadt Gezer bzw. Gazru an. Gezer ist schriftlich zuletzt bei Tiglatpilesar III. belegt (Tadmor, *Tiglath-pileser III*, 210), der archäologische Befund ergibt aber, daß die Stadt nach der Eroberung durch die Assyrer besiedelt war (Reich und Brandl, PEQ 117, 41ff.) und am Anfang des sechsten Jahrhunderts von den Babyloniern zerstört wurde (s. z. B. Dever, *The Oxford Encyclopedia of Archaeology in the Near East* 2, 399 zur Zerstörung von «Stratum V»). Sollte diese Interpretation zutreffen, wäre dies der früheste babylonische Beleg für eine geschlossene Ansiedlung einer Gruppe von deportierten Bewohnern Palästinas in Babylonien. Vgl. den Überblick über die einschlägigen Quellen bei Zadok, *The Jews in Babylonia*, 34ff.

10'-13') Die genaue Form der Ergänzungen ist spekulativ. Sicher ist, daß ein Teil von Šamaš-šumu-ukīns Schuld gegenüber dem Tempel abgezogen werden soll und daß die Höhe des Abzugs von einer Feldfläche abhängt. Da

337 Für diesen Lautwandel s. Zadok, *BiOr* 41, 34.

die Zehntzahlung Šamaš-šumu-ukīns proportional zu der von den Gezeritern kultivierten Feldfläche ist (2'f.), muß die Klausel in 10'-13' wohl Abzüge proportional zu einer von den Gezeritern im Vergleich zu dem festgelegten Soll nicht kultivierten Feldfläche behandeln.

15') Ein _šatammu_ von Dūr-Galzu (= Dūr-Kurigalzu, s. Zadok, _Rép._ 8, 121) war bisher noch nicht belegt. Er ist sicher der oberste Funktionär des Tempels der Ištar-_tašmê_ von Dūr-Galzu.[338]

26') Die genaue Form der Ergänzung ist hypothetisch. Der Sinn muß jedenfalls sein: «(Land über) das Land (im Verantwortungsbereich) des (Šamaš-šumu-ukīn hinaus)».

CT 57, 36 (Nr. 8)

[še.bar _eš-ru-ú_] níg.ga ^{d}utu _šá_ mu.11.kam
^{I}_da-a-ru-ia-eš-šú_ lugal tin.tir^{ki} lugal kur.<kur>
a-mir-tu$_4$ _šá_ ^{I}_ú-bal-liṭ-su-_^{d}amar.utu
ina ⌜_na_⌝*-[_áš_]-_par_*-_tu_$_4$ _šá_ ^{I}_ina_-é.sag.íl-_li-bur_
^{lú}[sanga] UD.KIB.NUN^{ki} _it-ti_ ^{Id}utu-a-ùru
^{lú}_šá muh-hi eš-ru-ú i-mur-ru_

---

1 ME 40 gur é _rit-tu_$_4$ _šá_ ^{I}_ni-din-tu_$_4$ _ina lìb-bi_
85 gur _ina_ igi ^{Id}ag-pab _u_ ^{I}_šá-_^{d}ag-_šu-ú_
43 gur ^{uru}_pal-lu-kát_^{ta}_-tu_$_4$ _ù_
é ^{lú}gal _mu-un-gu ina_ igi ^{Id}utu-_iq-bi_
_ù_ ^{Id}_ad-du_-i
8 gur ^{uru}_ni-iq-qu ina_ igi ^{Id}30-lugal-ùru
40 gur ^{garim}_bi-ir-il-lu_ é _rit-tu_$_4$
_šá_ ^{Id}utu-mu _ina_ igi ^{I}_ap-la-a_
92 gur ^{I}ir-^{d}_gu-la_
90 gur ^{I}ir-^{d}_bu-ne-ne u_ ^{I}šu-^{d}utu
85 gur ^{Id}_bu-ne-ne_-lugal-ùru
13 gur _al-ku ù_ uru ⌜_al_*-_si_*-_ka_⌝*-[_ab-luṭ_]
ina igi ^{Id}ag-hi.⌜li⌝-⌜dingir⌝?[^{meš} (?)]
1 ME _raq-qa-_^{d}utu [ ]
pab 6 ME 11 gur še.bar _eš-_⌜_ru_⌝-[_ú_]
šá ina muh-hi ^{lú}erín^{meš} _šá_ ug[u _eš-ru-ú_]
_šá_ mu.11.kam ^{I}_da-a-ru-_⌜_ia_⌝-[_eš-šú_]
1+_šu_ gur ^{Id}nusku-lugal-ùru _šá_ é dumu lugal
50 gur ^{Id}30-sur _šá_ é dumu lugal
20 gur ^{I}ad-_ia-a-qí-ia_
pab 1 ME 30 gur é dumu lugal

---

338 Für diese Göttin s. Bongenaar, _Ebabbar_, 230^{+202}. Vgl. z. B. BM 75804: 8: ^{d}inanna ^{giš}tuk _šá_ kur.ti^{ki}. Bauern ihres Tempel waren im Umland von Sippar als Teilpächter von Land des Ebabbar tätig (s. Jursa, _AfO Beih._ 25, 16).

pab-*ma* 7 ME 41 gur še.bar *eš-ru-ú*
a-mir-tu$_4$ *šá* mu.11.kam ^{I}*da-a-ru-eš-šú*

18) Die Lesung ist nicht gänzlich sicher. uru hur.sag ... der Kopie scheint jedenfalls nicht richtig zu sein. Für Āl-Alsīka-abluṭ vgl. Āl-Nabû-alsīka-abluṭ in Appendix 1 oben.

BM 60757 (Nr. 9; AH 82-9-18, 731; Str. II, 384/1)

[zú.lu]m.ma *eš-ru-ú* iti.du$_6$ mu.[x.kam]
[^{Id}ag-n]í.tuk lugal tin.tir^{ki} *šá* ^{I}*mar-duk* ⸢*ma-áš*$^{?!}$*-hu*⸣
[x+] 20 gur zú.lum.ma *ul-tu* íd ^{lú}*ma-še-ni*
[*a-di*]-⸢*i*⸣ ^{uru}*hi-ri-tu*$_4$
[x gur z]ú.lum.ma ^{uru}*za-an-za-ni a-di-i* é ^{I}*ki-*[*rib*]*-tu*
[x g]ur zú.lum.ma *ul-tu* du$_6$<<DU>> *ap-pa-ri*
[*a-di-i*] ^{íd}idigna
Rs. [x gur zú.lum.ma] ⸢*šá*⸣ ^{I}*gu-za-nu* ^{lú}gú.gal
[x gur zú].⸢lum.ma⸣ é ^{lú}gal *mu-ug-gu*
[pab] 4 ME 50 gur zú.lum.ma *eš-ru-ú*

***Nbn.* 462 (Nr. 10)**

5 ME 10 gur še.bar *eš-ru-ú* níg.ga* ^{d}u[tu *šá*] ⸢mu*.10⸣*.[k]am*
^{Id}ag-i lugal tin.tir^{ki} *šá ina* igi
^{I}*mar-duk* a ^{Id}en-dù^{uš}
ù ^{lú}erín^{meš}*-šú* (Rasur?)
15 gur ^{I}*mu-ra-nu* ⸢*a*-na*⸣* še.numun
ina šu^{II} ^{I}*šá-du-nu* ⸢^{lú*}gal⸣* ^{giš}ban
40 [+x gur ^{I}*mu*]*-ra-nu ina* šu^{II} ^{I}*mar-duk* a*-na* še.numun
2* M[E* x x (x)] gur* 2 (pi) 3 bán *ina* é níg.ga [*ina lìb-bi*]
8 gur *a-na* ^{lú}nagar^{meš} *šá* ^{uru}⸢*la-ban*-n*[*a-ni*]
iti.kin ud.16.kam mu.10.kam
[0$^{?}$] 93 gur *ina* é.níg.ga *ina lìb-bi*
23 gur 1 (pi) 3 bán *i-na gu-qa-né-e*
[*šá*] iti.⸢bára *a*-na*⸣* ^{I*}gi-^{d}amar*.utu*
[a ^{I}]*la-ba-ši* iti.du$_6$ ud.14.kam
a-na iti.bára mu.11.kam
[x] gur *a-na* kù.gi *a-na* ⸢x⸣ (?)
⸢x⸣ *mu-še-e* sum^{in}
20 gur še.bar *a-na* ^{I}kar-^{d}amar.utu
^{I}⸢x⸣*-di*-ra u* ^{I}[PN] ^{lú}engar^{meš} *a-na* ⸢še⸣*.[numu]n*
2 gur ^{I}a^{a} *ù* ^{lú}sipa[^{meš}]

šá a-na ^{kur}*ru-ṣa-pu a-na*
muh-hi udu.níta *il-la-ku*
2 gur ^{Id}ag-mu-ùru* *ku-mu*
še.bar-*šú šá ina* uru ^{d}utu
(zwei leere Zeilen)
pab 4 ME 34 gur 2 (pi) 3 bán še.bar ⌜*it-ta-din*⌝
70 <<gur>> 5 gur 2 (pi) 3 bán *re-he-e*
<<⌜70*$^{?}$ gur*⌝ 2 (pi) 3 bán>> (in kleinerer Schrift)
iti.ab ud.6.kam mu.10.kam
^{Id}ag-i lugal tin.tir^{ki}
níg.ka_9 *ép-šú e-lat re-he-*tu_4
igi$^{?}$*-*ú** *šá ina* igi-*šú*

9) Für die Zimmerleute «aus dem Libanon» s. Bongenaar, *Ebabbar*, 392.

13f.) Mušallim-Marduk/Lâbâši ist bekannt; er ist ein Brauer: Bongenaar, *Ebabbar*, 207f. u. ö.

30) Man erwartet igi-tu_4.

BM 65844 (Nr. 11; AH 82-9-18, 5835)

[x x š]e.bar [x x x x x]
[x x x] 4 bán *šá* ⌜x⌝ [x x x x]
[x x x] ⌜é⌝ *mu-kil* ⌜*ap*⌝*-pa-*tu_4 [x x x]
[x (x) l]i$^{?}$ bi *tu* é lugal e^{ki} [x x x]
[x x] ^{uru}*pal-uk-ka-*tu_4 15 [x x x]
[pab] 1 ME 1+*šu* 5 gur še.bar *eš-ru-ú šá* i[ti$^{?}$.x]
[mu].13$^{?}$.kam ^{Id}ag-⌜i⌝ lugal e[k]^{i} [*ina muh-hi*]
[^{I}*kab*]*-ti-ia* ⌜a⌝*-šú šá* ^{Id}ag-*k*[*e-šìr ù*]
[^{I}ir]-^{d}ag a-*šú šá* ^{Id}ag-nu[mun-dù] ⌜x x⌝
[x x] 1+*šu* še.bar *ina* é.níg.ga *šá* [x x]
Rd. *i-nam-din-nu*
[1^{en} *p*]*u-ut* 2-*i na-šu-ú*
Rs. [x x x] ⌜x⌝ *šá* in.nu *i-n*[*am-din-nu*]
[x x x] ^{Id}u.gur ⌜x x⌝ [x x x]
[x x x] ⌜x x ^{Id}en⌝-[x x x]
[x x G]I [x x (x)] ⌜x x x x⌝
[x x x] kam ⌜a-*šú šá*⌝ ^{Id}kar-^{d}en *u* ^{lú}umbisag [x x]
[x ^{d}am]ar.utu a-*šú šá* ^{I}*kab-ti-ia* [x x]
[ON] iti.gu_4 ud.7.⌜kam⌝ mu.10[+3$^{?}$.kam]
[^{d}ag-i lu]gal tin.[tir^{ki}]

BM 64872 (Nr. 12; AH 82-9-18, 4853)

2 gur 1 (pi) 4 bán še.bar
eš-ru-ú ana muh-hi
⸢^{I}⸣^{d}har-*ši-man-ni*
⸢^{I}⸣mu-ùru a ^{I}*re-mut*
a-na é.[babbar].ra
it-ta-[din] ⸢x x⸣
^{I}⸢x⸣ [x x x]
(Rand zerstört)
Rs.
iti.bára ud.1.kam
mu.15.kam ^{I}*da-ri-mu-[šú]*
lugal ⸢e⸣^{ki} lugal kur.kur ⸢2 gur⸣
ina ^{giš}bán *šá* ^{Id}utu-mu
a ^{I}PA.Š[E^{k}]^{i} ^{I}mu-mu
12 g[ur] ⸢še.bar⸣ *ina* šu^{II} ^{I}*ú-qu-[pu]*
^{lú}a.k[in *šá* x x] ⸢x x⸣
Rd. pab 14 gur ⸢še.bar⸣ [^{I}mu]-mu
l. Rd. a ^{I}*re-mut ra-šu-⸢tu-su⸣*
šá ina é.babbar.ra sur

BM 63797 (Nr. 13; AH 82-9-18, 3765, Bertin 1103)

1 (pi) 1 bán 2 *qa* še.giš.i
1 (pi) 2 bán 3 *qa ku-ur-ia-a-gu*
^{I}ba^{šá}-*a šá* ugu *eš-ru-ú*
a-na é.babbar.ra *it-ta-din*
iti.gan ud.8.kam
mu.30.kam ^{d}ag-níg.du-ùru
lugal tin.tir^{ki}

2) *ku-ur-ia-a-gu* (oder ^{zì}*ur-ia-a-gu)* ist unklar; die anderen möglichen Lesungen von UR helfen nicht weiter.

BM 54225 (Nr. 14; 82-5-22, 376)

gi^{meš} *eš-ru-ú* níg.ga ^{d}utu
šá ina muh-hi ka-a-ri šá UD.KIB.NUN^{ki}
a-na mu.an.na 6 ME ^{gi}*gu-zu-ul-lu*
^{Id}amar.utu-mu-mu ^{lú}sanga ⸢*sip-par*⸣^{ki}
a-na ^{I}ki-⸢*ma-a-ku*-dingir^{meš}⸣ ^{lú}*ši-rik* ^{d}utu
id-din ina m[u].⸢an.na 6 ME ^{gi}⸣*gu-zu-ul-lu*
ina é ⸢gur$_{7}$^{meš} *i*⸣*-nam-din*
2ta *ha-li-pa-a-ta*

šá 1+*šu*-àm *ar-ra-ku*
2ta *áš-la-a-ta* (Rasur)
Rs. 1+*šu pa-*⸢*ar*⸣*-hu-du-ú*
2ta *áš-la-a-ta šá meš-ha-*tu_4
1 ME *kan-na-*tu_4 5ta *maš-ka-sa-a-ta*
iš-ka-ri-šú it-ti-i i-nam-din
gi^{meš} iti-àm *i-nam-din* ta ⸢ud.1.kam⸣
šá iti.šu gi^{meš} *ina* igi-*šú* ^{lú}*mu-kin-*⸢*nu*⸣
^{Id}en-a-⸢mu⸣ a-*šú šá* ^{Id}KASKAL.KUR-*ú*
a ^{lú}sanga-[^{d}]utu $^{I⸢d⸣}$ag-mu-mu a-*šú šá*
^{Id}utu-a-ùru a ^{I}da-^{d}amar.utu ^{lú}umbisag
^{Id}utu-numun-dù a-*šú šá* ^{I}*ta-qiš sip-par*^{ki}
iti.sig_4 ud.21.kam mu.4.kam ^{I}*ku-raš*
l. Rd. lugal nun^{ki} lugal kur.kur

BM 54225 ist bemerkenswerterweise eine Hüllentafel; die Hülle trägt die Museumsnummer BM 54225a und ist unbeschrieben. Hüllentafeln sind neubabylonisch extrem selten; bisher sind offensichtlich nur Briefe und Briefaufträge dieser Art bekannt geworden: Vgl. Joannès, TÉBR, p. 366; McEwan, *Or.* 55, 89, weiters BM 32073 (Hinweis H. Baker), CT 49, 122/123 (122 ist die Hülle), Beaulieu, *Catalogue Yale* 1, 70f. zu 9168(A), Kühne, *AfO* 36/37, 312 Abb. 127.

5) Die Lesung des Namens ist nicht völlig sicher.

8) *haliptu* ist, wie diese Stelle zeigt, eine Art Seil.

11) *parhudû* ist noch in einem weiteren unpublizierten nB Text, in dem es neben Schiffszubehör verschiedener Art genannt wird, belegt. Dieser Text wird von Michaela Weszeli in ihrer Dissertation behandelt. Die bisher bekannt gewordenen Belege für dieses Wort sind alle lexikalisch; s. PSD B, 123 s. v. bar-hu-da «a tool for cutting reeds»; CAD P (freundliche Information von B. Böck) übersetzt s. v. «a scythe or reed cutter». Der vorliegende Beleg macht jedoch wahrscheinlich, daß in dieser Periode das Wort nicht ein Werkzeug zur Rohrbearbeitung, sondern vielmehr einen Rohrgegenstand bezeichnet. Möglicherweise wurde der Begriff vom Werkzeug auf das damit hergestellte Produkt übertragen.

BM 84069 (Nr. 15; 83-1-21, 1232)

1/3 2 gín 2-[*ta* šu$^{II\ meš}$ kù.babbar]
eš-ru-ú šá $^{I⸢d}$amar.utu⸣-[mu-ùru]
dumu lugal ^{I}*ki-na-*[*a*]
dumu ^{lú}*šip-pir-ri*
⸢*šá*⸣ ^{Id}amar-utu-mu-[ùru]
Rs. *a-na* é.babbar.r[a]
it-ta-din iti.⸢ab⸣$^{?}$
ud.29.kam mu.41.[kam]

^{d}ag-níg.du-ù[ru]
lugal tin.t[ir^{ki}]

BM 59748 (Nr. 16; 82-7-14, 4158)

5 gín kù.babbar *qa-lu-ú is*$^{!}$(Text: si?)*-ta-ter-ra šá* ^{I}*a-lik-s*[*a-an-d*]*ar*
10^{ú} níg.ga ^{d}en *šá* ^{Id}ag-tin-*su*-e a *šú* <^{I}>^{d}ag-mu-giš
ina muh-hi ^{Id}en-mu a ^{I}nu-téš ta iti.du$_{6}$
mu.43.kam ^{I}*an-ti-ú-ku-su u* ^{I}*si-lu-ku*
lugal^{meš} *šá* iti *ana muh-hi* ⸢*ma*⸣*-né-e* 1 gín kù.babbar
har.⸢ra⸣ *ina muh-hi-šú* ⸢*i-rab*⸣*-bi* ta iti.bar
mu.43.kam ^{I}*an-ti-ú-ku-su u* ^{I}*si-lu-ku*
lugal^{meš} pad.⸢hi⸣.a *ù lu-bu-šú šá* ^{Id}en-mu
^{Id}en-tin-*su* dumu-*šú ù* dumu.mí-*šú maš-ka-nu*
a-na ⸢*ku-um*⸣ kù.babbar *a*ʾ 5 gín *u* har.ra
Rs. *i-na* (über Rasur) *pa-ni* ^{Id}ag-tin-*su*-e a ^{Id}ag-⸢mu-giš⸣
il-ta-kan ^{lú}*mu-kin-ni* ^{I}en-*šú-nu*
a ^{I}*ta-nit-tu*$_{4}$-^{d}en ^{Id}en-ùru-*šú*
a ^{I}ki-^{d}amar.utu-tin ^{I}*lib-luṭ* a ^{Id}en-⸢tin⸣-*su*
^{I}nu.téš a ^{I}kar-^{d}amar.utu
^{I}ki-^{d}šú-tin a ^{I}nu.téš
^{Id}en-mu ^{lú}umbisag a ^{I}nu.téš e^{ki} iti.diri.še.kin.tar
ud.28 mu.42$^{!}$.kam ^{I}*an-ti-ú-ku-su*
u ^{I}*si-lu-ku* lugal^{meš}

l. Rd.	^{na_4}kišib ^{Id}en-ùru-*šú*	^{na_4}kišib ^{I}*lib-luṭ*
o. Rd.	^{na_4}kišib ^{I}en-*šú-nu*	^{na_4}kišib ^{I}nu.téš šeš ^{I}ki-^{d}šú-tin *ina* šu^{II}<-*šú*>

2) S. hierzu die Anmerkung zu BM 54555 (Nr. 17): 3. Alternativ könnte man auch ... a $^{I!d}$ag-... lesen.

o. Rd.) Für den Vermerk *ina qātīšu* s. Stolper, AION *Suppl.* 77, 30f.

BM 54555 (Nr. 17; 82-5-22, 875)

1 gur 3 (pi) 3 bán 4 *qa* še.bar *pe-ṣi-tu*$_{4}$ *bab-ba-ni-tu*$_{4}$
šá ina ^{giš}bán-*šú* 1 bán *qé-me uš-ru-ú* níg.ga ^{d}en *šá* ^{Id}ag-tin-*su*-e
a *šú* ^{Id}ag-mu-giš *ina muh-hi* ^{I}*ra-hi-*ʾ-^{d}en dumu
šá ^{I}*man-nu-ki-i-*^{d}ag še.bar *a*$_{4}$ 1 gur 3 (pi) 3 bán 4 *qa*

ina iti.gu$_4$ mu.37.kam ^{I}*an-ti-ʾ-ku-su*
u ^{I}*si-lu-ku* lugal *qu-ru-ub-tu*$_4$ *ina* é ^{Id}ag-tin-*su*-e
ina ^{giš}*ma*-DI-IB$^{?}$*-nu šá* 18 *kap-pi-šú i-man-dad-ma*
i-nam-d[*in k*]*i-i ina* iti.⸢gu$_4$⸣ mu.37.kam ^{I}*an-ti-ʾ-ku-su*
u ^{I}*si-lu-*[*ku*] lugal^{meš} še.bar *a*$_4$ 1 gur 3 (pi) ⸢3 bán⸣ [4 *qa*]
la it-[*tan*]*-nu* ⸢*šá* še.bar⸣ 1 gur 3 (pi) 3 bán 4 *q*[*a šá* iti]
ki [1] gur 2 bán še.bar ⸢har⸣.[r]a *ina m*[*uh-hi-šu*]
[*i-ra*]*b-bi pu-ut e-ṭe-ri šá* še.bar *a*$_4$ 1$^{!}$ gur 3 (pi) 3 bán 4 ⸢*qa*⸣
[^{I}]⸢x⸣*-bu-ú* dumu-*šú na-ši* 1^{en} *pu-ut* 2^{i} *na-ši*
⸢*šá*⸣ *qé-rib iṭ-ṭer a-šar šá* ^{Id}ag-tin-*su*-e *ṣe-bu-ú*
Rs.
⸢*ip*⸣-[*paṭ-ṭ*]*ir* še.bar *šá ina šá-ṭa-ri šá paq-du šaṭ-ri šu-*⸢*ú*⸣
u$_4$*-mu ma-la šá-ṭa-ri an-na-a* ^{Id}ag-tin-*su*-e
kul-lu e-ṭer ^{kuš}*giṭ-ṭa u šá-ṭa-ri šá ana muh-hi*
šá-ṭa-ri an-na-a uṣ-ṣa-a he-pu-ú šu-ú
ma-am-mu šá šá-ṭa-ri mu-*a-tì kul-lu* še.b[ar]
la-pa-ni-šu-nu is-si-ir ^{lú}*mu-kin-nu* ^{Id}[šú-mu]
dumu *šá* ^{I}kar-^{d}šú ^{Id}šú-dub-numun dumu *šá* (Rasur)
<<dumu *šá*>> ^{Id}en-a-mu ^{I}tin-*su*-^{d}en dumu *šá* (Rasur)
^{Id}en-ùru-*šú* ^{Id}en-tin^{it} dumu *šá* ^{Id}en-tin-*su*
^{Id}bad-mu dumu *šá* ^{Id}en-ba^{šá}
^{Id}šú-en-*šú-nu* ^{lú}dub.sar dumu *šá* ^{Id}en-ùru-*šú* e^{k}[^{i} iti.x]
ud.9.kam mu.36.kam ^{I}*an-ti-ʾ-ku-su u* ^{I}[*si-lu-ku*]
lugal^{meš}

l. Rd. ^{na_4}kišib
^{Id}⸢šú⸣-mu

o. Rd. ^{na_4}kišib ^{I}tin-*su*-^{d}en — ^{na_4}kišib ^{Id}šú-[dub]-numun — ^{na_4}kišib ^{Id}bad-tin-*su* — <^{na_4}kišib> ^{I}umun-tin^{i}[^{t}]

r. Rd. <^{na_4}kišib>
⸢^{I}⸣*ra-hi*-ʾ-umun

2) Genau dieselbe Angabe findet sich auch in CT 44, 83 (8.7.12 Alx III.): 2: (gute Gerste) *šá ina* ^{giš}bán-*šú* 1 bán *qé-me* 10^{ú} (koll., gegen die bei Stolper, *Achaemenid History* 8, 342 wiedergegebene Kollation Kennedys). Bei unserer Übersetzung («(Gerste) von seiner *sūtu*-Abgabe (und) 1 *sūtu* Mehl, Zehnt») gibt es keine epigraphischen und grammatikalischen, dafür aber inhaltliche Probleme: Die kleine, in beiden Fällen gleiche Mehlmenge und die Mischung der Abgabenarten sind irritierend. Man könnte die Klausel auch so verstehen, daß die Gerste in solcher Form zu zahlen ist, daß «(sich) aus einem *sūtu*-Maß davon ein *sūtu* Mehl (ergibt)», also in dieser Angabe einen Hinweis auf das zu verwendende Maß – größer oder kleiner als das normale *sūtu*-Maß – sehen. Auch diese Variante ist nicht völlig überzeugend; man würde eher **ina* ^{giš}bán *šá*$^{!}$ 1 bán *qé-me* erwarten; eine Emendation verbie-

tet sich jedoch, da die Formel zweimal vorliegt. Allenfalls könnte man annehmen, *šú* werde hier vokalindifferent verwendet, stehe also für *šá*: S. dazu die Anmerkung zur nächsten Zeile.

3) «a *šú*» findet sich in dieser Zeit häufig anstelle von «a *šá*» (vgl. z. B. auch BM 59748 (Nr. 16): 2 und BM 32250: 7 (Anm. 291)) – entweder liegt eine nur graphische Verkürzung des früher üblichen «a-*šú šá*» oder eine vokalindifferente Verwendung von *šú* anstelle von *šá* vor.

6) *qurubtu* «Lieferung» oder dergleichen ist in den Wörterbüchern nicht verzeichnet; das Wort ist aber noch einmal in CT 49, 122/123 belegt: CT 49, 122: 6ff. nach Kollation (vgl. Anm. 279): 3* (gur) 4* (pi) 1 bán 5 *qa* še.bar *ina* ^giš^*ma*-DI-IB/UR-*nu šá* ⸢16*⸣ *k*[*ap-p*]*i-šú*, *qu**-*ru-ub-tu ina* e^ki^ ta še.bar ^giš^bán [*šá* 2 m]u^meš^, *šá** *ta-gam-ma-nu šá* mu.54.kam *šá** [*ina* igi-*k*]*a*, *šá** [pad].hi.a ...

7) Das in den Wörterbüchern nicht verzeichnete *ma*-DI-IB(oder UR)-*nu*-Maß, dessen Größe in «Handvoll» angegeben wird, ist auch in CT 49, 129: 2 ([^giš^*ma*-DI-IB/UR]-*nu šá* 16 ⸢*kap*⸣-*pi-šú*) und in CT 49, 122/123: 6(f.) (ebenfalls zu 16 Handvoll) belegt. Das vierte Zeichen kann sowohl IB als auch UR sein; es wird immer mit fünf Keilen geschrieben (nach Kollation so auch in CT 49, 123: 6). Die Lesung *lu*^!^ ist besonders in unserem Text ausgeschlossen, wenn man die Form des *lu* in Zeile 6 oder 9 vergleicht. Eine überzeugende Etymologie – sei sie nun akkadisch, aramäisch, griechisch oder altiranisch – für *maDiBnu* oder *maDiurnu* zu finden, ist uns leider nicht gelungen.[339] Das Wort *kappu* ist in einer Verwendung wie hier ebenfalls nicht in den Wörterbüchern verzeichnet.

14ff.) Für diese Klauseln s. Stolper, AION *Suppl.* 77, 55ff. Auffällig ist, daß in unserer Urkunde bei Stolpers Klausel g (hier 19f.) anders als bei Stolpers Nummern 6, 8, 12, 13, 15 und 17 nicht der N-Stamm, sondern der Grundstamm von *esēru* verwendet wird – wie man es auch erwarten würde. Stolper übersetzt seine N-Formen aktivisch – mit Ausnahme von Nr. 6, wo der Einhebende nicht explizit genannt ist.

15) Man beachte die fehlende Genuskongruenz.

20) Ergänzt nach der Siegelbeischrift.

o. Rd.) Ein «Ea-bullissu» kommt hier nicht vor; es liegt sicher ein Fehler für Ea-iddin (Zeile 24) vor.

(Die Kopien auf den folgenden Seiten sind im Maßstab 1,2 : 1.)

---

339 Ebensowenig bei dem Versuch, ^giš^ am Anfang als Silbenzeichen zu lesen und mit (i)sm- anlautende Wörter zu suchen und/oder die anderen Lesungen des Zeichens UR einzusetzen.

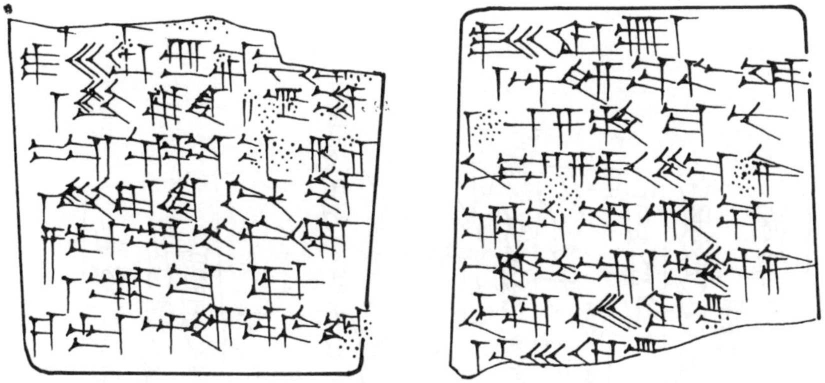

BM 83772 (Nr. 1)

BM 64056 (Nr. 4)

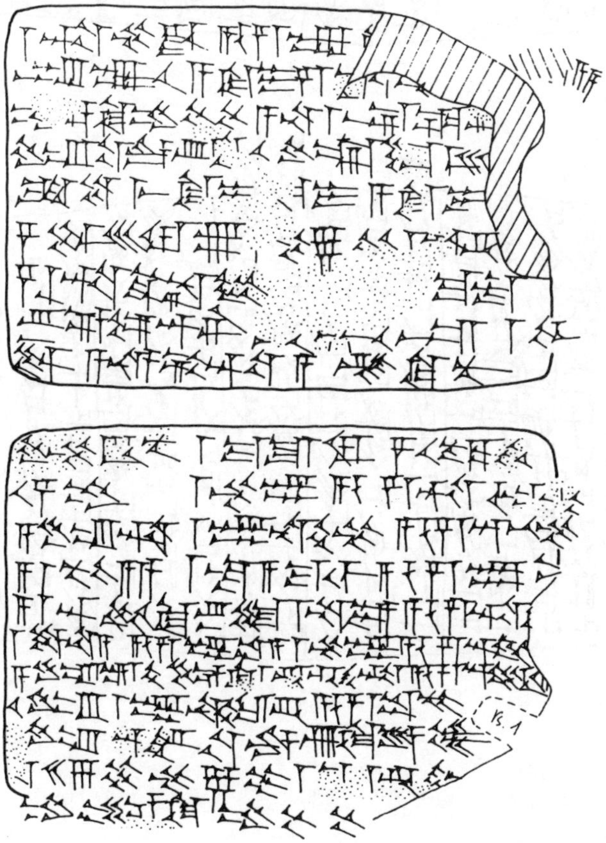

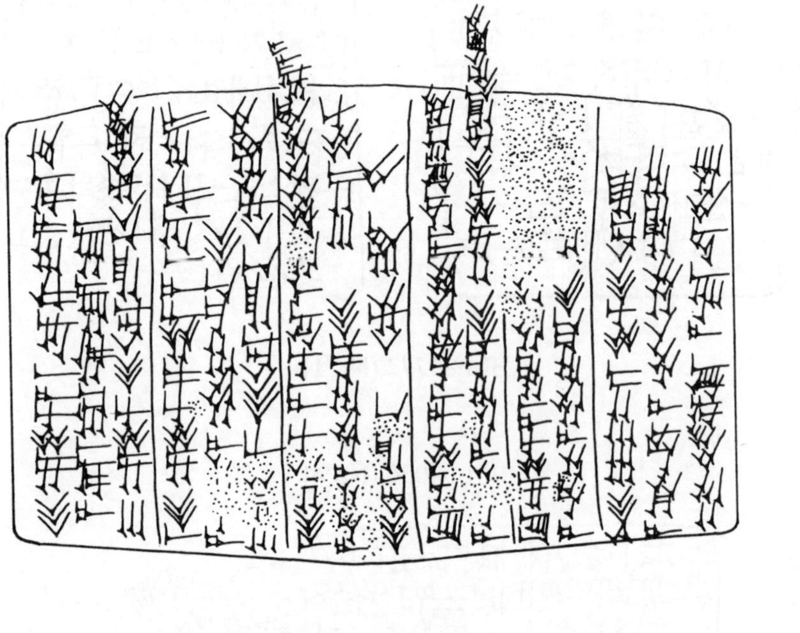

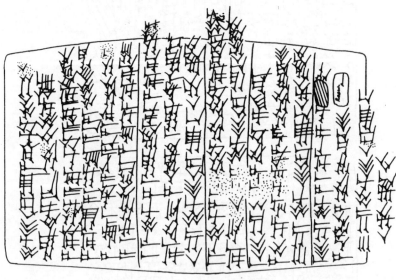

BM 75502 (Nr. 2)

BM 75240 (Nr. 3)

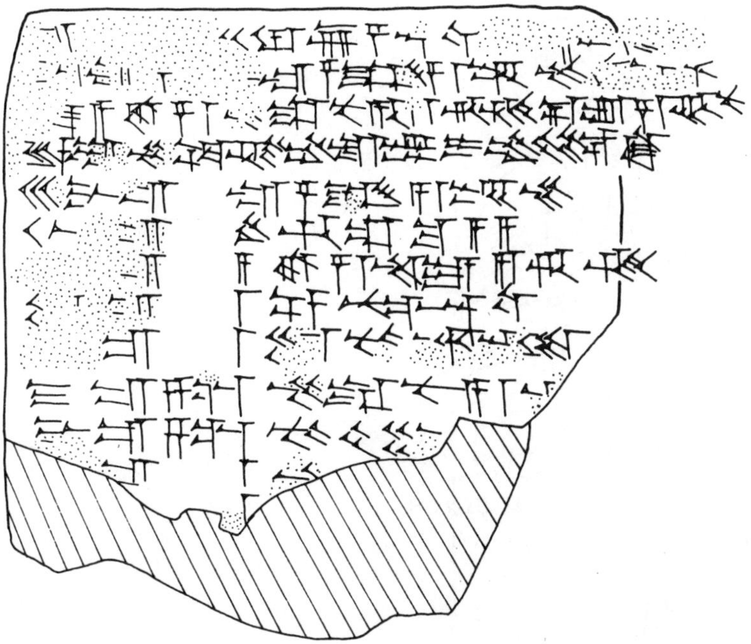

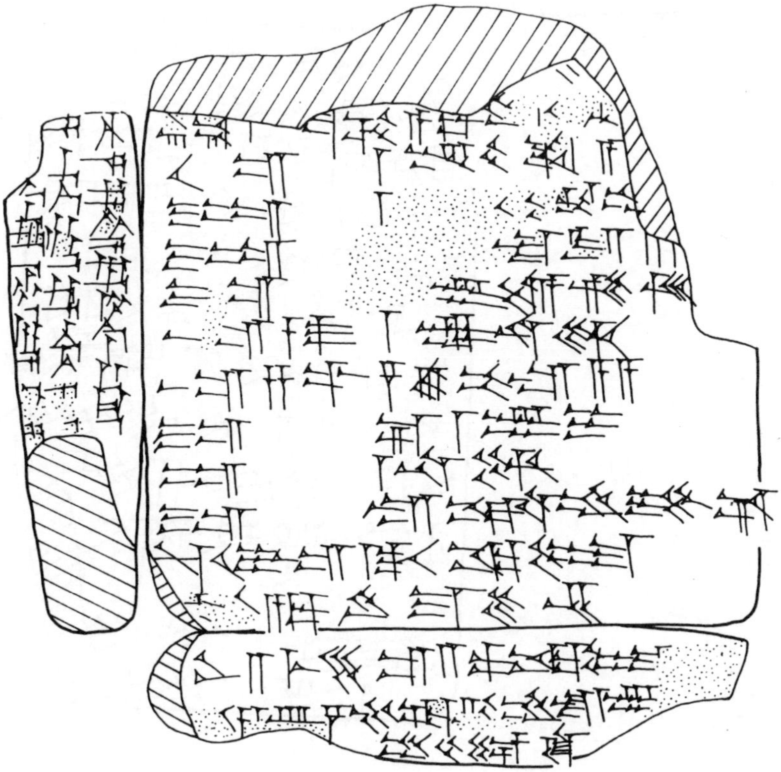

BM 79052 (Nr. 5)

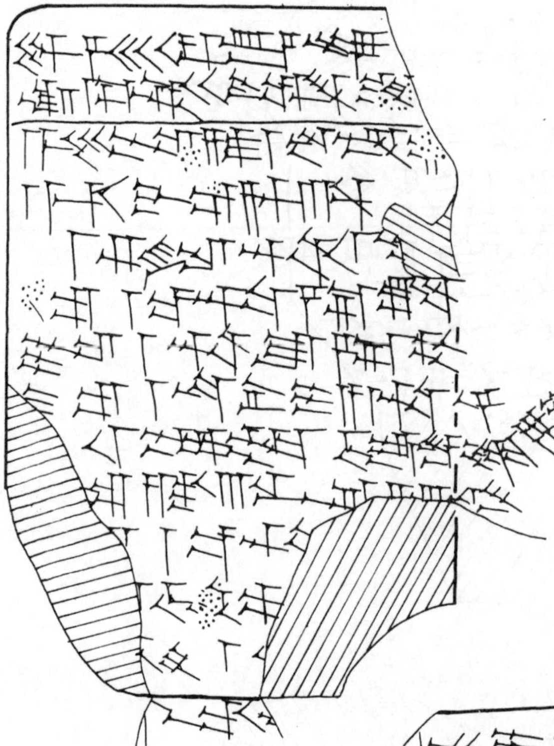

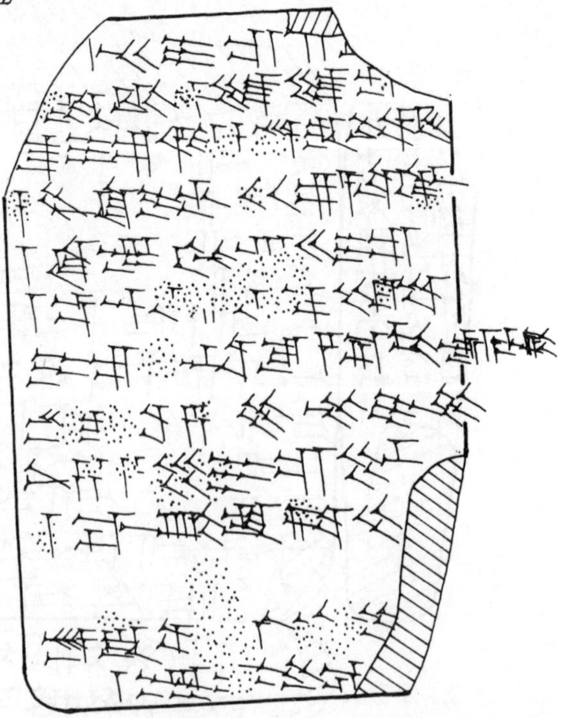

BM 61184 (Nr. 7)

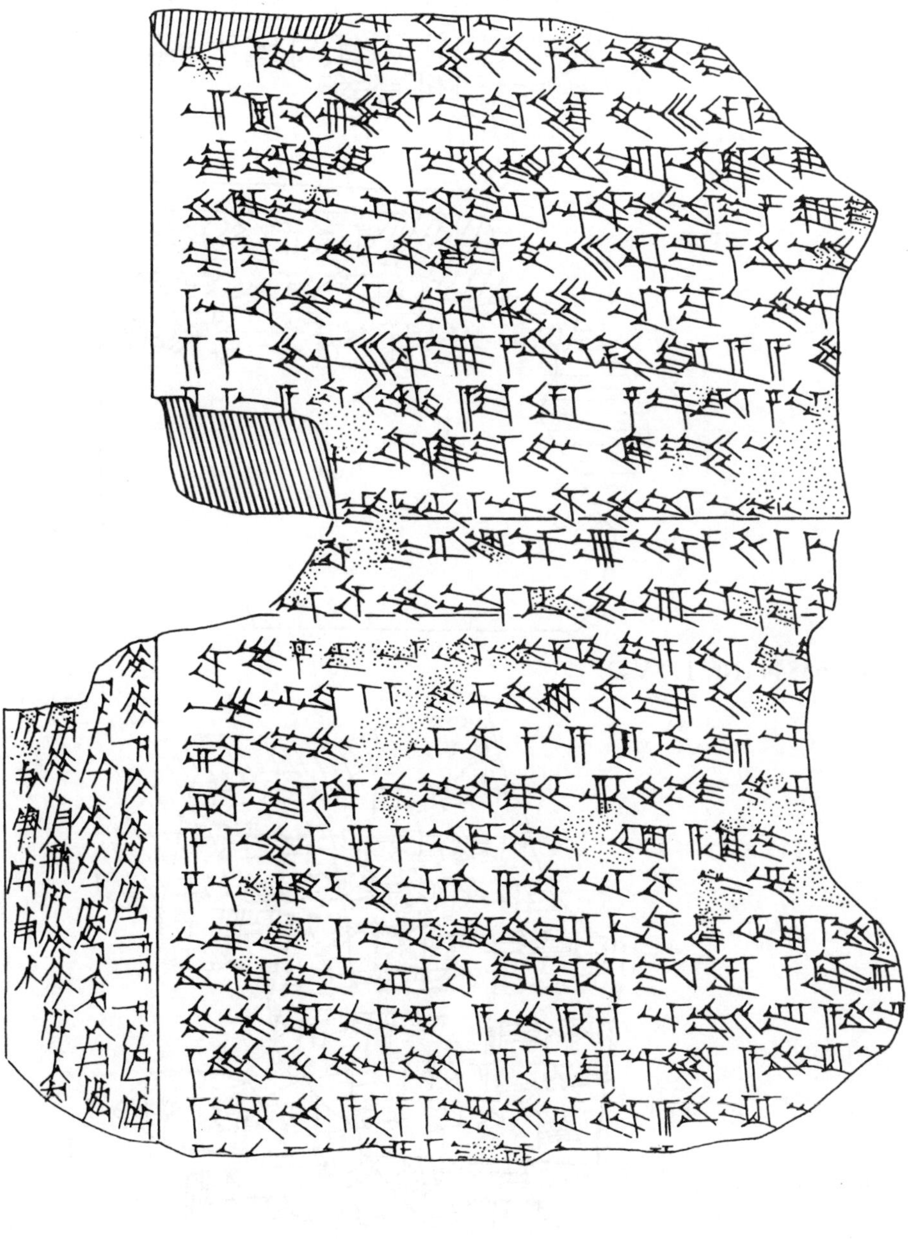

BM 60757 (Nr. 9)

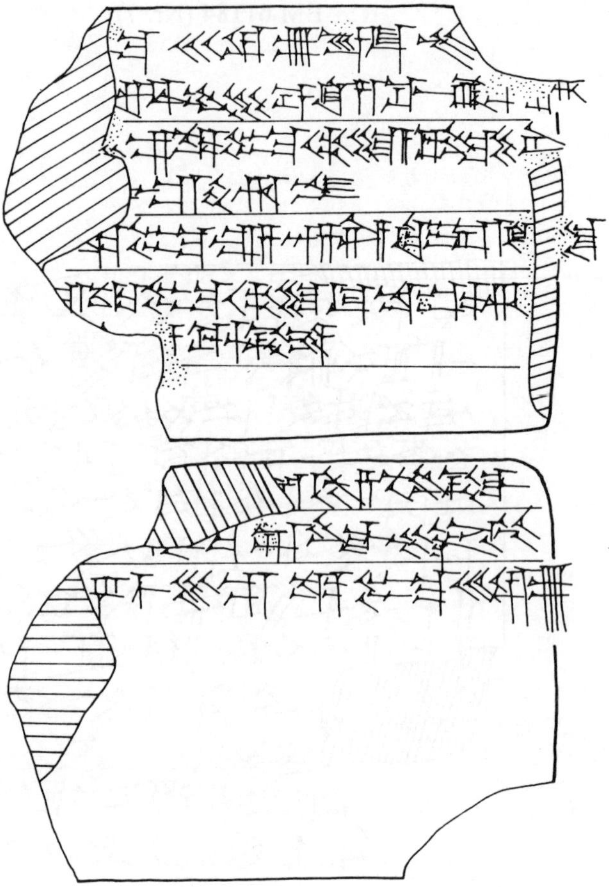

BM 65844 (Nr. 11) Vs.

BM 64872 (Nr. 12)

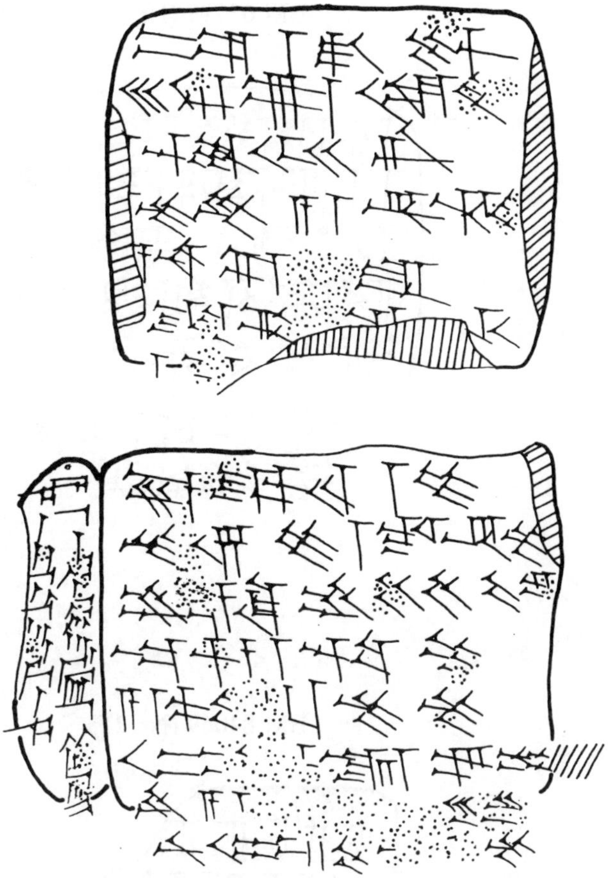

BM 65844 (Nr. 11) Rs.

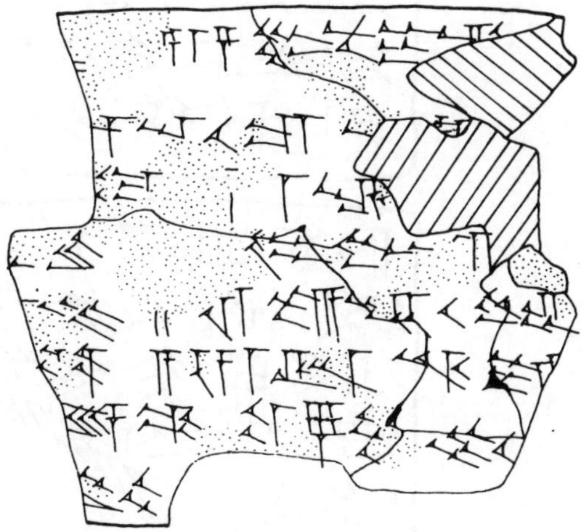

BM 63797 (Nr. 13)

BM 84069 (Nr. 15)

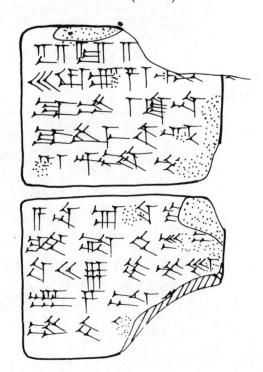

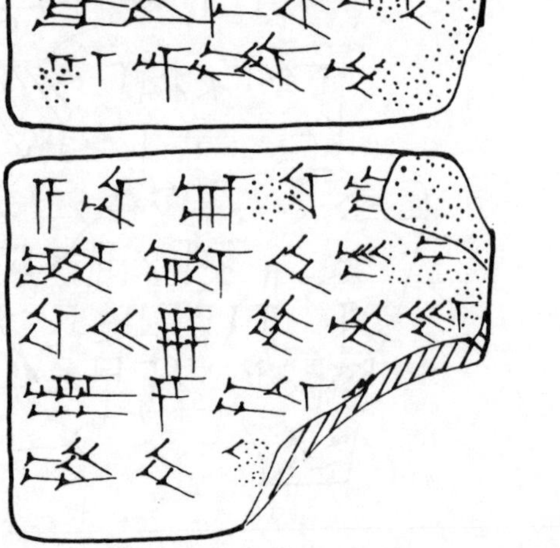

BM 54225 (Nr. 14)

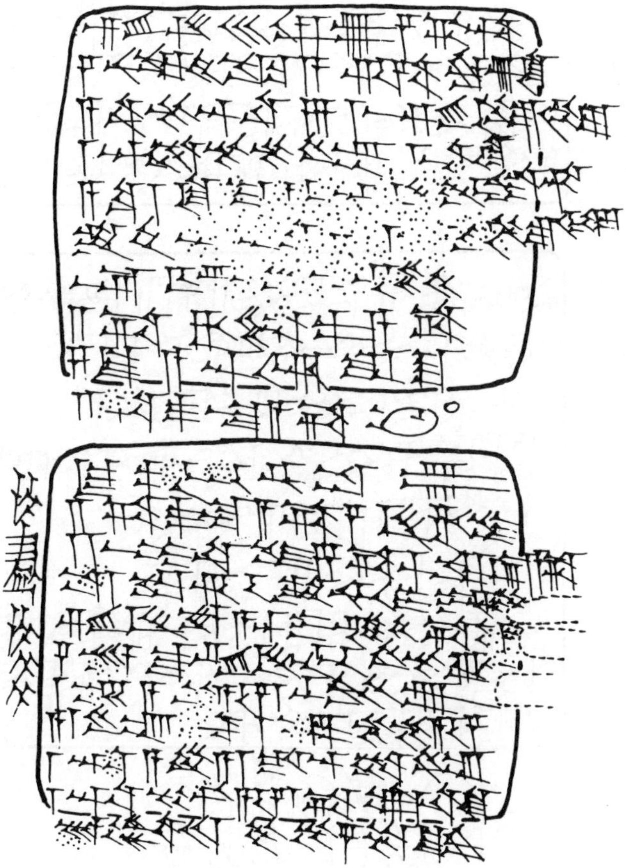

BM 59748 (Nr. 16)

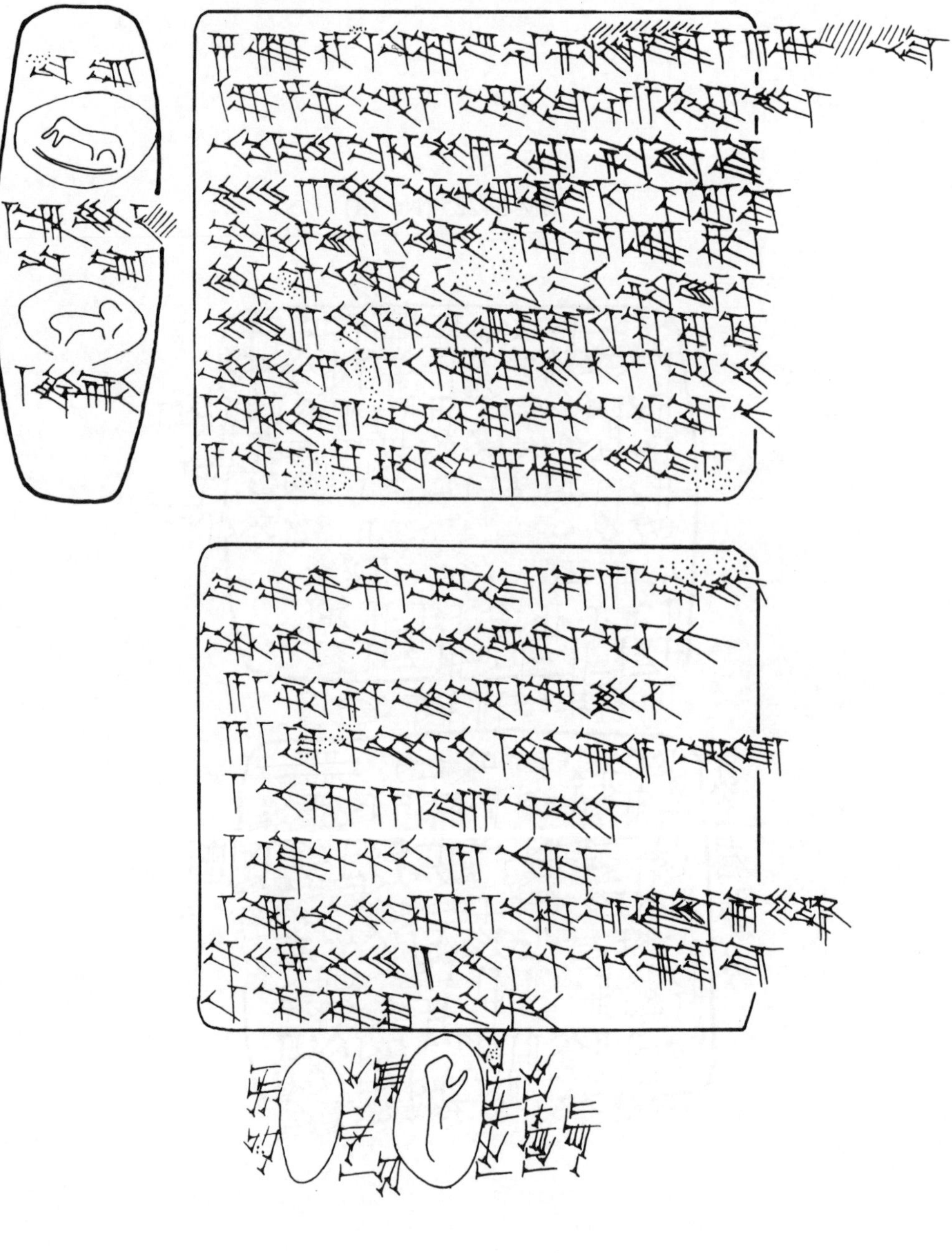

BM 54555 (Nr. 17)

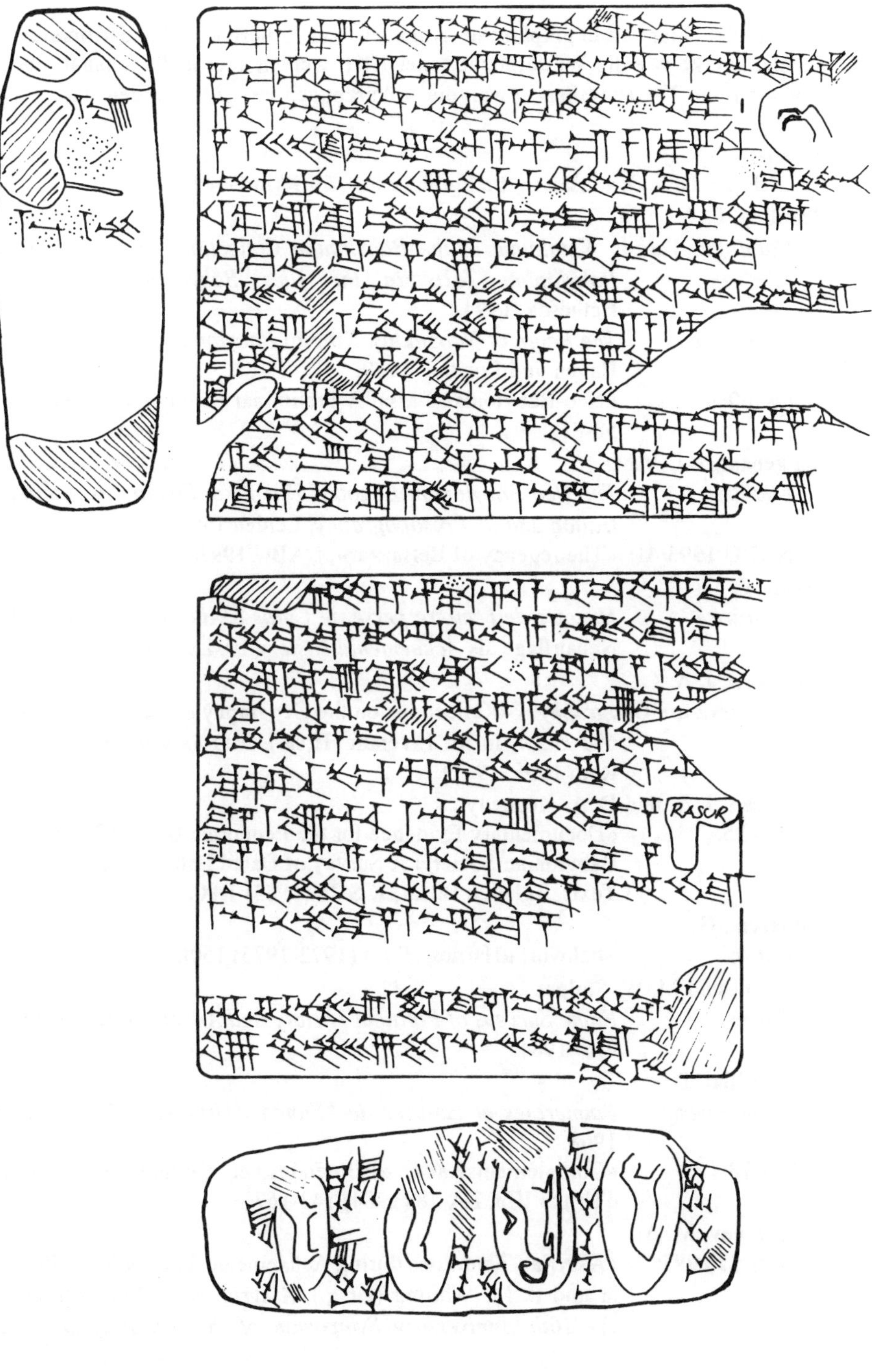

Abkürzungs- und Literaturverzeichnis

Man findet hier bibliographische Angaben zur zitierten Sekundärliteratur – Standardwerke wie die Wörterbücher oder HKL werden aber nicht genannt, ebensowenig reine Textausgaben, soweit die Abkürzungen im *AfO* zu finden sind.

Abraham, K.

OLP (im Druck): «Šušan in the Egibi Texts», OLP (in Druck).

Beaulieu, P.-A.

Catalogue Yale 1: *Catalogue of the Babylonian Collections at Yale, 1. Late Babylonian Texts in the Nies Babylonian Collection*, Bethesda, 1994.

Nabonidus: *The Reign of Nabonidus, King of Babylon 556-539 B.C.*, New Haven und London, 1989.

Or. 60: «Neo-Babylonian Larsa: A Preliminary Study», *Or*. 60 (1991) 58-81.

Bongenaar, A.C.V.M.

Ebabbar: *The Neo-Babylonian Ebabbar Temple at Sippar: its Administration and its Prosopography*, Leiden 1997.

NABU 1993/41: «The regency of Belšazzar», NABU 1993/41.

Briant, P.

Histoire: *Histoire de l'empire perse de Cyrus à Alexandre*, Paris 1996; Neuauflage als *Achaemenid History* 10, Leiden.

Brinkman, J. A.

Neo-Assyrian Geography: «Reflections on the Geography of Babylonia (1000-600 BC)», in M. Liverani (Hrsg.), *Neo-Assyrian Geography*, Rom 1995, 19-29.

Brinkman, J. A. und D. A. Kennedy

JCS 35: «Documentary Evidence for the Economic Base of Early Neo-Babylonian Society: A Survey of Dated Babylonian Economic Texts, 721-626 B.C.», JCS 35 (1983) 1-90.

Cardascia, G.

RlA 4: Stichwort «Ḫaṭru», *RlA* 4 (1972-1975) 150f.

Carter, E. und M. W. Stolper

Elam: *Elam. Surveys of Political History and Archaeology*, Berkeley u. a. 1984.

Cocquerillat, D.

Palmeraies: *Palmeraies et cultures de l'Eanna d'Uruk* (559-520), Berlin 1968.

RA 78: «Compléments aux «Palmeraies et Cultures de l'Eanna d'Uruk» III», RA 78 (1984) 143-167.

Dandamaev, M. A.

Assyria 1995: «Assyrian Traditions during Achaemenid Times», in S. Parpola und R. M. Whiting (Hrsg.), *Assyria 1995. Proceedings of the 10th Anniversary Symposion of the Neo-Assyrian Text*

Corpus Project Helsinki, Sept. 7-11, 1995, Helsinki 1997, 41-48.
Festschrift Lipiński: «A Governor of Byblos in Sippar», in K. van Lerberghe und A. Schoors (Hrsg.), *Immigration and Emigration within the Ancient Near East. Festschrift E. Lipiński*, Leuven 1995, 29-31.
Iranians: *Iranians in Achaemenid Babylonia*, Costa Mesa 1992.
OLA 6: «State and Temple in Babylonia in the First Millennium B.C.», in E. Lipiński (Hrsg.), *State and Temple Economy in the Ancient Near East II*, Leuven 1979, 589-596.
Slavery: *Slavery in Babylonia from Nabopnlassar to Alexander the Great* (626–331 B C), DeKalb 1984.
Tempelzehnt: «Der Tempelzehnte in Babylonien während des 6.–4. Jh. v. u. Z.», in R. Stiehl und H. E. Stier (Hrsg.), *Beiträge zur Alten Geschichte und deren Nachleben. Festschrift für Franz Altheim zum 6. 10. 1968*, 1. Band, Berlin 1969, 82-90.
VDI 1965/2: «The temple tithe in late Babylonia», VDI 1965/2, 14-34 (russisch).

Dandamaev, M. A. und V. G. Lukonin
Culture...: *The Culture and Social Institutions of Ancient Iran*, Cambridge 1989.

von Dassow, E.
AuOr 12: «Archival Documents of Borsippa Families», *AuOr* 12 (1994) 105-120.

Del Monte, G. F.
Studi Ellenistici 9: *Testi dalla Babilonia Ellenistica. Volume I. Testi Cronografici* (Studi Ellenistici 9), Pisa und Rom 1997.

Dever, W. G.
The Oxford Encylopedia ... : Stichwort «Gezer», *The Oxford Encyclopedia of Archaeology in the Near East* 2 (1997) 396-400.

Diakonoff, I.
BiOr 32: Rezension von *StOr* 43/4 (u. a.), *BiOr* 32 (1975) 224-227.

van Driel, G.
BSA 7: «Neo-Babylonian Sheep and Goats», BSA 7 (1993) 219-258.
JESHO 32: «The Murašûs in Context», JESHO 32 (1989) 203-229.

Ebeling, E.
Neubabylonische Briefe: *Neubabylonische Briefe*, München 1949

Englund, R. K.
BBVO 10: *Organisation und Verwaltung der Ur III-Fischerei*, Berlin 1990.

Fitzmyer, J. A. und St. A. Kaufman
Bibliography: *An Aramaic Bibliography. Part I. Old, Official, and Biblical Aramaic*, Baltimore und London, 1992.

Frame, G.
Babylonia: *Babylonia 689-627 B.C. A Political History*, Leiden 1992.

Freydank, H.

Festschrift Matouš I: «Zu den Einkommensrechten und Dienstleistungen in Eanna», in B. Hruška und G. Komoroczy (Hrsg.), *Festschrift Lubor Matouš I*, Budapest 1978, 91-103.

George, A. R.

BSOAS 60: Rezension von L. Milano (Hrsg.), *Drinking in Ancient Societies*, BSOAS 60 (1997) 125-126.

OLA 40: *Babylonian Topographical Texts*, Leuven 1992.

Giovinazzo, G.

Le tribut: «The Tithe *ešrû* in Neo-Babylonian and Achaemenid Period», in P. Briant und C. Herrenschmidt (Hrsg.), *Le tribut dans l'empire perse. Actes de la Table ronde de Paris 12-13 Décembre 1986*, Paris 1989, 95-106.

Joannès, F.

Archives: *Archives de Borsippa. La famille Ea-ilûta-bâni*, Genf 1989.

NABU 1994/20: «Une visite du gouverneur d'Arpad», NABU 1994/20.

TÉBR: *Textes économiques de la Babylonie récente*, Paris 1982.

Jursa, M.

AfO 42/43: Rezension von Wunsch, *Iddin-Marduk*, *AfO* 42/43 (1995/96) 255-262.

AfO Beih. 25: *Die Landwirtschaft in Sippar in neubabylonischer Zeit*, Wien 1995.

ArOr 63: «Von Vermessungen und Straßen », *ArOr* 63 (1995) 153-158.

Iraq 59: «Neu- und spätbabylonische Texte aus den Sammlungen der Birmingham Museums and Art Gallery», *Iraq* 59 (1997) 97-174.

Kohler, J. und F. E. Peiser

BRL 4: *Aus dem babylonischen Rechtsleben* 4, Leipzig 1898.

Korotayev, A.

AION 54: «Sabean Cultural-Political Area in the 2nd and 3rd Centuries AD: Problem of Taxation at the Kingdom Level and Temple Tithe», AION 54 (1994) 1-14.

Le Muséon 107: «Middle Sabean cultural-political area: problem of local taxation and temple tithe», *Le Muséon* 107 (1994) 14-22.

Krecher, J.

Egibi: *Das Geschäftshaus Egibi in Babylon in neubabylonischer und achämenidischer Zeit*, unpublizierte Habilitationsschrift, Münster 1970.

Kühne, H.

AfO 36/37: «Tall Šēḫ Ḥamad / Dūr-katlimmu 1985-1987», *AfO* 36/37 (1989/1990) 308-323.

Kuhrt, A.

CAH 4: «Babylonia from Cyrus to Xerxes», CAH 4 ([2]1988), 112-138.

Kümmel, H. M.

Familie: *Familie, Beruf und Amt im spätbabylonischen Uruk*, Berlin 1979.

Landsberger, B.
Brief: *Brief des Bischofs von Esagila an König Asarhaddon*, Amsterdam 1965.
ZA 41: Rezension von Unger, *Babylon*, ZA 41 (1933) 255-299.

Lanz, H.
ḫarrânu: *Die neubabylonischen* ḫarrânu-*Geschäftsunternehmen*, Berlin 1976.

Lee, Th. G.
JAC 10: «A Table for Ištar», JAC 10 (1995) 65-69.

Leemans, W. F.
Foreign Trade: *Foreign Trade in the Old Babylonian Period as Revealed by Texts from Southern Mesopotamia*, Leiden 1960.

MacGinnis, J.
Letter Orders: *Letter Orders from Sippar and the Administration of the Ebabbara in the Late-Babylonian Period*, Poznań 1995.
WZKM 88: «BM 64707 and *rikis qabli* in the Ebabbara», WZKM 88 (1998) im Druck.
ZA 84: «The Royal Establishment at Sippar in the 6th Century BC», ZA 84 (1994) 198-219.

Maekawa, K.
ASL 18: «Confiscation of Private Properties in the Ur III Period: A Study of é-dul-la and níg-GA», ASJ 18 (1996) 103-168.

Mauss, M.
Die Gabe: *Die Gabe. Form und Funktion des Austauschs in archaischen Gesellschaften*. Frankfurt, ^{3}1996 (deutsche Ausgabe von *Essai sur le don*, Paris 1950).

McEwan, G. J. P.
FAOS 4: *Priest and Temple in Hellenistic Babylonia*, Wiesbaden 1981.
Iraq 43: «Arsacid Temple Records», *Iraq* 43 (1981) 131-143.
Or. 55: Rezension von Durand, TBÉR und Joannès, TÉBR, *Or*. 55 (1986) 85-89.

van de Mieroop, M.
Festschrift Sjöberg: «Gifts and Tithes to the Temples in Ur», in H. Behrens u. a. (Hrsg.), *DUMU-E$_{2}$-DUB-BA-A. Studies ... Sjöberg*, Philadelphia 1989, 397-401.

Oelsner, J.
ZA 61: Rezension von CT 49, ZA 61 (1971) 159-170.

Oppenheim, A. L.
JAOS 74: «The Seafaring Merchants of Ur», JAOS 74 (1954) 6-17.
JCS 21: «Essay on Overland Trade in the First Millennium B.C.», JCS 21 (1967) 236-254.

Parpola, S.
AOAT 5/2: *Letters from Assyrian Scholars to the Kings Esarhaddon and Assurbanipal, Part II: Commentary and Appendices*, Kevelaer und Neukirchen-Vluyn, 1983.

Peiser, F. E.
BV: *Babylonische Verträge des Berliner Museums in Autographie, Transscription und Übersetzung*, Berlin 1890.

Petschow, H.
Pfandrecht: *Neubabylonisches Pfandrecht*, Berlin 1956.

Pinches, Th. G.
BOR 1: «A Fragment of a Babylonian Tithe List», BOR 1 (1887) 76-78.
Old Testament: *The Old Testament In the Light of The Historical Records and Legends of Assyria and Babylonia*, London 1902.

Reich, R. und B. Brandl
PEQ 117: «Gezer under Assyrian Rule», PEQ 117 (1985) 41-54.

Sachs, A. und H. Hunger
Diaries I: *Astronomical Diaries and Related Texts from Babylonia I*, Wien 1988.

Sack, R. H.
AOAT 236: *Neriglissar - King of Babylon*, Kevelaer und Neukirchen-Vluyn, 1994.

Sallaberger, W.
BSA 6: «Anmerkung zu den neusumerischen Texten über Schilfrohr», BSA 6 (1992) 123-124.

Salonen, E.
StOr 43/4: «Über den Zehnten im alten Mesopotamien. Ein Beitrag zur Geschichte der Besteuerung», *StOr* 43/4 (1972).

Sassmannshausen, L.
BaM 26: «Funktion und Stellung der Herolde (nigir/*nāgiru*) im Alten Orient», *BaM* 26 (1995) 85-194.

Sommerfeld, W.
AOAT 213: *Der Aufstieg Marduks. Die Stellung Marduks in der babylonischen Religion des zweiten Jahrtausends v. Chr.*, Kevelaer und Neukirchen-Vluyn, 1982.

van der Spek, R. J.
Gedenkschrift de Neeve: *«New Evidence on Seleucid Land Policy»*, in H. Sancisi-Weerdenburg u. a. (Hrsg.), *De Agricultura. In Memoriam Pieter Willem de Neeve*, Amsterdam 1993, 61-79.
Grondbezit: *Grondbezit in het Seleucidische Rijk*, Amsterdam 1986.
Legal Documents: «Land Ownership in Babylonian Cuneiform Documents», in M. J. Geller und H. Maehler (Hrsg.), *Legal Documents of the Hellenistic World*, London 1995, 173-245.

Stolper, M. W.
Achaemenid History 8: «On some aspects of continuity between Achaemenid and Hellenistic Babylonian Legal Texts», *Achaemenid History* 8 (1994) 329-351.
AION *Suppl.* 77: *Late Achaemenid, Early Macedonian, and Early Seleucid Records of Deposit and Related Texts* (AION *Suppl.* 77), Neapel 1993 [erschienen 1994].

Entrepreneurs: *Entrepreneurs and Empire. The Murašû Archive, the Murašû Firm, and Persian Rule in Babylonia*, Leiden 1995.

RlA 8: Stichwort «Militärkolonisten», *RlA* 8 (1993-1997) 205-207.

Le tribut: «On Interpreting Tributary Relationships in Achaemenid Babylonia», in P. Briant und C. Herrenschmidt (Hrsg.), *Le tribut dans l'empire perse. Actes de la Table ronde de Paris 12-13 Décembre 1986*, Paris 1989, 147-156.

Streck, M. P.

Zahl und Zeit: *Zahl und Zeit. Grammatik der Numeralia und des Verbalsystems im Spätbabylonischen*, Groningen 1995.

Tadmor, H.

Tiglath-pileser III: *The Inscriptions of Tiglath-pileser III King of Assyria*, Jerusalem 1994.

Watanabe, K.

ASJ 16: «Votivsiegel des Pān-Aššur-lāmur», ASJ 16 (1996) 239-259.

Wiseman, D. J.

Nebuchadrezzar: *Nebuchadrezzar and Babylon. The Schweich Lectures 1983*, Oxford 1985.

Wunsch, C.

Iddin-Marduk: *Die Urkunden des babylonischen Geschäftsmannes Iddin-Marduk. Zum Handel mit Naturalien im 6. Jahrhundert v.Chr.* Groningen 1993.

Šulmu: «Zur Entwicklung und Nutzung privaten Großgrundbesitzes in Babylonien während des 6. Jh. v. u. Z. nach dem Archiv des Ṭābija», in P. Vavroušek und V. Souček (Hrsg.), *Šulmu. Papers on the Ancient Near East Presented at International Conference of Socialist Countries* (Prag 1988), p. 361-378.

Zaccagnini, C.

Le tribut: «Prehistory of the Achaemenid Tributary System», in P. Briant und C. Herrenschmidt (Hrsg.), *Le tribut dans l'empire perse. Actes de la Table ronde de Paris 12-13 Décembre 1986*, Paris 1989, 193-215.

Zadok, R.

AfO 44/45: R. Zadok, Rezension von CBT 2, *AfO* 44/45 (im Druck).

Assur 4/3: *Assyrians in Chaldean and Achaemenian Babylonia* (Assur 4/3), Malibu 1984.

BiOr 41: «Assyro-Babylonian Lexical and Onomastic Notes», *BiOr* 41 (1984) 33-46.

Festschrift Lipiński: «Foreigners and Foreign Linguistic Material in Mesopotamia and Egypt», in K. van Lerberghe und A. Schoors (Hrsg.), *Immigration and Emigration within the Ancient Near East. Festschrift E. Lipiński*, Leuven 1995, 431-447.

Festschrift Röllig: «Syro-Mesopotamian Notes», in B. Pongratz-Leisten u. a. (Hrsg.), *Ana šadî Labnāni lū allik. Beiträge zu altorientalischen und mittelmeerischen Kulturen. Festschrift für Wolfgang Röllig*, Kevelaer und Neukirchen-Vluyn, 1997, 447-457.

The Jews in Babylonia: *The Jews in Babylonia During the Chaldean and Achaemenian Periods According to the Babylonian Sources*, Haifa 1979.

Rép. 8: *Répertoire Géographique des Textes Cunéiformes*, Bd. 8, Wiesbaden 1985.

Zawadzki, St.

RA 90: «Cyrus-Cambyses Coregency», RA 90 (1996) 171-183.

Indizes

1. Texte

Fett gedruckte Zahlen verweisen auf eine ausführlichere Behandlung des Textes. *Kursive* Zahlen verweisen auf den Haupttext, nicht kursive Zahlen auf Fußnoten auf der entsprechenden Seite.

Dar. 359: *81*
Dar. 422: 45
Dar. 528: 45
Dar. 547: *21*; *44*; *78*

Evetts, *App.* 1: 62

EvM 4: *100*

GCCI 1, 126: 20
GCCI 1, 322: 66

GCCI 2, 113: 4
GCCI 2, 159: 66

Iraq 59, Nr. 51: 74

JCS 1, 351: 75

«Lehmann-Text»: *73*; *85*

MacGinnis, *Letter Orders*, 3: 42
MacGinnis, *Letter Orders*, 135: 64[214]
MacGinnis, *Letter Orders*, 140: 64
MacGinnis, *Letter Orders*, 141: 64
MacGinnis, *Letter Orders*, 143: 64

MMA 2, 46: 13; **14**; **15**; 29; 41; *92*; *97*

Nbk. 21: 50
Nbk. 98: *68*
Nbk. 153: *70*
Nbk. 215: *100*
Nbk. 220: *64*
Nbk. 234: *68*
Nbk. 278: *69*
Nbk. 354: *58*
Nbk. 372: *65*
Nbk. 393: *66*
Nbk. 394: *68*
Nbk. 430: 10

Nbn. 2: *65*; *66*
Nbn. 97: *68*
Nbn. 118: *70*
Nbn. 119: *65*
Nbn. 185: *101*
Nbn. 234: 62
Nbn. 270: 10
Nbn. 290: *53*
Nbn. 318: *71*
Nbn. 362: *67*
Nbn. 382: 31; *51*
Nbn. 384: 31; *55*; *56*
Nbn. 436: 42
Nbn. 446: 29; *59*
Nbn. 448: 29; *59*
Nbn. 458: *53*
Nbn. 462 (Nr. 10): 12; 30; **31**; *34*; *50*; *51*; **110**
Nbn. 463: 29; *59*
Nbn. 476: *55*; *56*
Nbn. 483: *94*; *96*; *97*; *99*
Nbn. 493: *32*
Nbn. 505: *41*; *49*; *92*; *95*
Nbn. 506: 29; *50*; *51*; *92*; *97*
Nbn. 513: *37*
Nbn. 521: 30; *51*; *71*
Nbn. 540: *51*; *52*
Nbn. 568: *51*
Nbn. 596: *67*
Nbn. 640: *67*
Nbn. 659: *53*
Nbn. 690: 28; *51*
Nbn. 714: *51*
Nbn. 768: *100*
Nbn. 814: 30; *49*; *52*
Nbn. 899: *52*; *71*
Nbn. 902: *100*
Nbn. 985: *60*; *67*
Nbn. 1000: *61*
Nbn. 1002: 30; *41*; 49; *56*
Nbn. 1028: 28; *50*; *51*; *52*; *98*
Nbn. 1043: *66*
Nbn. 1071: *68*
Nbn. 1085: 30; *52*
Nbn. 1100: 30; *58*
Nbn. 1126: *52*

Ner. 54: 29; *37*; *38*; 55; *93*; *94*; *96*

OECT 10, 73: 9

2. Sachen und Wörter

In Auswahl; insbesondere wird dem Inhaltsverzeichnis entnehmbare Information nicht dupliziert.

3. Orts- und Gewässernamen

Bei den in Anhang 1 verzeichneten Namen wird in der Regel nur ein Verweis auf die Stelle dort gegeben, wo die wesentlichen Informationen zusammengestellt sind.

4. Personennamen

Bei Zehntpächtern aus Sippar wird nur der Verweis auf die entsprechende Stelle in Kapitel 6 gegeben; weitere Stellen können mit den dortigen Angaben (und über den Textindex) gefunden werden. Die Zusammenstellung von Verweisen unter einem Namen bedeutet nicht, daß immer dieselbe Person gemeint sein muß.

?-ērеš/Mušēzib-Bēl: 111
?-Marduk/Kabtia, Schreiber: 111
?-ušabši/Nabû?-husanni: 98
Abu-jāqiā, *ša bīt mār šarri*: 109
Abu-ul-īde/Ilāhu-rāqu: 91
Addu-barak: 6; 102
Addu-na'id: 94; 98; 109
Ahhē-iddin-Marduk/Erība-Marduk/Šangû-Ištar-Bābili: 26; 108
Ahu-immē: 100
Ahu-lūmur: 6; 102
Anu-zēru-iqīša/Ṣillāja: 20[76]
Aplāja: 92; 109
Aplāja, *rab barî*: 68
Aplāja(/Kīnāja): 31; 110f.
Aplāja/Mušēzib-Bēl: 13f.; 45[160]; 102f.
Aplāja/Nabû-zēru-ušabši/Dannēa, *ša muhhi ešrî*: 37f.
Arad-Bānītu/Nabû-bān-ahi, *kaškadinnu*: 67
Arad-Bēl: 100
Arad-Bēl/Na'id-Marduk/Ile'i-Marduk, *ša muhhi ešrî*: 38ff.
Arad-Bunene/Na'id-Marduk/Ile'i-Marduk: 43
Arad-Gula: 109
Arad-Gula, *nappāh* (*parzilli*): 70
Arad-Nabû/Nabû-zēru-ibni, (*ša muhhi ešrî*): 40f.
Arad-Šamaš/Na'id-Marduk/Ile'i-Marduk, (*ša muhhi ešrî*?): 42
Ardia/Rēmūtu: 104
Ardia/Šamaš-?: 22; 105f.
Balāssu, *āšipu*: 78[279]
Balāssu, *rab būli* (?): 65[219]
Balāṭu: 100; 104
Balāṭu, *mašennu*: 67
Balāṭu/Zikaru: 70
Bānia: 13f.; 102f.
Baruqa, Sklave des Nabarzanu: 74
Basūru, *ša muhhi kurummat šarri*: 22; 105f.
Bazuzu: 100
Bēl-ahhē-erība: 39[+131]; 42
Bēl-aplu-iddin/Balīhû/Šangû-Šamaš: 26; 61; 108; 112f.
Bēl-bullissu/Bēl-iddin: 75; 114
Bēl-ēreš, *rab nikkassi*: 68
Bēl-ēṭer/Nergal-nāṣir: 80[291]
Bēl-iddin s. Ālu-ša-mārē-ša-Bēl-iddin (Ortsnamen)
Bēl-iddin, *ša ina muhhi* [...]: 100
Bēl-iddin/Lâbâši, Schreiber: 75; 114
Bēl-iddin/Nabû-šumu-līšir/Šangû-Ištar-Bābili: 26; 108
Bēl-kāṣir/Šamaš-zēru-ibni/Rē'i-sisê, *ša muhhi ešrî*: 42
Bēl-rēmanni//Šangû-Šamaš: 10f.
Bēl-silim/Nabû-uṣuršu: 45
Bēl-šarru-uṣur (Belšazar, *mār šarri*): 66f.
Belšazar s. Bēl-šarru-uṣur
Bēlšunu/Kīnāja, *ša muhhi ešrî*: 42f.
Bēlšunu//Maštukāta, *ša muhhi ešrî* (?): 43
Bēlšunu/Tanittu-Bēl: 75; 114
Bēlšunu/Zērūtu: 53[180]
Bēl-uballiṭ: 104
Bēl-uballiṭ, *šangû Sippar*: 24; 25; 107
Bēl-uballiṭ/Bēl-bullissu: 76; 115
Bēl-uballiṭ/Kiribtu s. Bītu-ša-B. (Ortsnamen)
Bēl-uṣuršu/Itti-Marduk-balāṭu: 75; 114
Bunene-ibni: 100
Bunene-ibni/Pān-Dēr-lūmur: 52; 98[+327]
Bunene-šarru-uṣur/Iddināja: 43f.; 45[160]
Bunene-šimânni, *ša muhhi ešrî*: 44f.
*Ea-bullissu: 76; 115f.
Ea-iddin/Bēl-iqīša: 76; 115f.
Ea-tabtani-bulliṭ/Murānu/Abu-ul-īde, *nagār rukūbi*: 77ff.

535 |530 |525 |520 |515 |510 |505 |500 |495 |490 |485

-- 12 Dar >

>

---------------------------5 Dar >

---- 4 Kam (?) >

Kyr

< 4/5 Kyr------------------------------- 12 Dar >

<> 7 Kyr

< 7 Kyr- >4 Kam

< 7 Kyr------------------------- 11 Dar >

< a Kam ------------- 8 Dar >

<> 2 Kam

<> 4 Kam

<> 1 Dar

<> 2 Dar

<> 4 Dar

<> 4 Dar

< 15 - 24 Dar >

< 22 Dar----34 Dar >

. belegt»; <....> «ungefähr zu dieser Zeit belegt»

Tabelle 1. Die Zehntpächter in Sippar und ihre Funktionsperioden*

Name	580	575	570	565	560	555	550	545	540
Iqīšāja/Ša-Nabû-šū	< 26 Nbk-----------------------------------.........> Nbn								
Šamaš-uballiṭ		< 32 Nbk- > 39 Nbk							
Ile'i-Marduk/Mušēzibu			< 36 Nbn ------------------- 7 Nbn >						
Bēlšunu/Kīnāja				< 43 Nbk ----- 7 Nbn >					
Šulāja		<........> Nbk							
Mardukā/Bēl-īpuš/Mušēzibu				< a Ami--------------------------- 17 Nbn >					
Aplāja/Nabû-zēru-ušabši/Dannēa					< 3 Ner-------12 Nbn >				
Zēria					<> 1 Nbn				
Nabû-ēṭer-napšāti/Hašdāja/Mandidi						< 1 Nbn----------- > 12 Nbn			
Ina-tēšî-ēṭer/KAL-a-a						< 2 Nbn -------- > 12 Nbn			
Kabtia/Nabû-kēšir						< 2 Nbn ------- 16 Nbn >			
Arad-Nabû/Nabû-zēru-ibni						< 3 Nbn ----- 16 Nbn >			
Pir'u/Nabû-šumu-līšir					4 Nbn < > 6 Nbn				
Šamaš-aplu-uṣur/Niqūdu/Ile'i-Marduk						< 5 Nbn ------------------------			
Gimil-Šamaš/Mardukā/Mušēzibu							< 7 Nbn------------- 5 Kyr		
Arad-Bēl/Na'id-Marduk/Ile'i-Marduk							< 7 Nbn--------------------		
Nidintu						8 Nbn < --- > 12 Nbn			
Ibnāja							< 9 Nbn > 15 Nbn		
Zērūtu							<> 10 Nbn		
Nabû-šumu-uṣur/Mardukā/Maštukāta (?)								< 11 Nbn --------	
Nabû-zēru-ušabši/Kīnāja							<...........> Nbn		
Ile'i-Marduk									<> 2
Nidintu/Bēl-ibni									
Rēmūt-Bēl									
Bēl-kāṣir/Šamaš-zēru-ibni/Rē'i-sisê									
Bunene-šarru-uṣur/Iddināja									
Šamaš-šumu-ukīn/Bēl-ibni/Nabûnāja									
Šamaš-iddin (?)									
[Bēlšunu]//Maštukāta (?)									
Arad-Šamaš/Na'id-Marduk/Ile'i-Marduk									
Iqīša-Marduk									
Bēl-ahhē-erība									
Nūrea/Nabû-rēhtu<-uṣur>[?]									
Bunene-šimânni									
Itti-Šamaš-balāṭu									

---

* Konventionen: **Name**: die betreffende Person ist explizit als *ša muhhi ešrî* belegt; <---->: «von ... bis